10|18
12, avenue d'Italie — Paris XIIIe

*Du même auteur
aux Éditions 10/18*

SAUVE-DU-MAL ET LES TRICHEURS, n° 3074

Chez d'autres éditeurs

BRAVE PETITE, roman (Seuil, 1986)
DANGER PUBLIC, roman (Seuil, 1988)
UNE TRAÎNÉE DE POUDRE, biographie (Lattès, 1990)
C'ÉTAIT LE PARADIS, roman (Seuil, 1993, Prix Roger Nimier)
LE MEILLEUR DE LA VIE, roman (Fayard, 1995)
UNE REINE PAS TRÈS CATHOLIQUE, biographie (Nil, 1996)
LES CARESSES ET LES BAISERS, roman (Seuil, 1998, Prix du jury Jean Giono)
DEMANDER LA LUNE, essai (Nil, 1998)

LE CULTE
DES DUPES

PAR

DOMINIQUE MULLER

10|18

INÉDIT

« Grands Détectives »
dirigé par Jean-Claude Zylberstein

Si vous désirez être régulièrement tenu au courant
de nos publications, écrivez-nous :

Éditions 10/18
c/o 01 Consultants (titre n° 3075)
35, rue du Sergent Bauchat
75012 Paris

© Éditions 10/18, UGE Poche, 1999
ISBN 2-264-02746-0

Préface

L'esprit de la Régence, 1715-1723

Louis XV n'a pas cinq ans lorsque s'éteint son arrière-grand-père, le 1er septembre 1715. Il est le dernier descendant direct du Roi-Soleil, la mort ayant fauché coup sur coup, entre 1711 et 1712, les prétendants au trône. Restent deux fils, les « bâtards » — légitimés — que Louis XIV a eus avec Mme de Montespan, le comte de Toulouse et surtout le duc du Maine, brûlant d'occuper le devant de la scène, affermi par le testament du feu roi. Reste aussi un neveu, Philippe d'Orléans, qui, à quarante et un ans, semble plus doué pour faire scandale que pour exercer le pouvoir, tant son inconduite est notoire. Une odeur de soufre flotte autour de lui : on le soupçonne de pratiquer l'inceste avec sa fille préférée, de se livrer à la magie noire, d'avoir, en série, empoisonné les dauphins successifs, entre autres turpitudes. C'est pourtant cet homme-là qui, par son habileté, va devenir le Régent du royaume, et diriger la France pendant huit ans. En une séance, il a fait casser le testament royal par le Parlement, cloué le bec au duc du Maine et à ses partisans, retourné la situation à son avantage. La Régence est née par un coup d'éclat : il faut désormais gouverner au long cours. De quelque côté qu'on regarde, cela n'est pas une mince affaire.

En premier lieu, l'héritage de Louis XIV est lourd à porter. Les guerres de conquête incessantes, menées par un monarque qui entendait dominer le monde, ont épuisé le pays. Les caisses de l'État sont vides, l'endettement colossal représente plus de dix ans de recette, les sujets sont excédés par la pression fiscale et les dévaluations incessantes. Il faut trouver de l'argent, avant tout et par tous les moyens : cette question va tarauder le duc d'Orléans durant toute la Régence et, par force, peser sur une politique dont on ne connaîtra sans doute jamais les ambitions réelles, grevées, freinées, voire abandonnées par le fait d'une situation économique désastreuse.

La dramatique pénurie budgétaire ne va pas moins influencer la politique étrangère. Faute de ressources, les armées et particulièrement la marine vont s'affaiblissant. La sagesse impose de préserver la paix, de gagner du temps, ce qui revient à composer, à éviter autant que possible de prendre parti dans les rivalités latentes, dynastiques, territoriales, commerciales, qui agitent l'Europe. Ruses diplomatiques, négociations interminables, intrigues entrelacées : cette ligne médiane du « ni-ni » (ni engagement ni rupture) amènera tout de même la France à s'allier à l'Angleterre, façon de se prémunir contre les prétentions du roi d'Espagne, depuis toujours hostile au Régent. Si le jeune Louis XV venait à mourir, et on meurt vite en ces temps-là, Philippe V ne cache pas son intention de lui succéder, avec le soutien du « vieux parti » de la cour.

Mais, si la détresse du royaume est essentiellement financière, d'autres tensions se révèlent. Après plus de cinquante ans d'autorité absolue, l'appareil du pouvoir est figé, gangrené par des abus, des négligences, des privilèges auxquels nul n'a l'intention de renoncer. La noblesse curiale se cramponne à ses prérogatives, tandis qu'une classe urbaine aspire à faire entendre sa voix. Outre les gens d'affaires — grands bourgeois, hauts négociants —, les robins relèvent la tête, aiguillonnés par la puissance que l'affaire du testament a donnée au Parlement de Paris. Le Régent sait qu'il devra compter avec cette nouvelle donne tout en ménageant les susceptibilités des « conservateurs ». Rétablir les finances sans alourdir la fiscalité, gouverner sans fâcher ni les conservateurs ni les « libéraux », favoriser la montée d'une classe nouvelle tout en préservant l'ancienne, conserver un équilibre diplomatique qui ne froisse personne : ces choix — mais en avait-il d'autres ? — vont amener le Régent à cultiver en tous domaines un juste milieu, que beaucoup de ses contemporains, nombre d'historiens et de mémorialistes, lui reprocheront comme une faiblesse majeure.

Le juste milieu rejoint le moyen terme, la chèvre et le chou, autrement dit l'indécision, la volte-face, les promesses non tenues, la division érigée en système, pour mieux gouverner. Mais en huit ans seulement, peut-on transformer en velléités des volontés qu'un délai aussi court n'auront pas permis d'accomplir ? Le fait est qu'à maints égards la Régence présente un tableau ambigu. L'historien Jean Meyer aura pu résumer en « ère des faux-semblants » les trois années de la polysynodie, cette bousculade gouvernementale que représentent les conseils de Régence, entre 1715 et 1718. Ces assemblées collégiales sont la grande idée du Régent. Pour mettre fin à l'incurie — prétendue — des personnels ministériels symbolisée par les secrétaires d'État, on les remplace par des conseils qui traiteront les affaires du royaume, religion, guerre, marine, affaires étrangères, intérieures, etc., placés sous l'autorité du conseil de Régence, seul à trancher. Très tôt, les conseils montrent leur inefficacité. Non, comme on le dit alors, parce qu'ils sont composés de la vieille noblesse incompétente, mais parce que c'est le Régent et lui seul qui, en définitive, s'adjuge le dernier mot. Parallèlement à cette construction de façade aux membres pléthoriques qui lui permet, entre autres, de se concilier tous gens utiles en les nommant, le duc d'Orléans s'entoure de conseillers particuliers, amis de longue date, grands commis restés en place, qu'il consulte en privé afin de juger à sa fantaisie. Dans cet entourage de cabinets, et souvent de boudoirs, on trouve le meilleur et le pire. Aux yeux de tous, l'abbé Dubois, ancien précepteur de Philippe d'Orléans sera pire que le pire : adorant l'intrigue, le biais, le secret, il passera pour l'âme damnée du Régent, celui qui aura cultivé ses défauts, hypocrisie, mensonge, cynisme érigés en gouvernement. C'est à la faveur du retour aux secrétariats d'État, les conseils abandonnés en août 1718, que Dubois sera nommé secrétaire d'État aux Affaires étrangères. Une étape, avant le cardinalat, le poste de Premier ministre, pour cet ambitieux effréné.

L'exemple de la polysynodie, paravent qui masque les vrais rouages de décisions, reproduit, à l'échelle du royaume, le double visage que le Régent n'aura de cesse de présenter, reflet d'une personnalité complexe, insaisissable même pour ses proches : Saint-Simon, fidèle entre les fidèles, ne cessera de s'en plaindre dans ses *Mémoires,* comme le fera la mère du duc d'Orléans, la princesse Palatine, au long de son inépuisable correspondance. Licencieux, immoral, multipliant les maîtresses, les parties fines, les compagnies douteuses, les orgies nocturnes, les séances de divination, de cette chimie qu'on aura vite fait de détourner en alchimie, le duc d'Orléans s'avère, le jour, un travailleur acharné, un réformateur infatigable, toujours à la recherche de la solution miracle qui rétablirait les finances de l'État. A la lumière de ces témoignages, la Régence gardera l'image de son dirigeant : contrastée, pour ne pas dire contradictoire.

C'est ici qu'intervient cet autre personnage trouble, surgi d'un passé brumeux, l'Écossais John Law, un protestant qu'on dit joueur professionnel, débauché, et qui fut sûrement un grand aventurier de la finance. Il est l'un de ceux qui, par l'entremise de Dubois, rencontrent le Régent dès 1715. La Banque est créée en 1716, la Compagnie d'Occident chargée de mettre en valeur les territoires d'Amérique et le Sénégal en 1717. Ce sont encore des établissements privés, mais déjà les ennemis du Régent et les parlementaires poussent les hauts cris contre le « favoritisme » extraordinaire dont jouit l'Écossais. Emporté par son enthousiasme, le duc d'Orléans va cette fois montrer sa détermination, en tenant un lit de justice qui réduit le Parlement au rôle d'enregistreur de ses volontés, et son éternel opposant le duc du Maine au rang de pair. En décembre 1718, la Banque devient Royale. En 1719 enfin, la Compagnie reçoit le monopole de l'émission du papier-monnaie et de la monnaie, puis l'ensemble des recettes générales. En échange, elle consent des prêts énormes à l'État, le tout en papier : occasion prodigieuse de régler les dettes du pays. Le fameux Système enchante le Régent, il séduit aussi une foule de spéculateurs et de petits porteurs. L'engouement est à son comble en 1719 et au début de 1720 : la planche à billets fonctionne à tout-va, au grand dam toutefois des parlementaires exclus de la manœuvre, des nobles, de ceux qui ne croient qu'aux espèces sonnantes et trébuchantes. L'inflation galope. En janvier 1720, l'interdiction faite aux particuliers de posséder des métaux précieux, les rafles, les dénonciations, amorcent la chute. La rumeur populaire prétend que la Compagnie enlève aussi de force hommes et femmes pour les expédier à la colonie. Les actions chutent à une allure vertigineuse, les grands seigneurs — le prince de Conti notamment — accélérant la panique en transportant dans Paris des fourgons d'or qu'ils ont échangés à la Banque contre leur monnaie de singe. A la fin de 1720 : c'est la banqueroute, inévitable. Il faut apurer les comptes, rembourser les créanciers. Ils seront indemnisés en partie, à court et moyen terme, et en totalité pour les petits porteurs. L'échec du Système, dont on a fait la grande affaire de la Régence, doit pourtant être relativisé à l'aune du pays. Durant près de deux années, le commerce a fructifié, des parvenus se sont enrichis, de l'argent frais a circulé. D'ailleurs, la panique concerne seulement Paris et ne donne lieu qu'à quelques émeutes sans conséquence. Comme il en va durant tout l'Ancien Régime, les humbles, ceux qui n'ont pas le beurre, n'ont pas l'occasion de se soucier de la couleur de l'argent du beurre, et ne seront pas appauvris davantage par l'expérience de Law.

A l'aune de la situation personnelle de Philippe d'Orléans, le prix à payer sera autrement plus cher. Désastre de la Banque, parlementaires et nobles muselés par le lit de justice, c'est plus qu'il n'en faut pour attiser les rancœurs. A ceux qui complotent depuis le premier jour, duc et duchesse du Maine en tête, viennent s'ajouter les mécontents. Simultanément à l'aventure de Law, des cabales se sont nouées, des opposants de tout poil se rencontrent secrètement. Ces obscures tractations aboutissent à la troisième grande crise de la Régence, ce qu'on a appelé la conspiration de Cellamare (alors ambassadeur d'Espagne à Paris), inextricablement liée à l'affaire de Bretagne, dont l'anecdote retiendra le légendaire Pontcallec.

La duchesse du Maine, fille du prince de Condé, tient une « contre-cour » dans son salon de Sceaux. C'est chez elle que, depuis 1715, s'écrivent pamphlets et couplets contre le Régent, dont ceux qui vaudront la Bastille à Voltaire, en 1718. C'est tout naturellement avec son aide que l'ambassadeur d'Espagne ourdira son plan : il s'agit de lever une armée, d'arrêter le duc d'Orléans, et de donner la régence à Philippe V, rien de moins. Jusqu'alors projet quelque peu romanesque, la conjuration prend corps en 1718, alors même que la rébellion bretonne s'envenime. Dans la province, nobliaux et parlementaires associés résistent à l'impôt depuis 1717. Parmi eux, le marquis de Pontcallec, tête brûlée de la révolte, veut lever des hommes, déterminé à en découdre avec le pouvoir royal. Les Bretons ont-ils réellement pris langue avec le parti des Maine ? Nul ne peut l'affirmer. Quoi qu'il en soit, en décembre 1718, le Régent juge qu'il est temps de sévir. Le courrier de l'ambassadeur opportunément intercepté, le duc et la duchesse du Maine sont arrêtés, emprisonnés, discrédités. Cellamare, lui, passe les Pyrénées en toute hâte. La guerre est déclarée à l'Espagne le 2 janvier 1719 : elle durera un an et se conclura par le traité de Madrid, sans modifier l'équilibre des nations. Personne ne souhaite voir durer un conflit coûteux, financé par Law du côté français. Durant cette année-là, les conjurés de Bretagne auront obtenu le renfort de troupes espagnoles : trois cents hommes arriveront, qui ne débarqueront même pas, attendus par les troupes du roi. Quant aux paysans recrutés par les nobles rebelles, ils se retrouveront à quinze sur la lande. L'affaire ne serait que dérisoire si Pontcallec n'avait eu la tête tranchée, avec trois de ses comparses, en mars 1720. Ces quatre exécutions pèseront lourd dans le jugement que l'Histoire porte sur le Régent. Elles soulignent le retour à une politique autoritaire, confirmée par le bref exil du Parlement à Pontoise.

Les trois dernières années de la Régence seront imprégnées d'amertume et de désillusions. L'élan est brisé par le désenchantement. Les excès en tout genre, d'alcôve et de table, un travail forcené ont ruiné la santé morale et physique du duc d'Orléans. Gros, rougeaud, en proie à des migraines intolérables, souvent somnolent, il est trop faible désormais pour résister à ce que Saint-Simon appelle « l'ensorcellement » de Dubois. Nommé Premier ministre en 1722, l'abbé-archevêque-cardinal le restera jusqu'à sa mort, l'année suivante, écartant du gouvernement des hommes capables et dévoués. Elle rôde, la mort. Elle a déjà emporté, en 1719, la duchesse de Berry, cette fille (trop ?) chérie. En 1720, la peste a tué cent mille personnes à Marseille. C'est, pour le Régent, le crépuscule, sinon qu'il aura mené sa tâche principale à bien : en février 1723, Louis XV est déclaré majeur. Premier ministre en août, Philippe d'Orléans n'aura que quatre mois pour prouver sa fidélité, jamais démentie, au jeune roi : il meurt brusquement, d'une attaque, le 2 décembre 1723, à quarante-neuf ans.

Plus que les événements qui auront jalonné ces huit ans, il est cependant d'autres faits, impalpables, dilués, pour caractériser la Régence. Qui pourra mesurer l'importance de l'abandon de la cour de Versailles ? Huit années durant, c'est à Paris que l'on a décidé, gouverné, que l'on s'est diverti, amusé, instruit. C'est à la ville que tout s'est passé et se passera désormais. Cette proximité du pouvoir a ouvert aux citadins de nouveaux horizons, des perspectives inconnues dont ils ne se déferont plus. Les arts, les lettres, la pensée, les affaires, les idées fermentant au cœur de la cité, se développant au coin des rues, vont donner à chacun le goût d'y participer, d'en être. C'en est bien fini de l'ère où seuls les gens *de condition* avaient droit de parole : vient le temps des gens *de qualité*, admis à faire leurs preuves selon leurs mérites. Certes, de cette effervescence, on retiendra la frivolité exacerbée, les bals masqués, les opéras, les maisons de jeu ou de passe. Si ces plaisirs souriants exprimés par la peinture d'un Watteau sont devenus l'emblème de la Régence, son cliché, le *libertinage* ne saurait se réduire à cela. Il implique aussi, surtout, un défi à la morale établie, au Jugement de Dieu. En agissant selon son bon vouloir, au mépris de la religion, des convenances, le Régent, peut-être à son insu, contribue à légitimer l'individu. L'exemple venu du plus haut va faire germer des aspirations jusqu'alors impossibles, touchant d'abord les couches sociales favorisées, cultivées, qui l'imitent pour suivre la mode. Quelques décennies plus tard, ce qui aura commencé en affirmation de volontés particulières se sera transformé en revendication de liberté, et se nommera Révolution. Michelet décrit magistralement ce mouvement dans sa *Régence*, époque où les toits et les fenêtres se soulèvent et s'ouvrent brusquement. Cela, même le petit peuple le ressentira, poussant un soupir d'allégement, soulagé d'un trop long règne.

Par la naissance et le rang, Philippe d'Orléans reste un produit d'Ancien Régime. Par les mœurs, lui qui se permet tout, c'est un homme compréhensif, indulgent, libéral dans la mesure de l'acception de son époque. Sous la Régence, les terribles querelles religieuses s'apaisent, et se dissipe la peur des répressions. Saint-Simon ne rapporte-t-il pas que le duc a songé à faire revenir les protestants, reculant — une fois de plus ! — sur l'avis de ses conseillers. Dans le domaine des idées, des sciences, de la chimie, de la musique, sa curiosité insatiable lui fait prêter attention à mille suggestions. Jamais les mémoires sur les sujets les plus hétéroclites, les brevets d'inventions, fumeuses ou ingénieuses, n'auront autant inondé les cabinets. Le Régent a l'œil au moindre détail, prête l'oreille à tout, recueille chaque notule transmise par ses innombrables informateurs. Si ce goût de savoir se manifeste au premier chef dans les « affaires », grâce aux espions infiltrés à travers le pays, il se déploie avec une égale ferveur sur les territoires plus aimables de l'innovation. Quoi qu'il en fût des réalités du pouvoir, sa personnalité aux multiples facettes, cette propension à croire — jusqu'à la superstition — faux savants et vrais charlatans, ce ménagement de la chèvre et du chou, critiqués aujourd'hui encore, peuvent aussi se déchiffrer comme les témoignages rassemblés d'un esprit hautement tolérant.

Sous la Régence, tout est possible. Le bigot et le libertin, le grand seigneur et le parvenu, la maquerelle et la dame du monde se côtoient et parfois se mêlent. Marivaux s'en souviendra, mettant en scène cette génération qui dissimule ses secrets derrière son sourire. Huit ans, c'est peu, mais c'est assez pour rejeter les certitudes, et leur préférer les questions. C'est assez pour établir les fondations de la civilisation du doute, ébaucher les fragiles prémices du temps des réponses à venir. Huit ans, pour allumer des lueurs qui s'épanouiront en Lumières.

1

Le prince et le médecin

— A quoi me servez-vous, Bonnevy, si vous êtes impuissant à élaborer la médecine que je vous demande ? Je veux m'endormir une fois couché, et me sentir l'esprit aiguisé quand je veille. Vos remèdes semblent agir tout au contraire. Le sommeil me fuit dans mon lit, tandis que j'éprouve de l'engourdissement durant le jour. Sont-ce là vos prouesses ? Je vous pensais différent des docteurs de l'Académie, mais vois qu'il n'en est rien.
— Son Altesse Royale souhaite-t-elle m'entendre répéter des conseils qu'elle ne suivra pas ? Est-elle disposée à tempérer ses appétits ? Tout humble médecin que je sois, je suis moi aussi un être pensant, qui sait que la diète vous serait le meilleur des remèdes. C'est en cela que je diffère de mes respectables confrères, qui n'osent vous le dire, et vous prescrivent ces drogues, poudres et liqueurs qui s'opposent entre elles, renversant vos humeurs.
— Si vous n'étiez pas aussi habile chimiste, Bonnevy, je crois que je ne souffrirais pas votre insolence, ni vos divagations. A-t-on déjà vu médecin réprouver les médecines, comme vous le faites ? Prenez garde que je n'écoute ceux qui vous prennent pour un hur-

luberlu. Cette migraine qui me taraude, entendez-vous la chasser en moralisant ?

Il était plus de minuit. Ainsi qu'il y était accoutumé depuis près de six ans, Florent Bonnevy avait rejoint Philippe d'Orléans pour faire des expériences dans le cabinet aménagé au Palais-Royal. Pendant longtemps, le neveu de Louis XIV, en semi-disgrâce à Versailles, n'avait eu d'autre souci que de satisfaire ses plaisirs et ses goûts, assez variés et nombreux pour emplir la vie d'un homme de forte constitution. Et il en fallait, de la robustesse, pour assouvir des sens perpétuellement affamés. Mais à tout cela s'ajoutait la charge de l'État, depuis que le duc était devenu le Régent du royaume. Ce jour de septembre 1715, dix mois plus tôt, il avait sans coup férir fait casser par le Parlement les codicilles du royal testament, écartant du même coup les princes bâtards, s'était seul emparé du pouvoir et avec lui d'une masse de travail, d'autant plus écrasante que Philippe le prenait très à cœur, sans renoncer le moins du monde à aucun de ses penchants. Il arrivait à Florent Bonnevy de se demander quand cet homme trouvait le temps de se reposer, fourbu d'avoir couru de la maîtresse au conseil de gouvernement, de la magie divinatoire aux violoneux italiens, avide en tout de distractions nouvelles, qui lui épargneraient la lassitude.

En vérité, on aurait longtemps cherché deux personnes plus opposées que ces deux-là. Le prince était travaillé par le poison de l'ennui, lui qu'on avait naguère accusé d'avoir empoisonné les prétendants au trône. Il épuisait son tempérament en excès de vins, de viandes, de licence, travaillant à se nuire. Florent Bonnevy, lui, se serait tenu pour parjure s'il avait, un seul instant, négligé le serment qu'il avait prêté en obtenant son doctorat de médecine, pour lequel il avait tout donné. Il consacrait sa vie à soulager les souffrances d'autrui, soutirant au riche ce qu'il offrait au miséreux, fourbu, lui, de courir de l'aube aux ténèbres d'un malade à l'autre, estimant que son devoir lui commandait d'extirper les racines du mal, jusqu'à la dernière. C'était pourtant en cela qu'ils se ressemblaient, et cela qui les liait : tous deux s'acharnaient à poursuivre une chimère qui se dérobait à eux, s'éreintaient à la réaliser, le Régent pour son propre compte et celui du royaume, le médecin dévoué aux autres. Et si le duc d'Orléans paraissait désabusé de naissance, peut-être parce qu'il avait vu de trop près la duplicité des courtisans, l'inconstance des opinions, Florent Bonnevy côtoyait trop souvent les noirceurs des âmes et les malignités des corps pour s'illusionner encore sur le sort des hommes. Ainsi, tous deux présentaient une double personnalité, tantôt entreprenante et passionnée, tantôt sombre et tourmentée, parfois ces traits s'entremêlant, de sorte que dans les entours du prince comme dans ceux du médecin, seigneur là ou bourgeois ici, on jugeait chacun étrange, bizarre, faute de sonder les profondeurs de leurs pensées. Et si Philippe le désenchanté inclinait volontiers à la facilité, sans s'arrêter à la décence ni aux convenances, si Florent, de huit ans son cadet, ne cessait de tendre à plus de justice et de rigueur, le bien et le mal le disputaient pareillement dans leur for intérieur.

Bien entendu, la qualité du duc, la condition du médecin les auraient empêchés de s'ouvrir l'un à l'autre en toute franchise, à supposer qu'ils l'eussent voulu. Cependant, comme si leurs obscures parts s'étaient reconnues, une amitié réelle, dépassant l'obstacle du rang et de l'étiquette, s'était nouée entre le Régent et Florent Bonnevy. Elle leur faisait accepter ce qu'ils n'auraient admis de nul autre, et se soutenir autant qu'il était possible, le puissant en favorisant les desseins de son protégé, celui-ci en ne cachant jamais son opinion sincère à ce grand seigneur. Qui se serait caché derrière un paravent pour observer leurs tête-à-tête se serait étonné de leur grande liberté de ton, sans voir que le médecin, en habile sondeur des caractères, n'allait jamais au-delà des limites tolérées par le Régent.

Donc, par cette nuit de juin à la chaleur lourde d'orage contenu, le duc d'Orléans souffrait de violents maux de tête. Il regardait d'un air grognon la macération de coquille d'œuf pilée et de bave de crapaud s'écouler lentement dans les sinuosités des cornues. Désireux de s'amuser des anecdotes de son médecin — bien qu'il ne s'intéressât que médiocrement à ces sujets —, il lui demanda comment se portait M. de Chamalbert, le parlementaire que Bonnevy avait, quelques mois plus tôt, acquis à la cause de la Régence et au soutien de ses finances [1].

— Êtes-vous aussi content de ce brave coquin que nous le sommes? N'a-t-il point repris sa parole?

— Il le ferait sans doute, comme beaucoup d'autres, mais il m'est redevable de quelques services, et je lui force la main à mon aise. Les constructions de l'hôpital, de l'orphelinat et de cette maison d'éducation pour les filles des rues à laquelle je tiens tant sont en passe de s'achever, de part et d'autre d'une grande chapelle. Rien ne lui est plus désirable que de dédier l'ouvrage à notre roi, aussi desserre-t-il les cordons de sa bourse sans trop rechigner. Son Altesse nous ferait-elle le grand honneur de venir les visiter?

— Certainement, mon bon, certainement, quoique je vous fasse toute confiance pour œuvrer au soulagement de nos sujets et à la gloire du roi.

— Son Altesse ayant déjà généreusement appuyé

---

1. Voir *Sauve-du-Mal et les tricheurs,* 10/18, n° 3074.

ces desseins, j'ai scrupule à lui demander une nouvelle faveur.

— Quoi encore ? Dites donc, puisque nous savons tous deux que vous tâcherez de parvenir à vos fins.

— Il me faudra, très bientôt, me déterminer sur la direction de ces maisons. C'est là un choix que je ne saurais laisser à M. de Chamalbert, ayant sur la conduite des écoles et des soins les idées très claires. Je ne veux point, Son Altesse pardonnera ma brusquerie, ouvrir un autre de ces établissements où règne une trop grande sévérité, où trop souvent malades, enfants et filles perdus livrés à l'infortune sont regardés comme responsables de leur sort. Aux malheurs qu'ils subissent, faut-il ajouter le châtiment d'un péché qu'ils ignorent avoir commis ? Mes maisons, je souhaite qu'on les prenne pour modèles d'humanité, de compassion. Trop de sujets sont réduits à subir une piètre existence, ne sachant ni lire ni compter ni apprendre un métier. Son Altesse trouverait avantage à...

— Venez-en au fait, mon bon, et abrégez vos sermons. Je n'en entends que trop autour de moi.

— Le fait est, Votre Altesse, qu'il me faut confier ces maisons à une congrégation religieuse qui partagerait mes vues, et que je ne me sens guère expert en ces choix.

— Et croyez-vous donc que je le suis, moi ? J'admire et respecte les serviteurs de Dieu, qui ne me rendent guère la pareille. Qu'un veau à cinq pattes naisse dans une étable, ils en attribuent la faute à mon inconduite, tant il est vrai qu'on ne prête qu'aux riches.

— Et quand cela serait, votre protection les retiendra de me fermer la porte au nez et me permettra de les visiter toutes. C'est qu'en ce moment même ma belle-mère complote pour m'imposer le patronage

21

d'une grand-tante bigote. A celui-ci je préfère le vôtre.

— Merci de la comparaison. Soit, soit, recommandez-vous de moi, si cela arrange vos affaires privées. Je connais trop l'influence des personnes du sexe, les chagrins qu'elles conçoivent à ne pas être écoutées, pour ne point vous aider à vous en délier. Les femmes, Bonnevy, il faut les aimer, ne rien leur dire et ne jamais les écouter. C'est ainsi que je fais, et je m'en félicite. A ce propos, comment se porte votre épouse, dont je me rappelle les charmes et la vivacité ?

— Son Altesse Royale me flatte en s'en souvenant. Cela fait près de deux mois maintenant qu'elle a accouché de notre premier enfant, une fille qui l'occupe entièrement.

— Tiens ? La duchesse est grosse pour la septième fois et souffre fort de la chaleur. Rentrez donc chez vous, dire à votre épouse que je serai le parrain de sa fille, si cela lui fait plaisir. Je suis bien de vos entreprises !

— Elle en sera au comble du bonheur.

— Tant mieux, tant mieux. Je vous laisse recueillir notre distillation que je n'ai pas la patience d'essayer cette nuit. M. Law, qui ne s'y entend pas seulement aux jeux et aux économies, m'en a dit le plus grand bien. Il paraît que le crapaud est un remède universel.

Puis, comme il en avait l'habitude, le Régent s'en alla, sans prêter attention aux salutations déférentes de son protégé, le laissant seul au cœur d'un palais endormi, songeant aux caprices des puissants, aux billevesées qu'ils étaient disposés à croire, pourvu qu'on fût assez rusé pour caresser leur vanité.

2

La vieille tante

Prétendre que Justine Bonnevy était présentement au comble du bonheur eût été beaucoup s'avancer. Dans un agacement extrême aurait paru plus juste, et précisément contre son époux, qu'elle n'avait pas vu de la journée, ni de la soirée. A croire qu'il se souciait moins de Camille, leur poupon nouveau-né, que de ses indigents. Ceux-ci ne le surnommaient-ils pas Sauve-du-Mal, d'un quartier à l'autre de Paris, tant il se dépensait pour eux ? On aurait juré qu'il ne se rappelait son épouse, son logis, sa vie de famille, qu'en dernière occupation.

Outre les soins incessants que réclamait un si petit enfant, Justine avait dû refréner les gémissements de sa mère, Désirée de Monthaut. Celle-ci n'avait jamais accepté que sa fille préférât, à d'élégants fils de famille ornés de rubans des talons à la perruque, ce raisonneur vêtu de sombre, taillé tout d'une pièce en géant, qui méprisait les mots d'esprit, les rébus, les cartes et les salons. Comment Justine aurait-elle pu lui confier son ravissement, quand cet homme immense, son mari, son amant, pénétrait rue de La Sourdière, dans cet univers à la joliesse trop féminine ? Il paraissait alors toujours surpris que cette jeune femme faite au tour, ce bijou de grâces fût la sienne, après tant de misères et de laideurs chez ses patients. Il prenait ses joues entre ses mains puissantes, l'embrassait, et... Mais avouait-on ces choses à sa mère ?

Plus que tout au monde, Désirée de Monthaut eût souhaité pour sa fille un époux dont le titre l'aurait sortie de la roture, enrageant toujours, quatre ans après son veuvage, au souvenir du manque d'ambition de son mari. Notaire, et fort aisé, M. de Monthaut n'avait jamais levé le petit doigt pour faire établir les lettres d'une noblesse au demeurant douteuse, mollesse d'autant plus exaspérante que ces lettres se vendaient à des bourgeois bien plus bas que lui, et pour six mille livres, une broutille ! Des années durant, madame mère avait rêvé aux mines déconfites de ses voisines, de ses amies, à l'annonce que Justine ferait un beau mariage. Aussi, d'emblée, avait-elle regardé courroucée ce Bonnevy dont nul ne connaissait les origines. Quelle folie de s'unir à quelqu'un qui n'avait d'autre bien que son savoir, sa profession, à un solitaire tombé du ciel ou plutôt remonté des enfers, si l'on considérait sa croyance impie dans les sciences et la philosophie ! La veuve n'avait rien pu, malgré ses menaces, contre une double détermination aussi farouche. Le temps d'écrire à son fils unique, parti à l'abbaye de Saint-Benoît, les noces étaient bel et bien consommées. Trois ans s'étaient écoulés, durant lesquels elle avait fait contre mauvaise fortune soupirs résignés, appliquée à soulager la vie de sa fille, qu'elle imaginait malheureuse au possible. Maintenant qu'il y avait la petite Camille, Mme de Monthaut saisissait ce prétexte pour venir à toute heure du jour épier le train du ménage, sûre que Florent dilapidait une dot considérable au profit des miséreux. Que ce médecin de la populace refuse de l'écorner d'un sou la jetait dans un abîme de suspicion. En même temps qu'elle l'accusait d'avoir épousé Justine pour son argent, elle le méprisait de ne point en user. Quatre domestiques seulement, et une nourrice : pouvait-on survivre de la sorte ? Sa détestation était si vive qu'elle envoyait sa femme de chambre en éclaireur, pour se mettre en route une fois assurée de l'absence de son gendre.

Ainsi, comme chaque fois que l'horloge à remontoir de la cheminée sonnait les quatre heures, la charmante Mme Bonnevy avait-elle dû subir les plaintes de sa mère — « Il faut bien que je veille sur vous, puisque ce charlatan vous néglige, vous et votre enfant » —, autrement plus épuisantes que les pleurs du vorace poupon. Quoique Justine s'irritât de l'indiscrétion maternelle et ne manquât pas une occasion de lui clouer le bec, elle lui savait gré d'apporter rue de La Sourdière les commérages dont elle se sentait par trop sevrée. Si Florent se montrait généreux à narrer ses journées, il s'agissait toujours de malades, de politique, ou de l'avancement de ses maisons. Rien de comparable avec les adultères, les voyages aux eaux dont madame mère l'entretenait, autrement divertissants.

Aussi avait-elle sonné Toinette de bon cœur, pour lui demander de servir le café au salon, peu avant quatre heures.

— Madame est déjà en bas, avec une autre dame très vieille, qu'elle entretient des changements qu'elle veut apporter dans le cabinet de Monsieur, avait répondu la servante.

Justine avait bondi. Dans le cabinet de Florent ! Sacrilège ! Elle-même ne pénétrait que rarement dans ces pièces ténébreuses, encombrées de plantes en pots, d'herbes médicinales en cours de séchage, de solutions où flottaient des monstres animaux, de minéraux et de fossiles, de planches et de cires anatomiques, et surtout de livres et de papiers disséminés du sol au plafond. Elle avait dévalé l'escalier de marbre vers la bibliothèque du médecin.

— Ma mère ! Voulez-vous bien sortir d'ici !

— Avez-vous désappris auprès de votre rustre la courtoisie que je vous ai enseignée ? Je montrais ce capharnaüm à votre grand-tante. Nous étions d'accord pour le transformer en appartement d'enfant, n'est-ce pas, chère Adélaïde ?

Sans lui laisser le loisir de répondre, Justine s'était emparée du bras de la visiteuse, pour la tirer jusqu'au salon. C'était une dame d'âge indicible, semblant surgie d'un autre siècle, les crevasses du visage poudrées, le chef mangé par une perruque haute, la silhouette frêle et vacillante nappée sous une robe incongrue, qui découvrait amplement une poitrine aussi desséchée que deux coings. Elle possédait pourtant, dans ce paysage ravagé, des yeux à la lumière perçante, et un sourire malicieux.

Posée au fond d'un fauteuil comme un bibelot de prix, les talons de ses mules ne touchant pas le tapis, l'aïeule avait poussé un petit soupir.

— Vous ne savez pas qui je suis, n'est-ce pas, Justine ?

— Si fait, ma tante, comment vous oublier ?

— Ta, ta, ta. Je suis âgée, mais je sais ce que je dis. Sœur de votre grand-père Monthaut, j'ai vécu à Niort toute ma vie, avec mon cher époux M. Paroton. Si vous me voyez aujourd'hui chez vous pour la première fois, c'est que j'ai promis il y a très longtemps à une amie d'enfance de l'aller visiter à Saint-Cyr, et que je veux tenir mon serment avant qu'il ne soit trop tard.

— C'est que, savez-vous, notre chère tante est très liée à Mme de Maintenon, avait claironné Désirée.

— Allons, ma nièce, ne m'attribuez pas de gloire usurpée. J'ai gardé, il est vrai, un lien avec Françoise d'Aubigné, que j'ai connue pensionnaire chez les ursulines de Niort. C'est cette jeune fille d'autrefois que je connais, n'ayant rien eu à faire avec Mme Scarron, ni avec Mme de Maintenon.

— Chez les sœurs ? Je croyais cette dame de la Religion, en sa jeunesse.

— C'est bien pourquoi on l'a placée en notre couvent, où elle s'est rédimée en notre Dieu, et fort pieusement. Les souvenirs anciens rapprochent les personnes de nos âges, quatre-vingt-un ans toutes deux, pensez ! Depuis la fondation de l'Institution royale de Saint-Louis, nous correspondons sur l'éducation des jeunes filles. Aussi me fais-je une joie d'aller retrouver cette femme quelque peu... passée de mode.

— L'éducation des jeunes filles ? Voici qui animerait la passion de mon époux, qui aura tantôt en charge un asile où apprendre la vertu aux filles perdues.

— Allons, ma chère ! N'ennuyez pas notre tante avec les lubies de M. Bonnevy. Sauver les filles perdues, voilà bien une idée saugrenue ! C'est la prison, qui leur convient !

— Vous vous trompez, ma nièce, je serais enchantée de rencontrer ce médecin. Je suis, comme lui, d'avis de sauver toutes les âmes qui peuvent l'être. Son cabinet de travail m'a charmée tel qu'il est. A sa place, je serais contrariée de me voir boutée hors de chez moi par un nourrisson.

— Comme vous avez raison, madame ! Ma mère, aveuglée par l'affection, dépasse parfois nos attentes.

— Voulez-vous bien vous taire ! Moi qui n'aspire qu'à votre bonheur !

— Croyez-en mon grand âge : il n'y a rien de plus ennuyeux que les bonnes intentions. Laissez donc ces époux vivre à leur guise.

Très mouchée, Désirée de Monthaut s'était éventée sèchement :

— Je vois bien à vos impatiences que nous avons abusé de vos forces. Permettez-moi de vous reconduire au faubourg Saint-Jacques, puisque vous n'avez cédé à mon insistance, et voulez loger chez les ursulines.

— J'y suis forcée plus que je ne le veux. Mes voisins Ceyrac s'étonnent de n'avoir pas de réponse à la lettre qu'ils ont écrite à leur pupille, Bénédicte de Louvières, pensionnaire aux ursulines. D'autant que cette lettre leur fut dictée par l'inquiétude, leur nièce de Paris n'ayant pu voir cette jeune fille au parloir où elle l'allait visiter. Sachant que j'ai mes entrées au couvent — celui-ci et d'autres —, ils m'ont chargée de les rassurer. A ce que m'a dit la mère supérieure, cette enfant souffrirait d'une langueur de nerfs, expliquant que je ne peux la voir, moi non plus, ces jours-ci. Voici pourquoi il me faut retourner au faubourg, bien que la compagnie des sœurs, très bonnes et dévotes, ne soit guère réjouissante. Mais je m'en voudrais de décevoir mes amis Ceyrac, et je patienterai aussi longtemps qu'il le faudra pour rendre visite à leur pupille. Pour une fois que je viens à Paris, j'entendais en profiter mieux !

— Il y aurait bien, madame, un arrangement qui saurait vous contenter, et me ravir, qui serait de vous loger chez nous. Par ma mère, je sais que vous vous proposez d'introduire mon époux auprès de cette congrégation. En échange, il se chargera très volontiers, dès demain, de rencontrer avec vous cette jeune fille, et de l'examiner. Croyez qu'il serait très fâché que vous refusiez son assistance.

— J'accepte sans façons, bien que je doute que les sœurs laissent un inconnu visiter une de leurs pensionnaires.

— C'est que vous ne connaissez pas mon mari!

— J'en ai grande hâte! Vous pouvez partir, Désirée, me laissant en d'aimables mains. Me frotter à la jeunesse me fait le plus grand bien, je sens déjà mes membres se dégourdir, à croire que ce médecin guérit les rhumatismes de loin.

Mme de Monthaut ayant quitté la maison, blême de rage sous un sourire contraint, Adélaïde Paroton avait lampé son café d'un trait, sorti d'un réticule perlé une tabatière, et de celle-ci des pincées de tabac prestement enfoncées dans les narines.

— Votre mère semble considérer que j'ai un pied dans la tombe. Croirez-vous que je n'ose pas priser sous ses yeux, de peur qu'elle ne me morigène?

— Elle produit cet effet sur notre ménage. Vous aurez compris qu'en outre elle n'apprécie guère mon époux, le plus droit, sincère et excellent des hommes. Elle lui tient grief de préférer ses malades à son enrichissement.

— A vous entendre, chère enfant, comme vous l'aimez!

— Oui, je l'avoue. Je ne remercierai jamais assez la Providence de lui avoir fait quitter Amsterdam, où il est né, pour venir étudier à Paris. Je souffrais des fièvres, et c'est ainsi qu'il est entré chez nous, pour me soigner avec une douceur inlassable. Notre sentiment a grandi durant ces visites, et je n'ai plus songé qu'à l'épouser, une fois guérie. Je me serais enfuie si ma mère, il faut lui rendre cette justice, n'avait finalement consenti à nos noces.

— A son cœur défendant, je suppose...

— Vous supposez juste. Il est tout ce qu'elle abhorre, esprit indépendant, tourné vers les idées nouvelles. De plus, il jouit de la faveur du Régent, que ma mère accuse de libertinage, de paresse et d'incurie.

— Je ne saurais lui donner tort, même si l'honnêteté me force à admettre que trop d'années de guerres ont mis le pays à genoux, et que le duc d'Orléans n'en porte pas la faute. Je sais aussi qu'il a accordé une pension à Mme de Maintenon, qui favorisait pourtant son rival, le duc du Maine. Ce bâtard, je ne l'aime pas, qui ne nage bien que dans les complots. Mais laissons ces sujets auxquels notre sexe ne comprend goutte, et parlez-moi plutôt de votre fille.

Jusque très tard, bien après le souper, elles devisèrent d'enfant, de nourrice, du soin qu'il fallait prendre d'êtres si fragiles, soumis aux desseins de Dieu. Puis elles jouèrent à l'oie, à la chouette, aux dames, et pour du bon argent, la grand-tante raflant les mises, n'oubliant ni de priser ni d'avaler son eau-de-vie de poire. Il avait fallu que Justine insistât, à deux heures passées, pour qu'elle consente à se mettre au lit, dans la chambre des invités.

— Je vais me coucher, curieuse de savoir si cet époux invisible est aussi aimable que vous le décrivez, et s'il existe seulement.

De fait, Justine avait à peine eu le temps de songer à l'absence de Florent, tant Adélaïde Paroton l'avait amusée. Alors seulement qu'elle fut sous le drap, elle s'était rappelée de lui en faire reproche, mais le sommeil l'avait emportée, à l'aube, peu avant que Florent rentrât chez lui.

Ainsi qu'il en avait coutume lorsque son retour était par trop tardif, il se coucha sur l'étroit divan de son cabinet, pour ne pas réveiller sa femme. Il s'endormit, ignorant qu'à l'étage sommeillait une aïeule qui n'allait pas tarder à agiter le cours serein des événements.

3

Une pensionnaire invisible

Dès le lendemain, Florent Bonnevy se rendait chez les ursulines, au couvent du faubourg Saint-Jacques, chaperonné par Adélaïde Paroton. La grand-tante frétillait sur le siège du carrosse qui les y menait, métamorphosée en bigote, vêtue d'une robe de toile grise à double collet sur les épaules, fermée d'une broche à gros diamant très simple.

— Voyez-vous, cher neveu, l'habit fait la vertu pour ces nonnes qu'une peccadille effarouche. N'oubliez pas que, si je parviens à vous faire pénétrer dans la clôture, ce qui serait extraordinaire, il vous faudra garder yeux et langue dans votre poche. La seule présence d'une culotte met ces sœurs sens dessus dessous. Alors, faites-vous tout petit, si vous le pouvez !

Enchantée de l'audace de cette culotte évoquée, elle s'éventa avec fermeté, pour chasser la touffeur qui déjà accablait le matin.

Le médecin et la vieille dame s'étaient séduits l'un l'autre, à peine avaient-ils été présentés. Cette tante n'avait rien de la bigote à laquelle Florent s'attendait. Elle était même si pétulante, avec son tabac dans le nez, que l'agrément de la surprise l'avait fait renchérir d'amabilité. De son côté, Adélaïde avait retrouvé l'émotion perdue de ses coquetteries d'antan, si bien qu'elle en avait différé sa visite à Saint-Cyr chez Mme de Maintenon, et qu'elle avait fait promettre à ce viril petit-neveu de lui montrer ses chantiers. Le plaisir de rivaliser avec la Maintenon pour ce qui était des œuvres d'éducation s'augmentait de l'excitation qu'elle éprouvait d'avance, à l'espoir de rentrer à Niort en héroïne, une fois résolu le cas de Mlle de Louvières.

Car il ne fallait pas dire deux fois à Florent qu'on avait besoin de lui quand se présentait une énigme, et cette jeune fille que nul ne pouvait entrevoir en était une, fort intrigante. Deux heures de rang, l'aïeule et le médecin avaient comploté, décidant finalement de s'en tenir à la raison première de l'entretien, la direction des maisons de soin et d'éducation, qui devait les introduire dans la place. La pensée de trouver à la fois la réponse aux alarmes de Mme Paroton au sujet de la pensionnaire et la solution au souci qui le rongeait depuis des semaines mettait Bonnevy de fort belle humeur.

Placer ses fondations sous l'égide d'une congrégation était une obligation à laquelle il n'était pas question de se soustraire, mais il ne pouvait se retenir d'une sourde anxiété, à l'idée de dévoiler son ignorance des choses de la religion, d'une Église qui n'était pas la sienne. Seul Ian Magnus, d'origine hollandaise comme lui, et fidèle sous le manteau à ceux de la Réforme, connaissait ce qu'il fallait bien appeler son secret. Juif par la naissance, Florent avait changé son nom de Benavidès en Bonnevy, dès son arrivée à Paris. Plus tard, il s'était converti pour épouser Justine, à l'insu des siens, de sa fiancée, et de la famille Monthaut. Il avait remonté la nef de Saint-Roch aussi pur que l'agneau, lavé de sa tache originelle, assez inquiet toutefois sur le déroulement d'une liturgie qu'il avait apprise hâtivement. Nul ne s'était avisé qu'il n'était catholique que sur le papier de baptême, un certificat de complaisance qu'il avait acheté dans le Vexin, permettant ainsi au curé de refaire le toit de son église. C'était une pratique à laquelle avaient recouru nombre de Réformés, et il avait agi de même, s'ingéniant par la suite à échapper aux cultes en arguant de ses malades, se forgeant auprès de sa belle-mère une réputation de mécréant. Il fallait avouer que, ne connaissant goutte aux couvents, monastères, ordres, vœux et clôtures, il nourrissait contre leur prosélytisme de solides préjugés, bien décidé pour sa part à ne pas renier les principes de liberté qui guidaient sa vie. Florent Bonnevy s'était donné tant de peine pour ouvrir ses maisons qu'il eût préféré les démolir plutôt que de consentir à des usages qui faisaient horreur à sa raison, à ses convictions, comme à sa bonté. Mille fois, il avait souffert en silence durant ses visites à l'hospice, observant avec quelle rudesse on y était traité, mal portants, grabataires, contagieux, enfants trouvés, prostituées, voleurs, déments et folles réduits à un enfermement commun, dans des dortoirs surpeuplés où les cris répondaient aux prières. En toute bonne foi, le personnel dévoué jusqu'à l'abnégation administrait pénitences et mortifications avec autant, sinon davantage, de zèle que les remèdes. Ce qu'il désirait, lui, était des établissements comme il n'en existait pas, où chacun serait réconforté selon ses besoins, au nombre desquels venaient ceux des esprits. Parmi toutes ces congrégations, dont les luttes ouvertes et les disputes théologiques lui avaient semblé si vaines durant la fin du règne de Louis XIV dominé par les dévots, seule celle qui poursuivait l'œuvre de Vincent de Paul avait trouvé grâce à ses yeux. Le saint avait prescrit aux compagnies de la Charité de « consoler et de réjouir », ce qui les rendait très aimables à Florent. Mais comment les solliciter pour ses propres nécessiteux, quand ces femmes admirables soignaient et nourrissaient déjà des dizaines de milliers d'indigents ?

De ce point de vue, l'arrivée de l'irréprochable Mme Paroton était une bénédiction, à croire que le fils de Dieu ne tenait pas grief à Florent de sa conversion de façade. Bien qu'elle jugeât très extravagantes les conceptions dont il s'était ouvert à elle, elle l'avait assuré de son soutien, pourvu qu'il s'engageât à lui faire rencontrer Mlle de Louvières. Sans doute se serait-elle évanouie en apprenant qu'il était juif, un de ceux qui avaient tué le Christ ! Même Justine l'aurait banni, chassé, peut-être, à l'annonce de sa véritable identité...

Cité dans Paris, le couvent du faubourg Saint-Jacques était enceint de très hauts murs, interdit à la police du roi, placé sous la seule autorité de l'archevêque, et encore disait-on que, très protégées par Rome, les religieuses agissaient selon leur conscience, sans trop en référer à l'Église de France. Cet univers reclus était cependant moins fermé que Florent ne le croyait, ainsi qu'il s'en aperçut une fois le portail de la chaussée rabattu sur leur carrosse. Derrière les murailles s'étendaient de vastes cours, encadrées de bâtiments. On distinguait, au loin, des jardins verdoyants — qu'arrosaient des hommes en habit d'ouvriers —, sillonnés de dames et de leurs domestiques. Son étonnement fut à son comble quand il vit, parmi les promeneurs, des gentilshommes qui n'auraient pas déparé les allées du Palais-Royal. Partout, ce n'était que soies ajustées, rubans flottants, cannes à pommeau d'or, petites ombrelles volantées, dentelles, dans un chatoiement coloré, et des éclats de rire qui ne s'accordaient en rien à l'image qu'il se faisait de la vie monastique.

— Qui sont donc ces gens, qui brisent ainsi le silence et la piété de ces lieux ?

— Tombez-vous de la lune, mon neveu, ou jouez-vous au naïf ? Ces dames, retirées chez les ursulines ou placées par leurs familles, ont ici leur logement. Pourquoi renonceraient-elles aux usages du monde ?

— Je suis naïf en effet, pensant que le règlement s'appliquait à tous. Les jeunes filles y jouissent-elles aussi de libéralités ?

— Ne confondez pas nonnes, pensionnaires et dames ! Contre leur retraite, ces personnes octroient au couvent les largesses et donations qui le font vivre. Sans elles, leurs équipages, leurs trains, comment la congrégation dispenserait-elle ses bienfaits sur les externes, ferait-elle l'école gratuite le dimanche ?

— Va pour les dames, mais ces beaux messieurs ?

— Dots, legs, pensions valent bien qu'on ferme les yeux sur des façons, disons, un peu mondaines... Feriez-vous le prude, vous qui, me suis-je laissé dire, n'êtes point regardant sur vos dévotions ?

— C'est pourquoi j'attends de ceux et celles qui s'y consacrent qu'ils le fassent entièrement.

— Pour renoncer à tout, il faut être mystique, ermite, janséniste, ou saint !

— Ces ursulines n'aspirent-elles pas à la sainteté ?

— Certes. Aussi regardez autour de vous : vous ne verrez en ces jardins et cours que des sœurs converses, tourière, portière, lingère, cuisinière, que sais-je encore, appelées par leur charge à fréquenter le monde. Les sœurs du chœur ne sortent pas de la clôture, soyez rassuré. On y fait pénétrer les élèves, pensionnaires ou externes, pour y recevoir leur enseignement.

— Alors, votre Mlle de Louvières serait tantôt dehors, tantôt dedans, visible ou invisible ? Il faudra donc que vous m'y fassiez entrer, pour que je m'en assure.

35

— Tout doux ! Je devrai d'abord ardemment plaider votre cause auprès de la mère supérieure. Puis on vous mènera peut-être au parloir, où vous ne parlerez à la prieure qu'à travers le double grillage, un de fer, l'autre de bois, de l'extérieur de sa clôture. Apprenez, cher enfant, qu'il est des impatiences inutiles : vous ne parviendrez pas à vos fins par la brusquerie, mais par l'obéissance.

— Charmant !

Le carrosse s'arrêta au fond d'une cour pavée, fermée sur trois côtés par trois bâtisses semblables, percées à distance égale, de tout leur long, sur trois étages, de hautes fenêtres. L'ensemble rappelait davantage une place militaire qu'un couvent. Une portière au visage impassible les précéda vers une entrée carrée, de dimensions considérables, où les contemplait une sainte Ursule de pierre grise, celle que l'ordre vénérait pour avoir subi le martyre plutôt que de perdre sa virginité, chuchota Adélaïde. Une tourière s'avança, qui se dépêcha de conduire Florent vers une porte basse et de la refermer sur lui, sans qu'on daignât lui dire ce qu'il devrait faire là.

C'était un oratoire sans fenêtre, avec pour toute clarté la flamme d'un bougeoir, meublé d'un crucifix et d'un prie-Dieu. Sauve-du-Mal, que sa taille immense embarrassait dans cette sorte de cellule, n'accorda pas un regard à ce Messie auquel il ne croyait pas, et arpenta le pavement comme pour mesurer le temps qui lui sembla s'allonger à l'infini. Peut-être offrait-on là aux fidèles un avant-goût de leur éternité, se dit Florent, songeant qu'il avait bien assez de la vie d'ici-bas, débordée de peines et de souffrances à alléger, dont le Crucifié se déchargeait sur lui.

De fait, plus les minutes passaient, plus Bonnevy se sentait étranger dans l'intimité de la Croix. Elle lui arrivait parfois à l'improviste et le submergeait maintenant, cette pensée qu'il usurpait la place d'un autre, auprès de sa femme, au sein de sa propre maison. Qu'y pouvait-il si, pour apprendre la médecine, faire son chemin dans le royaume de France, épouser Justine, s'établir comme tout un chacun, il lui avait fallu travestir sa foi et sa nature ? Ni Ursule la vierge martyre ni le Christ n'avaient de réponse à cela.

Il tournait en rond pour échapper à ses tourments, quand la femme tourière vint interrompre son tête-à-tête avec le divin.

— Notre mère supérieure va vous recevoir au parloir du pensionnat. Soyez-en reconnaissant, car elle ne sort de la clôture que pour de très impérieuses nécessités. Ce que j'en dis, moi, c'est qu'elle aurait dû vous renvoyer, car un homme de votre âge n'amène rien de bon chez nos filles.

— Ne craignez rien de moi, je viens en médecin, répondit Bonnevy, en se demandant de quoi se mêlait la bonne femme.

— Oh, c'est du pareil au même ! Je pourrais en dire sur votre sexe et sa mauvaise engeance !

Elle se tut néanmoins, l'air de n'en pas penser moins. C'était une petite et grosse matrone, de ces veuves dévotes attachées aux couvents, reliant les nonnes au monde extérieur par l'ouverture de leur porte. Au bout d'un interminable corridor, désert et silencieux, elle s'effaça pour laisser le médecin entrer dans le parloir, meublé à l'égal d'un riche salon, parsemé de guéridons, de canapés, de fauteuils. Mme Paroton, au fond d'une bergère de velours cramoisi, tendait l'oreille contre un grillage percé dans le mur. Bonnevy comprit alors qu'il ne verrait pas la mère supérieure, fût-elle sortie de l'enfermement de sa clôture, son visage demeurant éloigné du sien par la grille de fer et les croisillons de bois.

Après lui avoir donné sa bénédiction, la religieuse, d'une voix posée, l'interrogea très longuement sur ses trois établissements. Florent reprit sa grande ambition, celle de soigner les maux du corps, et aussi ceux que les duretés des temps infligeaient aux plus démunis. Il insista sur le défrichage des esprits jusqu'alors laissés à l'abandon, s'apprêtait à revenir sur l'apprentissage de la lecture et d'un métier quand la prieure, qui n'avait pas bronché, l'interrompit d'un cri étouffé :

— Ah, monsieur, ne me donnez pas plus longtemps cette comédie ! Je sais bien que le duc d'Orléans vous envoie, prévenu contre nous par certaines rumeurs !

— Vous vous trompez, ma mère. Je ne suis ici que par la bonté de Mme Paroton. Toutefois, si ces rumeurs ont certaine de vos pensionnaires pour sujet, vous n'ignorez pas que ma grand-tante est en grande alarme à propos de l'une d'elles. Il est vrai que je me fais un devoir de les dissiper.

— Voyez, monsieur, comme d'un mot vous en venez au fait ! Je vous plains pourtant de mentir dans la maison de Dieu. Vous vous perdez à dissimuler : Mme de Malan, je le vois, a mis sa menace à exécution.

— Je vous jure ne pas connaître cette dame, et venir de ma propre résolution.

— J'ai peine à vous croire. Ce double intérêt tend à prouver votre connivence. Mme de Malan se vante avant-hier de son amitié avec le Régent, pour me forcer à faire ce que je ne saurais accepter, et vous voici, dans les mêmes dispositions ! Les miennes sont fermes : Mlle Passevent ne sortira pas de ces murs.

— Révérende mère, à vous écouter, je crois bien que nous ne parlons pas des mêmes choses. Je ne veux rien de plus que rassurer Mme Paroton sur la santé de Mlle de Louvières.

— Mlle de Louvières, dites-vous?

— Je réponds de M. Bonnevy, ma mère. Nous n'avons rien de commun avec cette autre fille.

Durant ce vif échange, Adélaïde Paroton s'était tortillée dans sa bergère, soupirant pour interrompre un dialogue auquel elle ne comprenait rien.

Malgré l'épaisseur des grilles, Florent devina le trouble intense qui agitait la mère supérieure, à l'interminable silence qui seul répondit à leurs protestations. N'y tenant plus, il l'appela :

— Ma mère, êtes-vous là? Répondez-nous, ma mère, vous sentez-vous bien?

— Partez, je vous en prie. Votre présence nous importune.

— Avec tout le respect que je vous dois, il vous faudra me faire jeter dehors. Le vœu de silence a ses limites, celles du monde, que le sort de Mlle de Louvières inquiète à bon droit.

— Avez-vous donc oublié où vous êtes?

— Il s'en faut de peu. Pour refuser ainsi de nous éclairer, il faudrait croire, ma mère, que vous traitez en prisonnières les jeunes filles qui vous sont confiées. Et je pourrais bien moi-même en avertir le Régent, dont vous craignez si fort l'intervention.

— Mon neveu! Avez-vous perdu la tête?

— Laissez, ma fille. Je comprends son irritation. O mon Dieu, aidez-moi!

— Ma mère, je ne demande pas davantage que de vous aider, si je le peux, de mes moyens terrestres. Je sais que Mlle de Louvières est malade des nerfs, et, en ma qualité de médecin...

— Mlle de Louvières? A cause d'elle, le scandale s'apprête à salir notre couvent. Votre venue n'en est-elle pas la preuve? Ah, monsieur, nous sommes de pauvres filles de Dieu, sans qualité pour arranger les affaires du monde.

— Qu'à cela ne tienne, confiez-vous à moi en toute quiétude. Sur cette croix, je jure que vos révélations ne transpireront pas hors de cette enceinte. Ce que je veux, c'est voir triompher le bien, tout autant que vous, quoique par des moyens plus profanes. Parlez, ma mère, je vous en conjure, si vous voulez que je vous aide.

— Garderiez-vous le secret, en honnête médecin, si je m'ouvrais à vous de mon inquiétude, seule à seul ?

— En douteriez-vous ?

Adélaïde, un brin vexée de tant de manières, devança toutefois son congé, sous le prétexte courtois de respirer l'air des jardins.

Demeurée seule avec Florent Bonnevy, comme si sa décision la délivrait d'un fardeau trop pesant pour son âme, la supérieure prit la parole, en un flot que rien ne saurait barrer.

— Autant vous l'avouer, Mlle de Louvières a disparu, il y a une semaine aujourd'hui. Endormie le soir au dortoir, le lendemain matin n'y étant plus. Nous l'avons cherchée dans tout le couvent, en vain. Sur elle, je ne saurais hélas vous en révéler davantage, car nous ne savons absolument rien de ce qui s'est passé cette nuit-là. C'est une jeune fille étrange, qui se sera peut-être enfuie. Dieu seul sait où elle se trouve à cette heure. Comme si cela n'y suffisait pas, une autre de nos pensionnaires, plus jeune, est tombée gravement malade le matin de cette disparition. Ces deux filles sont très attachées l'une à l'autre. Dans son délire, Mlle Passevent ne cesse d'appeler Bénédicte de Louvières, me faisant supposer que son mal est lié au départ soudain de la pensionnaire. C'est là que vient s'entremettre Mme de Malan, qui, avertie je ne sais comment des souffrances de Mlle Passevent, exige de la sortir du couvent, pour la conduire en ville. Pour ne pas jeter le trouble dans les âmes sensibles, nous avons caché à tous que nous n'avions aucune nouvelle à propos de Mlle de Louvières. C'est pourtant au motif de préserver Mlle Passevent d'une même infortune que Mme de Malan a insisté pour la prendre avec elle. C'est là trop d'intrigues temporelles pour nous, qui prions Notre-Seigneur de nous éclairer sur la conduite à tenir. Voilà tout ce que je peux vous dire, et c'est fort peu, je le conçois trop bien.

— Ma mère, ainsi que vous le reconnaissez, il s'agit d'intrigues temporelles, que je serai mieux à même de percer. A écouter votre récit, il me paraît que Mme de Malan en sait davantage sur ces intrigues qu'elle ne vous l'a révélé. Si elle n'y est mêlée, elle aura peut-être vu nouer l'un de ses fils. Apprenez que j'ai, comme elle prétend l'avoir, moi aussi l'oreille du Régent, et que, si cette relation dont elle se vante est vraie, il me serait bientôt aisé d'approcher cette dame.

— Je vous conjure de n'en rien faire ! Vous m'avez juré un silence absolu ! Si cette malheureuse affaire s'ébruitait, mes filles ne s'en relèveraient pas.

— Aussi avancerai-je à pas comptés, si vous daignez me confier cette enquête, que je dois à ma tante comme à vous de mener à la lumière. Je me conduirai selon vos instructions, ne questionnant qu'en médecin. Et puisque je suis au pensionnat, je me propose d'aller examiner sur-le-champ cette demoiselle Passevent, qui soulève tant d'intérêt.

— Maintenant ? C'est impossible. Celui qui nous soigne en prendrait fort ombrage.

— Ma mère, vous n'avez que trop différé, perdant un temps précieux. Je ne pourrai agir que si vous me laissez déterminer ma conduite comme je l'entends.

— Vous me demandez beaucoup.

— Vos scrupules, ma mère, sont ceux d'une servante de Dieu. Ne servant que les hommes, et connaissant la méchanceté qui les anime trop souvent, j'affirme qu'ils vous desservent. Pour vous parler franchement, nos consciences n'obéissent pas au même maître, et je ne saurais me laisser guider par le vôtre en cette affaire.

— Hélas, monsieur, mes confidences m'ont mise entre vos mains, et me voici contrainte d'en passer par vos conditions.

— Vous n'aurez pas à vous en repentir.

Chacun campant de part et d'autre de la grille, l'une du côté où le salut viendrait de Dieu, l'autre de celui où primait l'initiative de la raison, ils convinrent, un peu sèchement, que Mme Paroton serait reconduite en carrosse, afin que Florent visite Mlle Passevent aussi longuement qu'il le jugerait utile.

La mère supérieure tenta de recouvrer l'autorité que l'assurance du médecin lui avait ravie, en confiant son entreprise et son étrange agent au Très-Haut, par la prière.

Puis, au moment de se retirer :

— Monsieur Bonnevy, vous croyez au monde, et je m'en défie. Mais je vous parle d'âme à âme, pour vous dire que vous me semblez un excellent homme, sans sournoiserie ni dissimulation. En ne voyant pas les visages, je lis dans les cœurs, et le vôtre est pur. C'est pourquoi je m'en remets à vous, espérant vous voir suivre le chemin que vous montrera la Providence.

Et ce fut tout. Il fallait que cette nonne eût le caractère bien trempé pour tâcher de le ramener où il n'entendait pas se rendre, dans le giron des filles de Dieu. Attendre l'intervention de la Providence était très édifiant, mais ni la piété ni la vertu n'avaient fait revenir la jeune fille disparue. Aussi jugea-t-il plus sage de s'en remettre à sa réflexion.

4

L'effroi d'une sotte

Sophie de Malan n'avait pas de goût pour le veuvage, ni de disposition pour les vertus qu'il imposait. Depuis son plus jeune âge, elle avait fait de « qu'importe ! » sa devise, bien commode pour céder à ses engouements sans s'embarrasser de leurs conséquences. Introduite à la Cour par son mariage, elle s'y était établi une solide réputation de coquine, M. de Malan passant plus de temps sur les champs de bataille que dans sa couche. A la mort glorieuse de cet époux, ses frasques devinrent si éclatantes qu'il fallut sévir. Sous les foudres de cette fausse prude de Maintenon, le feu roi plaça la veuve chez les ursulines, avec pour consigne de s'y faire oublier.

Maintenant que le Régent — avec qui elle avait été, quinze ans plus tôt, du dernier bien — montrait l'exemple d'une vie privée telle qu'elle la comprenait, ce qui consistait à se divertir au mépris des donneurs de leçons, elle estimait avoir payé assez chèrement la légèreté de ses mœurs pour se rembourser au triple.

Cette dame, encore fort jolie, et plus encore experte à compenser en cajoleries ce qu'elle avait perdu en fraîcheur, occupait chez les ursulines un logement coquet au possible, trois petits salons en enfilade flanqués de boudoirs et chambres en nombre suffisant pour s'y égayer à son aise. Le considérant comme un écrin où déployer ses grâces, elle y avait fait déménager son mobilier, ses tapis, ses tableaux, son argenterie, ses domestiques et ses amis, de sorte que rien ne ressemblait plus à un grand train de ville que celui de cette comtesse retirée chez les nonnes. Quand elle se fatiguait de convoquer chez elle, au couvent, comédiens et musiciens, il lui suffisait de graisser la patte de la portière pour sauter dans un carrosse, dissimulée sous une cape, aller passer quelques jours chez son amie la duchesse de Retz, goûter l'extase des bals masqués et des soupers qui les prolongeaient, entraînée par cette compagne qui faisait honneur à son surnom de « Mme Fiche-le-Moi ». Étant aussi la cousine germaine de Claudine Alexandrine de Tencin, chanoinesse relevée de ses vœux à cause de son inconduite, elle suivait de très près les progrès de cette aventurière dans les ruelles de la galanterie, se rappelant l'avoir poussée — coïncidence plaisante — dans le lit du Régent, que la Tencin avait eu pour camarade de jeux avant l'abbé Dubois.

Mme de Malan, si l'on fermait les yeux sur son inclination pour la débauche, était au demeurant une femme des meilleures. Elle s'avérait attentive au bien-être des religieuses, prompte à leur procurer, en cachette de la supérieure, les colifichets dont elles n'eussent osé rêver, mouchoirs brodés, eaux de senteurs, flacons de sels, missels brodés, qu'elles cachaient sous la paille du matelas de leur cellule. Modeste, humble, d'une décence et d'une vertu admirables en leur compagnie afin de ne pas les froisser, Sophie s'affichait très pieuse aux offices, observant scrupuleusement les jours maigres, le petit office quotidien de Notre-Dame, les vêpres et les sacrements. Qui aurait pu soupçonner, en la voyant tendre son visage innocent vers l'hostie, qu'elle sortait à l'instant des bras du ou de ses amants, encore pantelante de leurs exploits ? Pour toutes ces raisons, quoique contradictoires, Mme de Malan était aimée tant des religieuses que de sa société. Affectant d'accorder à l'esprit autant d'intérêt qu'aux sens, elle attirait chez elle penseurs et libertins mêlés, savants et guerluchons, essayant, depuis sa retraite, de rivaliser avec les salons de la duchesse du Maine ou de Mme de Lambert. Si cette dernière avait donné lieu à l'invention du « lambertinage », subtile alliance de libertinage et de philosophie, Sophie de Malan faisait de son mieux pour s'imposer en reine de la « malanterie », et y parvenait parfois, offrant ses minauderies de singe savant à ceux qu'elle ne désirait pas, et sans façon son bijou aux autres, si bien que chacun y trouvait son lot.

Ainsi, ce jour-là, attendait-elle dans son salon Bernard de Fontenelle, qui lirait certains de ses *Dialogues des morts anciens avec les modernes,* et le petit Marivaux, un exquis jeune homme qui entendait écrire des romans et des pièces, sans oublier le beau Richelieu, petit-neveu du cardinal, fleuron des assemblées de plaisir, stratège en roueries de toutes sortes.

Sophie de Malan arrivait de chanter les laudes, avec les ursulines du chœur, où elle avait joint sa voix limpide au *Gloriosa Domina,* « O Vierge dont le trône est sur les astres mêmes, quel avantage, quel honneur », etc., en se demandant si Richelieu aurait pensé à apporter de quoi se couvrir, ces *redingotes anglaises* qu'il fournissait à la compagnie contre certains petits maux fâcheux. Elle était présentement en train de troquer sa robe sévère — celle dont les nonnes raffolaient, les pauvres, la jugeant d'une extrême coquetterie — contre une mousseline plus décente — ou plus indécente, si l'on voulait — pour la réunion amicale, jupe et corsage d'une seule pièce, avec large ouverture sur le devant laissant voir le jupon brodé de fleurettes.

Sophie de Malan n'avait pas inventé le fil à couper le beurre, le savait, et n'en était pas marrie pour autant. Le beurre, ne le lui apportait-on pas tout tranché sur un lit de glace ? Il lui suffisait de choisir ses mules, de lisser les fronces flottant dans le dos de sa robe, de remonter ses cheveux en boucles naturelles, pour avoir le crâne bourré de ces occupations, et combler le très peu d'espace dévolu à y réfléchir.

Aussi sursauta-t-elle, miroir à la main, tout effrayée d'être dérangée dans une tâche si sérieuse, quand un homme surgit devant elle.

— Vous ici, grand maître ! En plein jour ! Vous courez de grands dangers, et m'en faites courir de même, si quiconque vous surprend chez moi à cette heure.

— Voyons, ma fille, vous seule êtes informée de ma nature naturelle. Je sais me fondre dans l'ordinaire quand il est nécessaire. De plus, j'apparais et me volatilise où et quand il me plaît. Oseriez-vous vous en plaindre ?

— Certes non. Mais comment êtes-vous entré ? Ne vous a-t-on point vu ?

— Je passe par les murs, ne le savez-vous pas ?

— Si fait, grand maître. C'est que je suis très émotionnée de vous trouver tout soudain devant moi.

Dans la cervelle exiguë de Mme de Malan virevoltait une tornade de frayeurs, en partie causée par l'apparition de son grand maître, en partie par l'arrivée imminente de ses invités, si bouleversante qu'elle en oublia que, dans sa garde-robe, une porte tendue de damas donnait par un escalier sur son vestibule et sur la cour, offrant un commode accès dérobé. Comment douter que le grand maître, homme aux pouvoirs aussi infinis que l'infinité des astres, traverse les murs sans encombre ?

C'était un rustre très laid, de taille médiocre, plus

maigre qu'un jour de Carême, aux yeux et à la bouche étroits, aux joues grêlées par la petite vérole, au long nez pointu, au teint jaune, à l'allure d'un commis de magasin dont il arborait la vêture négligée. Mais qui aurait eu l'audace d'interroger le grand maître sur son passé, et d'apprendre qu'il avait réellement végété dans ce fruste emploi, avant de devenir grand maître ? Certainement pas Sophie de Malan, sa disciple de rang très subalterne, son initiée de fraîche date au Culte égyptien des astrolâtres d'Orient.

— Mon esprit dans son incarnation terrestre a pris la peine de venir à vous, Astarté, pour avoir des nouvelles de cette enfant.

— Mlle Passevent ?

— Passevent, Ducon ou Delamotte, peu me chaut son nom. Dites-moi seulement si vous l'avez escamotée. Pourquoi suis-je ici, à votre avis, sinon pour en prendre livraison ?

— C'est que ce n'est pas si aisé que cela, grand Astromaris. Elle est tombée fort malade, et la voici sous la garde de la sœur infirmière, à présent. Mais je suis prête à jurer qu'elle tient sa langue.

— Astarté, vous êtes trop sotte. Prenez garde à ne pas partager le sort que nous réservons à cette niaise. Isis et Osiris n'aiment pas être contrariés. Je vous ordonne donc de trouver un moyen de nous la livrer sans délai.

— C'est que... la disparition de qui vous savez a rendu les sœurs très inquiètes.

— Auriez-vous l'intention de vous soustraire à votre mission, Astarté ?

— Loin de moi, loin de moi. Mais... tout cela me prend de court. Vous ne m'aviez pas prévenue que qui vous savez serait enlevée, et cela m'a fort désarçonnée.

— Pensiez-vous donc qu'ayant vu notre culte, elle

serait simplement remise dans sa classe, parmi ses compagnes ?

— Non, cela eût été imprudent. Mais tout de même, le trouble que cause son absence me trouble moi aussi, ignorante du sort que vous lui ménagez. Mlle de Louvières se porte-t-elle bien, au moins ?

— Pas de nom, malheureuse ! Il est des secrets que vous n'avez pas à pénétrer. Rappelez-vous, Astarté, votre serment d'initiée. Vous n'avez déjà que lourdement fauté, car c'est de votre faute si l'autre folle l'a suivie, surprenant nos rites.

— De ma faute ? Mais comment ? Pourquoi ?

— De votre faute. Les dieux me l'ont confirmé. C'est à vous qu'il appartient de nous débarrasser de ce contretemps. Songez au courroux d'Isis et d'Osiris, au serpent, au scorpion divins !

— Ah ! Mon Dieu !

— Quel dieu suppliez-vous, Astarté ? Si vous ne voulez périr, hâtez-vous d'arranger cette affaire, pour demain. Et fermez les yeux, maintenant. Nul ne doit me voir traverser les murs, sans quoi il sera aveugle.

Sophie s'exécuta promptement, tenant les paupières bien closes, d'où s'écoulaient deux torrents de larmes inépuisables, qu'elle laissa enfler en bruyants sanglots.

Elle les rouvrit un long temps après que les gonds de la portière eurent grincé, bien trop tourneboulée pour seulement les entendre, réduite à admettre que celui qui passait les murailles était capable de tout.

Pourquoi avait-il fallu qu'Isis, Osiris, le serpent et le scorpion réunis eussent éprouvé l'impérieux besoin d'être célébrés dans les caves d'un couvent, plus précisément de celui où elle était établie, et plus précisément encore dans le sous-sol de son logement ?

Pourquoi avait-il fallu que les divinités l'eussent choisie, elle, leur misérable disciple, pour leur fournir asile, par l'entremise de leur prêtre Astromaris ? Pourquoi avait-il fallu que le grand maître tombe sur elle, femme qui aspirait seulement à être femme, plutôt que d'en élire une autre, qui aurait su complaire à ces êtres surnaturels ?

Tout ce que Sophie de Malan espérait, au commencement de sa relation avec ce bonhomme-là, était de remonter le temps, de retrouver ses parents défunts, ses deux enfants morts en bas âge, et même son époux péri dans les Flandres, le comte qui, de son vivant, l'avait sans faiblir protégée d'elle-même.

Elle s'était ouverte des chagrins de ces pertes à une vague connaissance, instigatrice des plaisirs de la duchesse de Retz. Cette jeune femme se disait circassienne de Constantinople comme Mlle Aïssé, la beauté courtisée par le Régent, encore lui, qu'avait élevée la sœur de Mme de Tencin, autant dire que ces fillettes ne sortaient pas de la famille. D'autres rapportaient que la nouvelle confidente de la comtesse avait été tirée de sa condition de fleuriste, débarrassée de sa carriole à bras par un bâtard de la famille royale. Cette vive Vénus qui répondait au prénom de Bélizé s'était empressée de parler d'Astromaris à la veuve éplorée. C'était le grand prêtre d'un culte qui, justement — voyez l'aubaine ! — vous conduisait aux rivages des morts et vous ramenait saine et sauve de cette incursion dans les astres et les temps anciens.

— Moi-même qui suis devant vous, avait ajouté Mlle Bélizé, j'ai devisé avec mes nobles ancêtres, dans un antique palais de l'antique cité de Constantinople. Ce sont eux qui m'ont remis ce pendentif d'émeraudes.

A la vue de la poire de verre qui scintillait sur sa gorge, comment Mme de Malan aurait-elle mis ses paroles en doute ? N'était-ce pas la preuve absolue de leur véracité ?

A cette époque — quelques mois plus tôt qui lui semblaient si loin —, Sophie se contentait de croire au jour du Jugement, à la résurrection des corps qui, à la fin des temps, bien plus tard, lui permettrait de retrouver les êtres chéris. Aussi, lorsque Astromaris, présenté par Mlle Bélizé, lui promit qu'elle n'aurait pas à patienter jusque-là, son cœur avait tressailli de joie. Cela paraissait si aisé ! Il lui suffirait, moyennant des dons réguliers (bijoux, argenterie, or) aux dieux de l'Égypte et de l'Orient (Perse, Indes, Chine), offrandes à eux transmises par l'honnête grand prêtre, de sacrifier à leur culte pour voyager dans l'au-delà et se transporter exactement où elle voulait se rendre.

Comment Sophie de Malan, bête à manger du foin et riche à ne pas savoir combien, n'aurait-elle pas avalé des promesses qui répondaient si exactement à ses désirs ? Tout en continuant de croire en Dieu, Marie, Jésus, le Saint-Esprit, les saints et les sacrements, elle y avait ajouté, sans chercher à en percer les mystères, ces divinités venues des planètes et qui vous y menaient à loisir. Un peu plus un peu moins... Eh bien, quoi ? Fontenelle n'avait-il pas prouvé, noir sur blanc, la pluralité des mondes, l'existence d'autres soleils, d'habitants sur la lune ?

La comtesse, guère ferrée en astronomie, avait alors seulement retenu qu'il y avait des gens semblables à elle parsemant les cieux et les étoiles, certitude qui l'enchanta, et que n'eurent plus qu'à renforcer les discours — les galimafrées, en vérité, truffées de fantastiqueries — du maître Astromaris.

Oui mais tout cela, cette heureuse espérance de retrouvailles célestes, c'était il y a quelques mois. Durant tout l'hiver, le mage s'était contenté de venir l'entretenir de ces merveilleuses perspectives, de lui enseigner les volontés d'Isis et tutti quanti, et de la soulager, naturellement, de cassettes emplies de pièces d'or. La niaise avait commencé à ressentir de l'incommodité au début du mois de mars, lorsqu'il exigea d'elle, en gage de dévouement, la clé de ses caves. Celles-ci communiquaient avec les immenses souterrains du couvent, dont on disait qu'ils s'étendaient jusqu'à la Bièvre, et que l'on en ressortait en barque. Là, avait soutenu Astromaris, on célébrerait enfin le culte dans toute sa splendeur, à l'abri des regards indiscrets, et sous les lieux mêmes où ces divinités millénaires étaient reniées. C'était le désir d'Isis et d'Osiris, à lui personnellement confié, et il n'y avait pas à revenir là-dessus.

Jusqu'alors, les désirs divins s'étaient bornés à ce que Sophie de Malan boive les philtres magiques et se livre corps et âme, une fois engourdie, aux caprices du grand prêtre ou de ses clercs. Si la physionomie d'Astromaris n'était guère attirante, il en allait autrement de certains des Culeteurs astrolâtriques, ainsi qu'ils se désignaient. Il y en avait de jeunes et de bien découplés, à qui Sophie s'immolait très volontiers, ne détestant pas être rudoyée par des garçons aux manières de ruffians, quand elle s'offrait au grand prêtre par pure application initiatique. En somme, le rituel ressemblait fort à ce qu'elle pratiquait en son privé — dépucelant assez souvent de jolis valets —, sinon qu'il fallait revêtir des capes noires, laisser couler dans sa gorge le sang chaud de poulets sacrifiés, et ces fameux philtres astraux destinés à l'envoyer dans les autres mondes.

Déjà, dans les premières semaines du printemps, sans oser se l'avouer, Mme de Malan, réveillée la nuit toute en sueur, pressentait qu'elle avait mis le pied dans une chose qui la dépassait, qui l'oppressait parfois. Elle devinait aussi qu'on ne l'en laisserait plus sortir, maintenant qu'elle était passée de l'autre côté de la connaissance, là où de rares élus traversaient les cieux et les nuages, une fois les dieux comblés de cadeaux.

Toutefois, espérant toujours papoter dans l'au-delà avec ses chers disparus en chair et en os, y rencontrer aussi les gloires défuntes de l'histoire universelle, elle se débrouilla pour remettre un double de la clé de ses caves à Astromaris, qui le prit sans songer à l'en remercier. Tout ce qu'elle demandait à Dieu (celui des Évangiles), c'était de ne plus jamais entendre parler de serrures, de ferronnier, ni de l'effroi qui l'avait glacée en remettant une clé de couvent au prêtre d'une autre religion. Hélas, quelques jours plus tard, le grand prêtre en avait brandi une seconde, avec un air de triomphe. Grâce à la première, il avait tâtonné dans les souterrains humides et froids sans craindre les rats ni les suintements fétides, signalant son chemin par des traits de chaux, à la lueur d'une torche. Au bout de son expédition, il s'était heurté à une porte, en haut d'un escalier abrupt taillé dans le mur, avait pris l'empreinte de cette autre serrure à la cire, avant de retourner sur ses pas. Revenu la nuit suivante muni de ce nouveau sésame, il s'aperçut en liesse qu'il ouvrait sur l'extérieur des murs, en bordure d'une friche, au-delà du faubourg. Dorénavant, ce serait un jeu d'enfant pour les disciples de se glisser dans les profondeurs du couvent, d'en déboucher par la maison de Mme de Malan. Pour quoi y faire ? A la question de la comtesse, Astromaris avait répondu par un haussement d'épaules. Elle verrait le jour venu. Sophie ne pensa pas à mal, émerveillée du savoir de magie que possédait cet homme, guidé par l'Orient vers une issue abandonnée. Pour le grand prêtre, ce passage n'avait rien de miraculeux, mais résultait des semaines qu'il avait passées penché sur d'anciens plans du monastère, à les étudier.

Dès lors, le culte s'instaura dans sa plénitude, au

tréfonds de la demeure de Dieu, tandis que les ursulines sommeillaient, priaient ou chantaient dans leur chapelle, au complet insu des manigances qui s'accomplissaient sous leurs dallages.

La ferveur de Sophie s'en trouva réchauffée en une douce fièvre d'excitation. Autrement plus émoustillant que les bals en ville était de s'enfouir sous ses salons, nue sous la cape noire, de s'allonger sur la table recouverte d'un velours noir aussi, brodé d'astres en fils d'or, et là de se confier aux mains des disciples, d'atteindre le septième ciel, première étape du grand voyage. A vivre cette double existence, celle du jour avec les nonnes et ses amis, celle des ténèbres empreinte de solennité mystique, elle en conçut un immense orgueil. Sœur des Culeteurs astrolâtriques, haussée aux purs éthers de l'initiation, elle n'avait plus rien de semblable à tant de veuves vieillissantes mendiant les gâteries que des freluquets consentaient à leur accorder. Cette femme, que la méchanceté des gens de Cour avait marquée du sceau de l'infamie, se forgea comme un piédestal, de pénétrer les arcanes de ces religions millénaires.

Hélas, deux fois hélas, on ne tarda pas à la faire trébucher de cette estrade où elle trônait, attendant sereinement que les déités la jugeassent prête à rencontrer les créatures d'En Haut, entretenue dans ce dessein par Mlle Bélizé. La Circassienne — ou la fleuriste, selon que l'on gobait ou non ses contes — avait pratiquement pris pension chez elle, mangeant, buvant, se gobergeant, et même s'habillant des plus neuves nippes de la comtesse. Cette présence continuelle ne la contentait déjà qu'à moitié, la jeune effrontée faisant montre d'un sans-gêne sans égal pour rivaliser avec sa bienfaitrice auprès de ses fidèles adorateurs, à coups de bons mots très dévergondés, l'éclipsant sans vergogne en dispensant ses complaisances.

Cela n'était rien encore, à côté de ce qui se produisit à la fin du mois de mai, qui la fit chuter rudement de son perchoir. Une fois la clé fournie, Sophie-Astarté n'avait plus jamais été mise à autre contribution que financière. Les messes avec leurs capes et cagoules, leurs poulets égorgés, le rituel des philtres de poudre d'os humain s'accomplissaient maintenant dans une sorte de routine.

Voici qu'en cet après-dîner funeste, ce jour de mai où le tonnerre grondait — mauvais présage ! — Mlle Bélizé et Astromaris lui ordonnèrent, comme s'il s'agissait de la chose la plus commune au monde, de leur fournir une vierge nubile pour la produire en offrande à leurs divinités.

Sophie se rappelait leur grossièreté avec une terreur si vive qu'elle était capable d'en faire revenir le moindre mot. Au bord de défaillir, elle avait avancé, très timidement, qu'elle n'avait pas de jeune fille remplissant ces conditions dans son entourage.

— Ha, ha ! Vous voulez rire ? Le couvent en est empli, de ces volailles, et vous êtes dans la place ! Pourquoi donc croyez-vous que nous vous avons choisie ? Pour votre belle figure, peut-être ?

Mlle Bélizé avait renchéri :

— La comtesse est une dame de qualité, et croit sans doute qu'elle n'aura pas à mettre la main à la pâte. Mais elle n'est qu'une vieille dinde, qui va devoir payer de sa personne, en bonne servante de son grand maître !

Ils avaient ri tous deux, montré leurs dents gâtées, et Sophie, ulcérée surtout par la « vieille dinde », les avait soudain vus tels qu'ils étaient, en un déchirement brutal de ses illusions, deux êtres vils, vulgaires, aux voix populacières. Recouvrant ses réflexes de Cour, vieux, eux aussi, elle les avait sommés de la traiter moins rudement, sans quoi elle les ferait chasser, ce qui les avait fait rire de plus belle.

— Entendez-moi ça ! Notre petite madame nous ferait jeter dehors ! Et sous quel motif, je vous prie ? Celui de la clé que vous avez fait reproduire ? Par Isis, Osiris, le serpent et le scorpion, ignorez-vous donc ce qui attend les renégats ? Apprenez que d'autres avant vous y ont perdu la vie, enlevés par l'ire de nos divinités astrales, souffrant mille tortures dans les siècles jadis, où nul ne peut les retrouver. Allons, Astarté, reprenez votre bon sens, et cessez de pleurer. Cela n'est pas si terrible !

A bout d'épouvante, secouée de visions atroces, Mme de Malan avait fini par promettre ce qu'on voulait. Oui, elle se gagnerait la confiance d'une pensionnaire, oui, elle l'attirerait sous quelque prétexte dans le souterrain du culte et oui, trois fois oui, elle se dédiait aux visées d'Astromaris, de Bélizé et de leurs dieux sacrés.

— Eh bien, à la bonne heure ! Vous voyez comme c'est facile ! N'allez pas changer d'avis, tout de même. N'oubliez pas qu'on vous voit, où que vous soyez, quoi que vous entrepreniez, par mes yeux ou ceux de Mlle Bélizé. Allons, Astarté, respirez vos sels, comme font les dames de votre qualité, et songez que cette condition emplie, vous serez admise à visiter les monts de l'au-delà.

N'eût-elle été si stupide, sans doute ses yeux se seraient-ils dessillés et aurait-elle enfin compris de quels gredins elle était la proie. Mais on ne se refait pas. Son âme impressionnable continuait à croire aux pouvoirs surnaturels, à la puissance divine de l'ancien commis de boutique. De ce jour, elle se crut épiée, menacée à chaque instant d'un châtiment d'autant plus affreux qu'elle ne savait pas vraiment de quoi ces sombres divinités étaient capables et qu'elle n'avait, bien entendu, personne à qui le demander sans se trahir. Ce qui l'affolait, d'ailleurs, n'était pas de commettre un méfait, en livrant une innocente aux Culeteurs astrolâtriques, puisqu'elle croyait encore avec force à ces cultes. Non, ce qui la bouleversait était d'être découverte par les ursulines, dénoncée par cette pensionnaire, une deuxième fois mise au ban du monde.

Elle entreprit de choisir, parmi les jeunes filles, celle en qui elle ne voyait pas une victime, mais une élue pareille à elle. La chance, ou la malchance, selon le point de vue où on se plaçait, mit Bénédicte de Louvières sur son chemin. En circonstances ordinaires, l'approche des pensionnaires ne pouvait se faire qu'au parloir, et pour une bonne raison. Bien que leur bâtiment ne fît pas partie de la clôture, les élèves y étaient conduites pour les classes et les offices, en rang par deux, de là regagnaient le réfectoire, l'étude ou leur dortoir, ne se récréant dans leur cour que sous la surveillance des régentes. Autant dire que les demoiselles vivaient loin des jardins et des appartements des dames. Il fallut vraiment une aubaine ou une infortune extraordinaires pour que le caractère de Bénédicte de Louvières la menât dans ces abords fleuris.

C'était une jeune fille qui n'aimait ni les études ni le couvent, une sauvageonne à l'esprit quelque peu dérangé, qu'on avait remise aux ursulines, celles de Niort, jusqu'à ce qu'elles la renvoyassent, et maintenant celles de Paris, en absolu désespoir de cause, après qu'elle avait déjà épuisé trois gouvernantes sous elle. A quatorze ans, Bénédicte ne savait ni lire ni écrire, et piquait les bras de ses consœurs quand il s'agissait de coudre.

De même, durant l'office, s'arrangeait-elle pour les pincer, tirer leurs mèches sous les bonnets, de sorte que pas une prière ne se déroulait sans pleurs ni cris. De condition modeste, elle aurait depuis longtemps croupi à l'hôpital, avec les folles. Les ursulines, malgré leur patience, avaient fini par rendre les armes devant cette enfant fantasque qu'aucune fessée, aucune pénitence n'amendait. On la regardait en manière d'horloge déréglée, au branle imprévisible, irréparable, sinon que celle-ci était faite à ravir, comme si son apparence s'ingéniait à nier son désordre intérieur. En confession, parmi des péchés si véniels qu'ils auraient échappé au commun des mortels, les sœurs s'accusaient d'éprouver tant de soulagement quand Bénédicte échappait à leur zèle que certaines, non contentes de fermer les yeux, l'y encourageaient. Elle était en effet des plus habiles à se prétendre souffrante, pour quitter la classe au motif que son ventre allait se relâcher sur l'instant, et vagabonder du côté de la buanderie, de la cuisine, de la lingerie, des jardins, où qui la voyait avait reçu pour consigne de ne l'en point chasser. Tant qu'elle s'ébattait dans les communs du monastère, elle ne faisait de mal à personne, n'offensant ni ses compagnes, ni ses régentes, ni le Seigneur. De fait, les ursulines s'étaient résignées à prendre Bénédicte en gardiennage plus qu'en éducation, les désagréments de sa présence largement compensés par les importantes sommes que versait son tuteur pour son entretien.

Ce matin-là de la fin mai, où Bénédicte musardait devant la porte de Mme de Malan, la demoiselle et la veuve étaient donc destinées à se rencontrer, et assez vite à s'entendre, celle-là ne demandant qu'à échanger l'école contre une maison accueillante, celle-ci prête à s'emparer de la première venue, parût-elle un tantinet bizarre. A ce double contentement s'ajouta au fil des jours celui des converses et domestiques, trop heureuses de se décharger sur la comtesse d'une aussi turbulente fille. Pour tant d'excellents motifs, les sœurs cloîtrées, les régentes et les maîtresses, faute de sortir de leurs enclos, ne furent pas avisées de cette sorte d'arrangement où chacun trouvait son compte, de peur qu'elles n'y missent bon ordre. Bénédicte ne dérangeant pas davantage, tout le couvent s'en trouva satisfait.

Dieu aurait-Il mis l'enfant sur les pas de Sophie, s'Il n'avait voulu qu'elles en retirent toutes deux leur avantage ? En quelques jours, la comtesse avait amadoué sa protégée au point que le soir, au dortoir, on s'extasia sur sa conduite presque sage. Quel aurait été le scandale, si les nonnes avaient pu voir la pensionnaire enivrée de vins et liqueurs, goinfrée de crèmes et gâteaux, fardée de rouge, le teint poudré à blanc par sa bienfaitrice ? Lorsqu'il arrivait à Bénédicte de se livrer à des bizarreries, Mme de Malan rongeait son frein. Ainsi, elle se roulait sur le sol, jupes relevées, fixant le plafond d'un regard absent. Ou bien elle déchirait les livres de la bibliothèque, renversait exprès les confitures, se frottait la figure aux rideaux. Dans ces moments de folie, Mme de Malan, atterrée, brûlait de la renvoyer à jamais. Mais il y avait Astromaris et Bélizé, qui tous deux rôdaient autour d'elle, la prêtresse rapportant au mage les avancées de ces préparatifs.

Car il s'agissait bien de préparer la demoiselle à un cérémonial dont elle serait le fleuron. Lequel ? Quand ? La comtesse n'osait plus le demander.

Et puis, il y avait eu ce maudit soir... cette nuit terrible qu'elle ne pouvait se rappeler sans avoir envie de vomir, si terrible qu'il valait mieux ne plus y penser.

Demeurée dans l'état où son grand maître passeur de murs l'avait laissée, Sophie de Malan, prostrée sur son fauteuil, regardait sans le reconnaître le visage gonflé de pleurs qui se reflétait dans le miroir qu'elle tenait encore en main, si rongée de terreur que les événements avaient perdu leur réalité. Sa femme de chambre la réveilla de ce cauchemar :

— Madame n'est pas prête, quand ses amis s'impatientent ? Laissez-moi vous habiller, vous coiffer, afin que vous couriez vous divertir, car je vois bien que vous êtes affligée, pauvre Madame !

Pauvre Madame, oh que oui ! qui embrassa sa soubrette avec effusion, tant elle était reconnaissante d'être ramenée aux rives des vivants, à l'existence du jour où MM. de Fontenelle, Marivaux, Richelieu sauraient bien la sauver de ses démons. A n'en pas douter, tout cela n'était qu'un mauvais songe. Car des choses aussi noires, aussi diaboliques, ne pouvaient exister.

5

La faiblesse de Mlle Passevent

Telle était la vastitude du couvent des ursulines qu'un prêtre des dieux de l'Orient pouvait y déambuler à sa guise, un médecin y examiner une patiente à quelques cours de là, sans que l'architecture des lieux ne permît qu'ils s'y rencontrassent. Mais peut-être la Providence, qui eût répondu à la foi de la mère supérieur en provoquant une telle collision, n'était-elle pas disposée à faire se croiser un gredin faufilé par les sous-sols et un homme de bien, qui se contentait d'emprunter les trajets ordinaires...

Précédé par une sœur converse, front et joues mangés par le voile, clochette agitée pour permettre aux nonnes de se retirer loin de leur vue, Florent Bonnevy avait pris le grand escalier qui menait au palier des dortoirs, où logeaient les élèves pensionnaires.

Dans celui où elle l'accompagna, une travée centrale séparait une trentaine de lits, chacun cerné d'une toile blanche. La tourière tira doucement l'avant-dernier rideau, à sa main gauche, faisant sursauter une religieuse, assise sur un tabouret, près d'une couche à montants de bois surmontée d'un crucifix. Cette sœur rabattit son voile et plongea la figure vers le sol, à peine l'homme entrevu.

— Je vous confie à sœur Thérèse, notre infirmière,

qui veille Mlle Passevent depuis près d'une semaine. Elle a permission de répondre aux questions qu'elle jugera indispensables à votre office.

« Voici qui s'annonce bien, se dit Florent, si ce jugement est laissé à la discrétion d'une nonne soumise au vœu de silence. »

La converse laissa Bonnevy au chevet de la malade. C'était, pour autant qu'il put le distinguer sous le drap tiré haut, une fillette chétive d'une douzaine d'années. Son visage très blanc était entouré de fins cheveux blonds trempés par la fièvre. L'enfant se tournait en tous sens, très agitée, exhalant de brefs gémissements. Avant de l'ausculter, Florent aurait souhaité se laver les mains, ce que ses confrères tenaient pour poudre aux yeux de maniganceur, mais, ignorant si l'infirmière répondrait à cette demande, il se contenta de les frotter à la liqueur de menthe et de les essuyer au torchon tiré de sa sacoche, se félicitant une fois de plus de ne jamais se séparer de ses remèdes et fioles. Puis il palpa le front, les poignets, le cou de la jeune fille, glacés et palpitants, signe que la fièvre troublait l'harmonie des fluides. Lorsqu'il entreprit de soulever le drap, pour explorer mêmement les chevilles, le torse et le ventre à la maigreur de moineau, l'enfant se déroba jusqu'à se convulser, écarquillant des prunelles luisantes où se lisait une épouvante extrême.

— Allons, mademoiselle, vous n'avez rien à craindre d'un médecin. Je suis mandé pour vous guérir. Dites-moi ce qui vous fait mal, sans quoi je ne pourrai rien.

Loin de la calmer, ces paroles parurent affoler la petite fille, qui se mit derechef à suffoquer. Quels que fussent les organes malades, la demoiselle souffrait sans nul doute d'un dérangement de nerfs. Ses réactions, ses tressaillements, étaient ceux que Florent avait cent fois relevés chez les enfants battus, repliés dans le mutisme dès qu'un étranger les approchait. Il avait pourtant peine à croire que les ursulines infligeassent à leurs pensionnaires des sévices cruels. Devant un état que sa présence aggravait visiblement, il se résolut à s'adresser à l'infirmière, qui n'avait pas bougé jusqu'alors.

— Ma sœur, je sais qu'il vous est pénible de me parler, et je ne veux pas vous faire violence, mais votre devoir est de m'informer. De quoi se plaint cette petite, et depuis quand ? Quelqu'un l'aura-t-il frappée, qu'elle tremble de la sorte ? A-t-elle manifesté ces troubles par le passé ? Je vous supplie de m'éclairer.

— Notre petite Marguerite est une enfant très faible et très farouche. Elle a quatorze ans et n'y paraît pas, ne mangeant presque rien. Nous avons mis un long temps à l'apprivoiser, mais le départ d'une pensionnaire, avec qui elle s'était prise d'amitié, l'a fait se refermer sur elle-même. Ayant vu, le jour de ce départ, que cette amie n'était pas à la chapelle, elle s'est évanouie. Cela fait une semaine qu'elle est comme vous la trouvez.

— Évanouie, sans prononcer un mot ?

— Oui. Cette compagne amie logeait dans le dortoir des grandes, Marguerite Passevent, notre malade, dans celui des moyennes où nous sommes. Sans doute n'auront-elles pas eu le temps de se faire leurs adieux.

— Il aura donc suffi à Mlle Passevent de ne pas voir cette amie à l'office, pour comprendre qu'elle avait quitté le pensionnat tout de bon, alors même qu'elle n'en était pas informée ? Savez-vous pourquoi elle n'a pas seulement pensé que l'autre demoiselle était en retard à la messe ? Avouez que sa conduite est étrange !

En place de répondre, sœur Thérèse se signa, ce qui n'éclairait guère la question.

— Ma sœur, je vous en prie instamment, dites-moi ce que vous pouvez savoir, et que j'ignore, qui aura causé la frayeur que je vois dans ce corps. Sans votre aide, je ne peux la soigner, et vos prières n'y changeront rien.

— Je n'ai rien à dire, monsieur. N'allez-vous point saigner, comme fait M. Sénéchal, notre médecin? murmura l'infirmière, manière de dire qu'elle soupçonnait Bonnevy à tout le moins d'incompétence.

A observer leur vœu de silence, ces sœurs avaient développé une grande capacité à parler sans mots, estima Florent, qui commençait à tenir ces façons pour une manière de duplicité.

— Saigner? Si fait, ma sœur, aussi vous demanderai-je une cuvette.

Ayant réussi à éloigner l'infirmière au prétexte d'une saignée qu'il n'avait nullement l'intention de pratiquer — à quoi bon ajouter l'affaiblissement à la faiblesse? — il se pencha rapidement à l'oreille de Marguerite :

— Ma petite, nous n'avons qu'un instant avant le retour de la sœur. Si vous avez peur, dites-moi de quoi, je jure de vous aider.

— Bénédicte, Bénédicte, balbutia la fillette égarée.

— Quoi, Bénédicte? Faites vite!

— Ils l'ont emmenée... Moi aussi...

— Qui donc l'a enlevée, et vous, quoi?

— Ces hommes, ils vont me prendre moi aussi! Le mal... Sauvez-moi!

La sœur s'approchait déjà de l'alcôve, avec sa cuvette. Florent Bonnevy se releva, très remué par ces mots associés : Sauve-du-Mal! N'était-ce pas le surnom qu'il se sentait présentement si peu capable d'assurer?

— Ma sœur, je crois qu'une saignée ne servira de rien. Je vais donner à cette pauvrette du quinquina contre la fièvre, une goutte de laudanum pour qu'elle s'endorme, et reviendrai dans un moment, après que j'aurai vu la révérende mère. Êtes-vous certaine, ma sœur, de n'avoir rien omis que vous ne sachiez ?

Sans un mot, elle secoua son visage voilé, en guise de réponse.

Florent s'en retourna, le cœur déchiré d'abandonner sa patiente. Sans doute, son délire n'était-il qu'enfièvrement puéril. Mais si, pourtant, elle courait un danger aussi minime soit-il, il ne pourrait se pardonner de l'y avoir livrée. C'était une raison suffisante pour arracher à la prieure ce que cette mystérieuse Mme de Malan n'avait pas obtenu, le droit d'emmener Mlle Passevent en lieu sûr. Et quelle maison serait plus abritée que la sienne, rue de La Sourdière ?

Sans s'occuper de la converse qui veillait à la porte du dortoir et qui le poursuivait maintenant de ses protestations, il prit le chemin inverse, l'avertissant très fort, et sans se retourner, d'aller chercher la supérieure, qu'il attendrait dans le parloir.

Il était trop commode de se réfugier derrière le vœu de silence, pour feindre de ne rien connaître de choses que Dieu et les siens n'auraient pas approuvées. Et puisqu'on voulait se taire, de quelque côté qu'il se tournât, Florent décida qu'il agirait dorénavant en force, sans s'empêtrer d'égards envers la communauté. Ces femmes, lui semblait-il, usaient de leur règlement comme des grilles d'une prison trop bien gardée.

Il accueillit la mère, accourue derrière le guichet de sa double clôture, dans cette disposition d'esprit qui ne laissait pas de part à la contradiction.

— On me dit, monsieur, que notre Marguerite est si malade qu'il vous faut la revoir ?

— Votre élève est surtout abîmée dans une terreur

extrême, ce que vous savez aussi bien que moi. Sa maladie vient de la disparition de Mlle de Louvières, ce que vous savez de même. En conséquence, je vais faire transporter cette enfant chez moi, où elle se remettra de ses frayeurs en sécurité. Il ne sert de rien de rabattre vos voiles sur vos figures : il s'est passé ici des faits très inquiétants, et il s'en passera peut-être de nouveaux, si vous demeurez abîmée en prière, sans vous résoudre à quelque action.

— Ah, monsieur ! Je ne saurais vous permettre ce que j'ai refusé à Mme de Malan. Cette enfant restera sous notre garde et celle du Seigneur, comme ses parents l'ont voulu.

— Votre garde et celle du Seigneur ont pourtant consenti à la disparition de Mlle de Louvières. Ma mère, le salut de vos élèves me donne obligation — pénible — d'apprendre à la ville qu'on peut d'ici s'envoler sans laisser de trace.

— Monsieur Bonnevy, n'avez-vous pas, au nom de Notre-Seigneur, juré le secret ?

— Le Seigneur me pardonnera, car je gage qu'il aimerait comme moi démasquer les causes de vos alarmes. S'il vous revient de prier pour les âmes, je suis responsable du corps de Marguerite, à qui je ne saurais permettre qu'il arrive malheur. Laissez-moi la retirer sur-le-champ de ces murs, faute de quoi je presserai les familles de le faire.

— Est-ce, mon fils, votre condition pour garder le silence ?

— Si fait, puisque vous le résumez si brutalement.

Alors seulement, la supérieure but le calice. Elle fit venir la régente des moyennes pour lui communiquer ses ordres :

— Sœur Madeline, vous allez réunir les effets de Mlle Passevent, qui nous quitte. Auparavant, vous ferez mener les autres pensionnaires, sans exception, à la chapelle, où elles chanteront jusqu'après ce départ. Vous leur ferez dire, pour éviter leurs commérages, que ces deux élèves — Mlle Passevent *et* Mlle de Louvières — s'en sont retournées chez elles, l'une presque guérie, l'autre se portant le mieux du monde. Ensuite, vous irez à confesse.

Florent ne put se retenir d'admirer la façon dont cette femme — prétendument si désemparée par le monde — maîtrisait ses émotions. Au moment de se retirer, elle bénit calmement son solliciteur, et murmura :

— Que Dieu vous aide, mon fils. Pour ma part, étant à Son service, je me remets au vôtre — nouvelle ruse pour rappeler à ce mortel qu'il tenait son pouvoir du Très-Haut.

Portant la fillette dans ses bras, le médecin traversa sans encombre les couloirs et la cour, vides d'enfants et de religieuses. Un carrosse se trouvait à la porte, appelé comme par miracle. Il coucha Marguerite sur les coussins, aussi inerte qu'une poupée de chiffons, et la voiture s'ébranla sans délai.

Une fois l'enfant parvenue à bon port — et tant pis pour les objections de Justine, Adélaïde aurait au moins une pensionnaire à dorloter, même si ce n'était pas la bonne —, il se promit de forcer la porte du Régent sur l'heure, pour en savoir plus sur cette Mme de Malan qui se recommandait du duc d'Orléans. Cette grande dame aurait peut-être ses réticences, qu'il faudrait faire tomber comme étaient tombées celles de la supérieure. Cette affaire dont chacun semblait connaître un morceau ressemblait à un jeu de quilles. Et Florent avait appris que l'on gagnait seulement à ce jeu-là quand, s'entrechoquant l'une après l'autre, toutes les quilles étaient à terre.

6

Mam'zelle Bélizé

— Sais-tu, René, que ta comtesse me porte sur les nerfs ? Ça ne sait que pleurnicher, trembler, et tourner en rond.

Le grand mage Astromaris, *alias* René Nulleterre (toute une ascendance ainsi résumée), était affalé sur le lit d'un galetas, à contempler les ongles longs et noirs de ses doigts de pied. Ce garni était celui que louait sa sœurotte, la prêtresse Bélizé, inscrite, vingt-deux ans plus tôt, sous le prénom de Rosine sur les registres paroissiaux. Il se composait de deux grandes chambres sans commodités, encombrées d'un enchevêtrement d'habits orientaux, de tentures et d'instruments rituels, à un pas de la porte de Saint-Denis.

Mlle Bélizé, comme à l'accoutumée, avait passé l'après-midi dans les salons de Sophie la vieille dinde, à allumer de ses coquineries les graves penseurs assemblés sur les divans, rien ne rendant plus fière cette personne qui ne savait pas lire que de détourner ces beaux esprits de leur philosophie, en leur offrant sa spécialité, une danse du ventre circassienne des plus poivrées. Elle avait aussi, et surtout, assaisonné la comtesse, la tirant à part pour lui demander si elle n'avait pas plus pressé à faire, plutôt qu'à minauder inutilement. Ses menaces avaient assez mal tourné,

Mme de Malan s'étant effondrée en larmes au beau milieu de ses invités, ramenant si bien l'attention à elle que Bélizé, verte de rage, avait levé le camp.

— M'annoncerais-tu, fifille, qu'elle n'a toujours pas trouvé moyen d'escamoter la sainte sucrée ?

— Pas même de l'approcher. La peur lui coupe son peu de bon sens. Tu l'as tant farcie de ton galimatias qu'elle voit Osiris partout, persuadée qu'il va l'emporter dans un éclair tonnant. Résultat : elle n'ose bouger un cil.

— Sans mon galimatias, ma chère, nous serions encore à vendre nos breloques devant Notre-Dame. Remercie les divinités de nous avoir élevés où nous sommes. Rappelle-toi que c'est ton frérot qui t'a appris à lire dans les cartes, grâce à lui que tu as lâché tes fleurs. Sans moi, ton prince t'aurait-il remarquée et sortie de ton misérable état ?

— Comment l'oublier, tu ne cesses de me le seriner ! C'est égal, ce que je remarque, moi, c'est que tu me fais travailler au triple de toi. Ce n'est pas sur ta bonne mine que seraient accourus nos disciples.

C'était un délassement familial que de se chamailler entre frère et sœur, coutume d'abord instaurée pour rétablir un semblant d'ordre parmi leurs cadets, trois garçons et une paire de jumelles, dont les deux aînés avaient la charge depuis la mort de leurs parents. Ce reste de la fratrie dormait toujours entassé sur une paillasse, gardé par une souillon à Montrouge, là où ils avaient vu le jour. C'était pour les sortir de cette misère, acheter une maison à la campagne, et pour nulle autre raison, que René et Rosine s'étaient travestis en Astromaris et Bélizé, ayant compris qu'à vendre l'un des médailles pieuses et l'autre des fleurs de seconde fraîcheur, il leur faudrait deux siècles pour y parvenir. Comment jeter la pierre à ces fieffés faiseurs, quand on savait que la petite Lucie se mourait de consomption, que Paulin était si contrefait qu'il ne pouvait se tenir debout ? Facile, d'être honnête, quand on n'a pas de marmaille à nourrir !

De leurs parents, débiteurs de friandises sur les foires, René et Rosine avaient toutefois reçu un précieux héritage : entre les étals, à observer les montreurs de tours, cracheurs de feu, diseurs de bonne aventure et jongleurs, ils avaient appris les arts de l'illusion avant de savoir marcher. Ils n'eurent bientôt pas de rivaux pour attendrir le badaud, René leur arrachant la pièce pendant que Rosine se contorsionnait en danses turques. De bourg en bourg autour de Paris, ce bazar oriental avait amélioré leur ordinaire, jusqu'à la mort de leurs parents, terrassés à quelques heures d'écart par la petite vérole, mal qui allait laisser ses trous sur la figure de René. Ils se trouvaient alors à Versailles, parmi la foule de petits marchands d'occasion qui tirait sa subsistance de l'animation du château. René, il faut lui rendre cette justice, décida le jour même que vivre dans la rue, traqués par la police et les sœurs de charité, ne conviendrait pas aux cinq orphelins. Il se rappela leur voisine de Montrouge, la souillon à qui il les confia, et mit Rosine, âgée de douze ans, à l'ouvrage chez une bouquetière. Lui-même, qui n'avait pas quinze ans, se plaça chez un loueur de costumes. C'est sans doute là qu'il apprit que les apparences étaient trompeuses, voyant de jolis messieurs et dames se glisser dans les habits de bal, les dominos, les vêtements de cour, se muer pour quelques sols en riches et puissants seigneurs. Si magie il y avait, c'était dans cette sorte de tours qu'il fallait croire, qui faisait de vous un autre, l'égal des grands dont la populace regrattait les miettes de festins, vendant et revendant les restes de mets à peine entamés, de bougies au quart consumées, de frusques une fois portées. Toutefois, René mit près de dix ans à donner une forme précise à ce qui n'était encore qu'une impression, près de dix ans à se forger la volonté inébranlable de franchir la distance infranchissable qui le séparait de ces gens-là, dont il enviait la prestance et l'aisance étalées. Entre-temps, Rosine, enfant maigrelette et anguleuse, était devenue une fille très appétissante, à qui la rue avait enseigné qu'il y avait un client pour tout, pourvu qu'on sût l'attirer. Tandis que la vilaine tournure de René le cantonnait aux emplois de commis, il entreprit de tirer profit du seul trésor que la famille possédât : la grâce et l'esprit de cette sœur, tous deux déployés librement, sans les entraves de la pudeur ni de la réserve, qualités que l'on n'enseignait pas dans les rues, et Dieu merci, ces sortes de vertus se transformant en défauts sur le pavé. Durant ces années, ils avaient ensemble perfectionné leur savoir de la divination et des cartes, ayant tous deux plaisir à inventer une féerie orientale qui leur faisait, pour un moment, oublier leurs vaches maigres, Montrouge et la masure de torchis où cinq gosiers piaillaient de faim.

A l'époque où Louis XIV rendit son âme très dévote, quand un vent de soulagement parut faire s'envoler le toit de plomb qui pesait sur les citadins, René parvenait justement à ce point de réflexion où des éléments épars se rassemblent d'eux-mêmes pour former un dessin très clair : brocanter Rosine au plus offrant, la mettre en concurrence avec ses pareilles revenait à pêcher avec une épuisette dans les eaux du Pactole, mais brocanter de la magie, proposer aux amateurs une fée circassienne serait le coup de maître qui la ferait sortir du lot.

C'est ainsi que, bricolant de-ci, améliorant de-là, l'idée du culte des astres vit peu à peu le jour. Rosine fut rebaptisée Bélizé, et commença à débiter les fabliaux inventés par René en même temps qu'elle liait ses bouquets de violettes, enveloppée de gazes et de voiles dorés. Son frère, chargé d'une caisse tenue au cou par une bricole, recevait encore du sieur Legendre, fabricant d'articles de piété, un sou pour chaque médaille écoulée devant Notre-Dame, chantant sa marchandise dans le tapage du parvis. Il ne tarda pas à y ajouter des horoscopes recopiés de sa main, à l'usage des provinciaux et étrangers crédules, ce qui quintupla bientôt ses gains. Mais c'était toujours la gêne. Il fallut le concours de la Providence, la vraie, celle de Dieu, pour qu'un soir un duc et pair ressentît le besoin de se munir d'un bouquet. Il renifla les violettes et les seins de Bélizé, écouta la divination qu'elle lui récita comme à chacun, et se sentit tout remué par les hauts faits virils que la fleuriste vit dans les lignes de sa main, pourtant gantée. Il lui proposa de vérifier la justesse de ce présage dans la pratique. Les prouesses furent si merveilleusement avérées que l'Adonis s'attacha doublement à la drôlesse, ses parties intimes (réputées quelque peu dolentes) ragaillardies, et son esprit conforté dans ses superstitions. Bélizé la Circassienne, décrassée, tignasse démêlée, habillée de voiles soyeux et de pantalons bouffants, fut produite dans le monde, où ses danses du ventre et sa lecture des lignes de la fortune et de l'amour firent fureur. Dans le monde ? Plutôt dans le demi, terrain de manœuvres où s'encanaillaient quelques grandes dames, dont la duchesse de Retz.

Le frérot et la sœurotte ayant l'expérience des foires pour flairer à dix lieues les volailles à plumer, le cercle des adorateurs de Bélizé s'agrandit rapidement. Mais ce n'était encore qu'une ébauche de leur industrie, très insuffisante pour assurer le bien-être de la famille. Comment prendre davantage d'argent à davantage de ces gens à la fois crédules et fortunés, qui n'attendaient que cela ? René n'en dormit plus, jusqu'à cette nuit bénie où jaillit l'illumination qui allait les faire prospérer : il n'aurait qu'à inventer un culte conforme aux demandes que les benêts formulaient à Bélizé, toujours fondées sur les mêmes chimères, jeunesse éternelle, immortalité, ardeurs charnelles inextinguibles, retour de flammes amoureuses. Pour asseoir les mystères de cette religion, il fallait bien sûr sortir un grand prêtre du puits. L'écueil de la vilaine figure de René fut contourné par la cagoule d'Astromaris, et voilà comme, après toutes ces années de tâtonnements, allait s'épanouir le culte astrolâtrique, lubrique et autres foutriques.

Mais les aventuriers sont ainsi faits que, ayant une fois tâté de la réussite, leur appétit en devient insatiable, et qu'ils mettent sans cesse de nouveaux fers au feu pour le satisfaire. Astromaris s'étant spécialisé dans la garantie de monts et de merveilles, on lui rapporta de tous côtés des situations douloureuses à dénouer, ce dont il ne fit d'abord aucun cas, n'ayant pas la moindre idée pour y parvenir. Ce fut Sophie de Malan qui, bien malgré elle, lui chuchota sa plus belle trouvaille. Cette récente disciple particulièrement impressionnable avait une autre qualité, qui s'accordait parfaitement à résoudre le fait qu'on venait de soumettre à Astromaris : elle siégeait dans un vivier de chair virginale. L'histoire qu'un astrolâtre, cousin de ceux à qui elle était advenue, venait de déposer dans l'oreille distraite du mage datait du mois de mai. C'était celle d'un ménage du Perche, éperdu de douleur pour avoir vu sa fille se noyer sous ses yeux, dans la seconde cascade d'une pièce d'eau à peine terminée. Jour et nuit, devant leurs yeux, revenait le spectacle atroce de leur enfant, nourrissant les cygnes du petit lac artificiel, glissant dans l'onde, emportée par le courant trop fort dans la chute d'eau, et de là entraînée jusqu'à la roue de la machinerie qui la mutilait horriblement. La mère, avait ajouté l'astrolâtre, consumée de chagrin, s'imputait la cause de ce drame, ayant commandé à l'entrepreneur de sa province une machine compliquée, sur le modèle de celle de Marly. Elle appelait sa fille défunte, invoquant sa présence à travers son château, menaçait de se noyer à son tour. Le père, très ennuyé du changement d'une épouse qui s'était jusqu'alors tenue si tranquille, n'avait d'autre désir que de la guérir en lui rendant cet être adoré. « Les voies d'Isis et d'Osiris sont impénétrables », avait grommelé le prêtre à ce récit, d'un ton qui n'était pas moins obscur, avant de fournir le boniment du voyage astral susceptible de soutirer leur bien à ces pauvres gens. Le soir même, se rappelant Mme de Malan et son essaim de pensionnaires, René s'était frappé le front, subjugué par son propre génie. La solution était si limpide, là, devant lui ! Ces gens voulaient une fille à chérir ? On n'aurait qu'à leur en donner une — leur donner, façon de dire, on la leur vendrait plutôt, et fort cher —, presque pareille à la précédente, sur laquelle l'amour divagant de la folie maternelle se fixerait comme un bouchon sur une carafe. Enlèvement, drogue, expédition vers le Perche contre paiement : le système valait d'être essayé. Bien entendu, Astromaris se faisait fort d'expliquer les modifications de l'enfant par l'intervention d'Isis et d'Osiris : les mortels se figuraient-ils qu'on revenait indemne de l'au-delà, après avoir séjourné dans la tombe, grelotté sur des planètes lointaines, s'être cogné aux étoiles et frotté aux lointains ancêtres ?

Et puis, si d'aventure ces parents ne reconnaissaient cette demoiselle pour fille, on trouverait bien moyen d'en commercer dans quelque bordel. Comme ceci, ou comme cela, ce serait tout profit pour la famille Nulleterre.

Bélizé, informée de ces projets, avait d'abord

poussé ses hauts cris : embobeliner les niais de fantaisies, passe, mais enlever une jeune fille, voilà qui devenait trop dangereux.

— Une ? Pourquoi une seule ? Songe, sœurotte, que si l'affaire se conclut heureusement, d'autres suivront. Nos frères et sœurs, Paulin et notre chère Lucie vivront bientôt comme coqs en pâte, aussi choyés que les progénitures de nos clients. On n'a rien sans rien, Rosine. L'heure est venue de voir grand.

Le fait est que les scrupules de Rosine-Bélizé s'étaient éteints, étouffés par les splendides rêves que René-Astromaris savait si bien faire lever. Par l'entremise de Mme de Malan, et par le chemin des caves, on ferait sortir d'autres marchandises, de ces vierges intactes si prisées par les libertins. Deux ou trois, pas davantage, le temps d'acquérir une maison de famille de bonne taille, avec un puits à soi et des cheminées. Ensuite : salut la compagnie, ni vu ni connu, puisque la police ne pénétrait pas dans les couvents. Oui, là résidait la pièce maîtresse de ce plan, qui valait qu'on se donne tant de mal : la police ne pénétrait pas dans les couvents. Tout cela n'était-il pas manigancé à la perfection ?

Ayant, un à un, examiné ses ongles de pied, Astromaris se gratta la bedaine, signe chez lui d'une intense satisfaction.

— Je te l'accorde, sœurotte, les choses ne tournent pas aussi rondement que je l'avais supposé. Mais ce ne sont là que contretemps. Nous avons un article de premier choix, qui n'attend plus que la lettre de crédit pour être échangée, n'est-ce pas le principal ?

— Je reconnais qu'elle est docile, cette poulette. Il paraît qu'elle est si contente à Montrouge que la vieille n'a même pas besoin de l'attacher. Elle passe ses journées à jouer avec Lucie et Lison comme avec deux poupées. Les petites en sont extasiées.

— Tu vois bien que tout s'arrange! Un peu de patience, que diable!

— De la patience? Tu en as de bonnes! Et si l'autre fille allait se mettre à parler?

— Qui voudrait la croire? Et puis, si notre comtesse tarde à nous la procurer, nous irons la chercher nous-mêmes. Cela nous en fera une de plus. J'entrevois pour elle un client de choix, une sorte de Priape qui recherche une dernière épouse aussi jeune qu'il est vieux. Ne m'as-tu pas dit que cette saintenitouche était seule dans son dortoir, sous la garde d'une nonne? Laisse-moi le temps d'y réfléchir, et je trouverai bien une ruse pour la faire sortir. J'ai ma petite idée, il me faut seulement la raffiner.

— Il n'empêche que cela m'inquiète.

— Tu ferais mieux de t'apprêter. Nous avons notre séance chez le marquis. Une livre est une livre, mam'zelle Bélizé. Oublierais-tu que chaque volte de ton nombril nous en rapporte une pleine bourse?

— J'en ai plus que mon content, de me briser les reins pour faire la Circassienne!

— Patience, te dis-je! Bientôt tu auras ta maison, ton train et tes domestiques.

— Puisses-tu dire vrai!

Ainsi gonflés d'espoir, Rosine et René s'attifèrent en Bélizé et Astromaris, avant de monter dans un fiacre pour reprendre leur dur labeur. Si nombreux en effet étaient les candidats se disputant leurs prestations qu'ils avaient maintenant un hôtel à visiter par soir, où les attendait une poignée de disciples, nus sous leurs robes noires à cagoules.

7

Le Régent s'en mêle

Adélaïde Paroton, très émue d'avoir sa part dans une intrigue si palpitante, avait fort heureusement convaincu Justine de ne pas se fâcher contre son époux. Cela n'avait pris que quelques instants, la petite Mme Bonnevy ayant trop bon cœur pour refuser asile à Marguerite Passevent. Et surtout, avec un frisson d'appréhension, elle qui tenait sa nouvelle-née dans les bras avait imaginé leur Camille à la place de cette pauvre fillette. Florent et les deux femmes couchèrent la malade sur le petit divan du cabinet de travail, tous les autres lits étant occupés. Le temps de draper les cires anatomiques, les monstres en bocaux, les organes issus d'autopsies animales conservés dans les liqueurs, spectacle peu recommandable à une patiente abîmée dans les fièvres, ils entendirent, dans le délire de l'enfant, des scènes effroyables qui les figèrent tous trois à son côté. Il y était surtout question de cette amie, Bénédicte de Louvières, qu'elle exhortait à revenir sur ses pas, à rentrer au dortoir. Revenaient aussi la cave, une messe étrange qui s'y serait dite, des flambeaux, des officiants pareils à des diables tout noirs. Marguerite s'était alors dressée, raide sur le drap, criant qu'on faisait du mal à Bénédicte. Une femme hantait ses balbutiements, une femme sans nom qu'elle suppliait de l'épargner. Enfin, la pauvrette haletait, remuait les pieds comme pour une course de cauchemar, ouvrait les yeux sur la pièce, frappée de stupeur à se retrouver dans ce monde-ci, loin de ces visions diaboliques.

Florent lui ayant fait boire son laudanum, Marguerite s'était rendormie, la grand-tante à son chevet. Mais Sauve-du-Mal n'en était pas quitte pour autant, Justine l'ayant harcelé pour connaître le fin mot de ces divagations.

— Qu'est-ce encore que cette affaire ? Je vous laisse à la porte des ursulines et vous retrouve avec une envoûtée. Ne changerez-vous donc jamais, mon ami, que les incidents vous sautent à la figure ?

— Je conçois votre curiosité. Mais j'ai juré devant Dieu et sa servante de garder le silence. A ce propos, je vous prie de tenir votre mère éloignée de chez nous, aussi longtemps que cette enfant y sera. Je crains trop l'étourderie de ses bavardages.

— Il ferait beau voir que vous ayez des secrets pour votre femme ! Ce sera un serment contre un autre. Ne nous sommes-nous pas, nous aussi, juré la vérité en toute circonstance, au soir de nos noces ? Merci bien, mon ami, elle est belle, votre confiance ! Si vous ne voulez pas que je convoque ma mère séance tenante, il vous faudra bien tout me révéler. Le marché est à prendre ou à laisser, aussi clairement que je vous le présente.

— Feriez-vous le Roland, à présent ?

— Appelez cela comme il vous plaît. Rappelez-vous ce que vous m'avez dit tant de fois : les bavardages sont un trait de famille. Pour ne pas vous faire mentir, je n'aurai pas besoin de ma pauvre mère pour colporter ces funestes discours dans le quartier. Il me suffira de laisser dire Toinette ou Margot.

Quelques piques plus tard, Florent Bonnevy s'était

résigné à narrer à Justine le peu qu'il savait, laissant cependant à part cette femme anonyme, en qui il était tenté de reconnaître Mme de Malan.

— Soit. Je vois que vous êtes une fois encore embrouillé dans une pelote de mystères. Mais en conduisant cette enfant chez nous, ne vous fermez-vous pas la porte du couvent?

— Au contraire, la demoiselle me servira de sauf-conduit. La mère supérieure tremble déjà à l'idée que je la produise dans le monde et la laisse parler. Je vous l'accorde, ma chère, il s'agit d'une menace. Mais il me faut en passer par ce détestable expédient, si je veux que ces religieuses se plient à mes intentions. Pouvez-vous croire qu'il me semble les conduire au martyre, quand je leur demande seulement d'ouvrir la bouche pour me renseigner?

— Eh bien, quoi, mon ami? Pourquoi seraient-elles entrées en religion, sinon pour obéir à leur ordre? Ces femmes conversent avec le Seigneur : ne pouvez-vous concevoir que cela les comble davantage que de dialoguer avec vous?

— Je vous trouve bien compréhensive, vous qui ne tiendriez pas une heure dans leur situation! Vœu de silence ou non, tant que cette petite sera ici, je resterai libre de mes gestes. De plus, son discours insensé m'en a appris davantage que les demi-mots des ursulines. J'en retiens que Marguerite Passevent a bel et bien assisté à ce qu'il faut appeler l'enlèvement de son amie Louvières, et qu'il aura fallu pour le perpétrer qu'on pénètre au cœur du couvent, quoique les sœurs s'en défendent. Tu vas m'aider beaucoup, ma petite chérie, en éloignant ta tante, et en demeurant auprès de notre malade pour recueillir chacune de ses paroles.

— C'est donc cela! Tu veux me garder enfermée ici!

— Chacune de ses paroles, te dis-je, sera relevée très soigneusement, puis tu exerceras ta très vive intelligence à les recomposer en un discours ordonné, qui nous en dira plus sur ces méfaits commis dans la maison de Dieu. Moi, je m'en vais de ce pas chez le Régent, requérir une protection à laquelle il m'apparaît que je ne peux me soustraire.

Ayant fort habilement chatouillé l'intérêt de Justine, Florent retourna au Palais-Royal, préoccupé de la façon dont il allait présenter sa requête au duc d'Orléans sans rompre une deuxième fois son serment. Par chance, le Régent était d'aimable composition et le reçut sans manières, à croire qu'il passait la journée en jeux et délassements, et non à travailler avec l'ardeur d'un forçat. Ces dernières semaines, on entendait dire qu'il avait fort à faire avec les ambassadeurs autrichiens, l'anglais, les espions de l'Espagne. Peut-être les chaleurs précoces y étaient-elles pour un peu ? C'était un de ces moments où rien ne se concluait, où les représentants des nations s'épiaient, pour présumer des alliances et traités les plus favorables à chacun. Philippe d'Orléans, excellant au double jeu, promettait ici ce qu'il venait d'assurer là, de sorte que les plus rusés diplomates ne savaient sur quel pied danser. Cette politique de la chèvre et du chou — qui en valait bien de plus belliqueuses, songeait Florent — faisait que chacun retenait son souffle et ses entreprises, craignant qu'une nouvelle guerre, conséquence d'une quelconque ligue défensive, n'aille entraîner les sujets dans la tragédie. Il y avait la puissance montante du roi de Prusse, l'intérêt du Portugal ici, les vues sur la Sicile et les duchés italiens là, les négociations du pape avec les Espagnols par-dessus, de sorte que rien ne se passait, à cause que les gouvernements attendaient à qui se dévoilerait le premier, à cause aussi qu'il faisait trop chaud sans que nul orage ne déchire le ciel, à cause enfin que le Régent était enclin à garder les choses en l'état, répugnant à trancher. En outre, il fallait reconnaître à ce sphinx une discrétion remarquable sur les affaires de la politique et les desseins qu'il en concevait. Cet art consommé de cloisonner les diverses parts de sa vie était un trait de caractère que Florent admirait beaucoup, comme une façade pleine de charme sous laquelle se dissimulaient des briques inégales.

Faisant mentir ce principe, le Régent fit introduire son chimiste sans s'embarrasser de sa présence, et continua sa discussion avec le financier écossais qu'il avait pris en affection, ce M. Law qui prétendait détenir la formule pour remplir les caisses vides du royaume. Cet homme au passé brumeux était si bien en faveur que Philippe d'Orléans, au mépris de ses conseillers aux finances, avait arrêté l'ouverture d'un petit établissement bancaire à capital privé.

— Tiens, Bonnevy, écoutez donc M. Law, qui vous apprendra comment vous enrichir, en entrant d'abord dans le capital de sa banque à cinq mille livres l'action, ce qui est une affaire.

— Son Altesse Royale me fait beaucoup d'honneur, mais elle sait que je suis maladroit dans les comptes, outre que ce sont là des sommes que je ne possède pas.

— Imaginez-vous, Law, que mon chimiste consacre une fortune aux miséreux, plus habile à tirer l'argent des poches qu'il ne le dit, mais jamais pour son usage. Restez, car il vient nous frotter à ses vertus, et je préfère vous en savoir inoculé plutôt que moi. Je ne pense pas me tromper, en croyant que l'urgence de votre visite vous est dictée par quelque malheureux à sauver.

— Son Altesse Royale, qui ne se trompe jamais, sera d'abord satisfaite d'apprendre que je me suis accointé avec les ursulines du faubourg Saint-Jacques, pour diriger ses fondations.

— Encore votre hôpital et que sais-je d'autre ? Mon patronage vous est acquis, que vous faut-il de plus ?

— Ces très bonnes ursulines sont en souci d'une dame, qui entend retirer du couvent l'une des pensionnaires, et j'ai promis d'arbitrer le différend.

— Que voulez-vous que j'y fasse, mon brave ?

— Cette dame avance votre nom, pour parvenir à ses fins. Elle me recevrait certainement, s'il m'était à mon tour permis d'user de votre recommandation pour fréquenter sa société, y observer ce qui m'occupe.

— Et qu'est-ce donc qui vous occupe ? Est-ce au moins divertissant, ou allez-vous nous narrer une nouvelle mésaventure à nous tirer des larmes ?

Il fallait improviser, et vite. Florent, très content d'avoir éveillé la curiosité de son protecteur, lui raconta alors le peu qu'il savait de Mme de Malan, l'ornant d'allusions à son libertinage — qu'il pressentait ne pas inventer tout à fait —, omettant d'y inclure la disparition de Mlle de Louvières, pour respecter sa parole trop galvaudée. Il ajouta toutefois du mystère et de la gracieuseté au caractère de Marguerite Passevent, et de l'incertitude quant à l'intérêt que la grande dame portait à une enfant « assez mal en point », conclut-il en justification d'une intervention médicale.

« Honte, honte sur moi, se disait-il, de jouer de l'attrait irrésistible qu'ont sur le duc les jeunes personnes du sexe. » A voir avec quelle attention M. Law écoutait ses explications, on ne pouvait douter qu'il était lui aussi sensible à ces émois.

— Eh bien, eh bien, voilà qui me réconcilie avec la religion ! Je ne prise les couvents que dévoyés, et celui-ci, où s'insinue le désir de dévergonder une pensionnaire, me semble fort aimable. Ne prenez pas cette mine outragée, Bonnevy. Certaines de nos dames, qu'on aurait jugées très décentes, s'y sont vues placées pour de très plaisantes fautes. Elles y trébuchent tout à loisir, et je connais quelques messieurs qui vont y goûter de voluptueux ébats en toute impunité. Enfin, Bonnevy, il n'y a pas de quoi tomber des nues. Tout le monde en serait informé, sauf vous ?

— Ce que j'ai vu des ursulines ne s'accorde pas avec la description de Son Altesse. Ces nonnes humbles et pieuses, retirées du tapage de la ville, souhaitent seulement protéger leurs filles.

— Ai-je mis vos ursulines en cause ? Pourtant, c'est chez elles que notre feu roi a envoyé, par lettre de cachet, la Malan dont vous me parlez. Je me le rappelle assez bien, pour avoir en ces temps compté parmi les consolateurs de cette fraîche veuve, incapable hélas de résister à ses tentations. Cela ne pouvait qu'offenser la piété de Mme de Maintenon, et exiler notre scandaleuse comtesse loin de la cour. Sachez, mon bon, que je n'ai point besoin de vos éclairements pour savoir ce qui se passe en nos congrégations. Sophie de Malan, naguère fort belle et libre femme, doit être gâtée aujourd'hui, à quarante ans sonnés. Je m'en souviens comme d'une licencieuse extraordinaire, aussi lui pardonné-je de se réclamer de moi, qui ne l'ai point vue depuis son retrait.

L'appréciation flatteuse et la lueur allumée dans les yeux du Régent s'adressaient d'évidence à M. Law, que le caprice du prince élevait à son rang dans ses délassements. Pourquoi tout homme, songea Florent, succombait-il à la vanité d'aligner ses conquêtes par dizaines, ou, dans le cas de ce puissant, par centaines ?

— Sur votre recommandation, cette dame souscrirait sans peine à mon souhait de la rencontrer.

— Ne serait-ce pas pour lui chercher querelle, tel que je vous connais ? Savez-vous, Law, que je me demande parfois si sous ce médecin ne se cache pas un prêtre défroqué, qui n'aurait pas perdu l'habitude de corriger le vice ?

— Tout au contraire, je la déchargerais de la dispute qui l'oppose présentement à la supérieure et qui lui fait avancer votre autorité pour la régler.

— Il est vrai qu'elle en prend à son aise, je n'aime pas être mêlé aux affaires d'Église sans en être averti. Ma fille songe à prendre le voile, à mettre à son doigt l'anneau qui en fera l'épouse de Dieu. Moi qui ne suis pas si bien avec ce futur gendre, je ne veux pas entrer dans un débat où je prendrais parti contre lui et ses servantes. Dites cela à Mme de Malan, soyez mon émissaire, ce que je m'en vais lui confirmer de ma main.

Et, pendant qu'il prenait la plume d'oie et la feuille sur son bureau plat, rédigeant sa volonté d'une large écriture, il murmura :

— C'est une gentille femme, à qui je ne souhaite point de mal. Arrangez tout cela discrètement, et rapportez-moi aussi ce que dira Mme de Malan de ce billet. Tenez. Par quels tours parvenez-vous toujours à me faire aller où je ne veux pas ? Regardez bien ce fin renard, Law, je crois qu'il est aussi magicien.

— Son Altesse sait en quelle méfiance je tiens ces gens, répliqua Bonnevy, qui ne pouvait se retenir davantage de protester, s'étant difficilement contenu au « prêtre défroqué ».

— C'est votre plus grand défaut. Nous n'avons jamais eu à regretter les prédictions qui nous ont été faites, et la divination nous a souvent éclairé pour conduire le royaume.

C'était là un sujet auquel il ne fallait pas s'attaquer. A traduire le brusque assombrissement du visage princier, Florent mesura l'influence, selon lui absurde et dangereuse, qu'avaient sur le Régent des coquins aux louches manigances, à qui il cédait le haut du pavé.

L'atmosphère refroidie, Philippe d'Orléans reprit sa stature de puissant, se retourna vers son financier, ce qui valait congé pour le protégé. Un peu rechigneux, mais très bon dans son fond, il le héla de l'autre bout du cabinet :

— Rappelez-vous que c'est à un amateur de magie que vous devrez vos entrées dans votre couvent. Et dites-moi si les ans n'ont pas trop ruiné les charmes de Mme de Malan.

Ployé en révérence, Florent se retira à reculons. Il y avait des circonstances où il fallait savoir transiger avec ses principes, lécher le parquet en courtisan.

Par quels tours le médecin parvenait-il à faire aller le Régent où il ne voulait pas ? Un très bref instant, le médecin fut tenté de montrer au duc qu'il n'usait que de la flatterie pour le réduire à ses desseins. Mais il garda sa réflexion par-devers lui, sachant trop que les grands et les humbles ne se faisaient pas la même idée de la franchise.

Entré par le portail principal du couvent où la mère avait laissé ses ordres, Florent Bonnevy traversa deux cours pavées pour se rendre dans les jardins, en bordure des appartements. L'après-midi était largement entamé, et déjà les rayons du soleil s'adoucissaient. A juger des odeurs de cuisine, voix de servantes, tintamarres de vaisselle qui s'échappaient par portes et fenêtres, on aurait pu se croire dans une rue prospère de la ville, n'eussent été la profusion de roses épanouies, les bosquets herbeux, les bordures d'iris qui paraient le bâtiment d'un charme bucolique. Florent songea qu'il devait être agréable de vivre ici, où tout exprimait la paix. C'était aussi, s'étonna-t-il, un lieu de libre passage entre le dehors et le dedans, voyant une jeune femme sortir de la maison et se diriger vers le mur d'enceinte et un autre portail, ouvrant le passage entre le quartier de ces appartements et une rue sur l'arrière. Brune de teint et noire de cheveux, affichant une mise légère, elle venait d'un logement, nouant sous le menton le large ruban rouge d'un tricorne de paille. Ailleurs que dans ce couvent, Florent l'aurait prise pour une courtisane, une comédienne, comme il en errait souvent dans les galeries du Palais-Royal, du Louvre. La suivant du regard, il la vit glisser la pièce à la portière, surpris de constater que celle-ci ne crachait pas dessus. Cette fois tout à fait ébahi, il reconnut en cette grosse femme la tourière qui s'était plainte de l'engeance masculine en conduisant le médecin au parloir. Pouvait-on ici changer d'emploi sans que les nonnes en fussent informées ?

Ayant demandé son chemin à un jeune valet vêtu en page, cravate de dentelle, bas blancs, chaussures à boucles d'argent, il agita la clochette du logis de Mme de Malan — là d'où venait de surgir la galante au tricorne — et se fit annoncer « au nom de S.A.R. le Régent ». Durant qu'il patientait, il apprécia l'élégance des lieux, mélange d'austérité architecturale et de faste mobilier que soulignait, sur l'arrière, le chant des oiseaux nichés en un minuscule jardin clos. Se faire exiler au couvent par lettre de cachet tenait décidément plus du délassement que des galères.

Par égard pour le nom du Régent dont elle venait d'être assommée, pleine d'appréhension devant le nouveau coup que lui réservait le sort, Mme de Malan se dépêcha de recevoir son visiteur, en cheveux et déshabillé, résolue à l'éconduire avec la plus ferme courtoisie. C'était son jour de poésie, celui qui mélangeait, au coucher du soleil, vieux savants et jeunes amies, littérateurs et courtisanes, pour des joutes de bouts-rimés, petits quatrains grivois, couplets alertes généreusement arrosés de vins de Champagne.

— Monsieur, je suis ravie de vous connaître, mais vous tombez au plus mal. Je suis fort occupée ces temps-ci, et ne saurais en soustraire celui de vous recevoir aussi longuement que vous le méritez. Aurez-vous l'obligeance de remettre votre visite à quelques jours d'ici ?

C'était bien essayé, que de laisser entendre à quel point une comtesse ne se laissait pas impressionner par le patronage princier. Mais ce n'était en rien l'accueil attendu. Dans cette femme pâle au visage anxieux, où était la dame insouciante et frivole qu'on lui avait décrite ? Florent Bonnevy, qui n'objectait pas à être traité en laquais, mais seulement par les laquais, ne la tint pas tranquille de cette fin de non-recevoir, et lui tendit la lettre.

— C'est que, madame, le temps me presse, moi. M. le duc d'Orléans, qui m'a parlé de vous avec éloges, sera fort déçu que son vouloir ne suffise pas à ouvrir votre porte.

— Allez-vous vous plaindre de moi à Son Altesse ?

— Sans tant d'outrecuidance, il me faudra bien lui rendre compte d'un entretien qui tient au cœur de celui qui vous a présentée comme la seule capable de débrouiller mon affaire. Je viens, madame, vous entretenir de Mlle Passevent.

— Mlle Passevent ? Mais comment... Qui ?... Se pourrait-il que notre Régent et le grand maître aient pouvoirs liés ? Ah, mon Dieu, je suis perdue !

— Asseyez-vous, madame. Je vous vois soudain dans un trouble dont j'ai remords d'être la cause. Je suis venu en médecin, animé des meilleures intentions du monde. Si une chose vous effraie, ou quelqu'un, comme ce grand maître qui vous a fait changer de figure, il faut me le dire, afin que je vous en soulage.

Fâcher le Régent, qui lui faisait l'honneur de se souvenir d'elle après tant d'années, en un moment où tant d'ennemis déjà la harcelaient ? Impossible ! D'autant que sûrement, forcément, c'étaient Isis, Osiris, Astromaris, qui l'avaient rappelée à sa mémoire. Et cet homme hypocrite, qui feignait de la prendre en pitié ! Horreur ! Au secours ! A l'aide ! Mais vers qui se tourner ?

Comme toujours lorsqu'elle ne savait plus que faire, Sophie se mit à sangloter, avec la force d'une troupe de pleureuses engagées pour des funérailles.

— Je m'incline devant ma nouvelle infortune, hoquetait-elle, sa poitrine soulevée comme un soufflet de forge. Soit, monsieur. Faites de moi ce que vous voudrez. Cette Mlle Passevent, je ne l'ai pas et je ne sais comment l'avoir. Allez dire cela à vos maîtres, et laissez-moi mourir.

— Mourir ? Cela me semble extrême, madame. Je crois que vous iriez bien mieux si vous soulagiez votre âme. C'est en médecin que je vous y convie, ayant vu beaucoup de femmes fomenter elles-mêmes leur maladie, s'épaississant les humeurs en taisant de trop gros tracas. Allons, madame, vous voyez bien que vous ne sortirez pas seule de vos ténèbres. Si vous ne parlez de votre gré, je serai forcé d'en appeler au Régent pour vous y obliger.

Pendant qu'il s'exprimait avec toute la douceur dont il était capable, quoique exaspéré par une pleurnicheuse apitoyée sur elle-même, Florent passa les sels sous le nez de Sophie, ouvrit la porte qui menait au jardinet clos, la porta sur le banc de pierre où il l'assit et là, le plus calmement du monde, lui administra un soufflet sur chaque joue, autant comme remède calmant que par envie personnelle.

Cela, qui ressemblait en somme aux délicieuses brutalités que lui infligeaient les astrolâtres durant les cultes, la rétablit par enchantement.

— Soit, monsieur. Vos arguments savent convaincre. Parlons donc, sur ce banc, maintenant, car plus rien ne m'importe. Je suis à bout, et ne saurai donc avoir plus de peur que je n'en ressens déjà. Asseyez-vous à côté de moi, et écoutez l'histoire sans m'interrompre, afin de ne pas briser mon élan. Tout a commencé par Mlle de Louvières, que je n'aurais jamais dû amener chez moi...

Il fallut à Florent beaucoup de clairvoyance pour remettre d'aplomb un récit dicté par la bêtise, la terreur et la sournoiserie. En effet, Sophie de Malan, imprégnée des initiations isiaques, osiriaques, et davantage encore astromarisiaques, se garda soigneusement de mentionner l'astrolâtrie (sans quoi on serait avalée par les profondeurs terrestres, un trou s'ouvrant dans le sol du jardin pour vous expédier tout de go dans les entrailles de la terre, avec les *mumies* sorties de leurs sarcophages, à la mode égyptienne). De sorte que ses approches vers Bénédicte de Louvières n'eurent d'abord pas de motif sensé, et que le lien avec Marguerite Passevent demeurait incompréhensible. S'ajoutèrent à ce chaos les intrusions répétées de la soubrette, qui venait avertir Madame que ses amis s'impatientaient.

Mais la sottise a cela de commode qu'elle fait s'en tenir mordicus ses proies à la décision qu'elles sont tout ébaubies d'avoir réussi à concevoir. Ayant vertement expédié ses amis rimailleurs au diable, Sophie s'efforça donc de convaincre Bonnevy qu'elle avait attiré la première pensionnaire chez elle par pur hasard.

— Bien, bien. Sans doute, me prenant pour un complet nigaud, allez-vous m'affirmer ne rien savoir de sa disparition, ni de la terreur qui s'est emparée de Mlle Passevent à cette occasion. Sans doute allez-vous prétendre que c'est aussi le hasard qui vous fait tant insister pour retirer celle-ci du pensionnat. Vous êtes, madame, une menteuse éhontée, ce que le Régent ne saura souffrir, s'agissant du sort de deux fillettes. Prenez garde qu'une autre lettre de cachet ne vous envoie, cette fois, manger du pain du roi.

A mensonge mensonge et demi, avait décidé le médecin. Envoyer cette femme en prison était tout bonnement impossible : il eût fallu, pour cela, que les ursulines fassent fi du vœu de silence dont elles se protégeaient, reconnaissent l'enlèvement, déposent plainte auprès de la police du roi, se résignent à mettre le scandale au jour, toutes conditions inconcevables. Cette sotte serait-elle assez niaise pour ne pas s'en apercevoir ?

Dieu merci, elle l'était encore davantage, ce qu'il comprit en la voyant derechef fondre en pleurs.

— Je vous suggère, madame, de recommencer par le début, et de tout me raconter, sans rien omettre, si vous ne voulez, dès ce soir, dormir au cachot...

8

La nuit de l'enlèvement

Récit de Mme de Malan, fait à Florent Bonnevy sous le sceau du secret médical.

— Cela faisait des semaines que le grand prêtre Astromaris et la prêtresse Bélizé pratiquaient le culte des astres, sous les voûtes de ma cave, dont la courbure répond à celle des cieux. Ne m'en demandez pas plus, je ne connais rien à la science des nombres. Eux et leurs disciples, hommes et femmes dont je n'ai jamais vu les traits que recouvrent entièrement la cagoule, seulement fendue de minces ouvertures aux deux yeux, se retrouvaient à la porte condamnée. Les ursulines l'ont oubliée, car on n'y parvient du dedans que par les caves, et elle conduit au-dehors dans une friche au bout du faubourg. Munis de la clé, ils s'engouffraient par une ancienne réserve à huile dans les souterrains, ceux-ci communiquant entre eux à travers tout le couvent. Je les retrouvais dans ma cave, la figure mêmement couverte de la cagoule et le corps caché sous la houppelande, toutes deux noires, tel étant le commandement des dieux Isis et Osiris. Cela facilite notre métamorphose, de créatures humaines que nous sommes ici-bas en elfes célestes. Très peu de gens, monsieur, savent que ces divinités continuent d'exercer leurs pouvoirs sur notre monde. Elles ne le révèlent qu'à de rares élus, qu'elles initient aux rayons de leur puissance sans limite, une sorte de soleil qui n'éclairerait qu'à l'envers d'une lumière obscure, et qui darderait ses rais sur ses adorateurs. Cela fait comme une armure, monsieur, pour ceux qui en sont pénétrés. Faute de déchiffrer les signes que ces dieux nous envoient, les gens ordinaires — je ne parle pas pour vous, monsieur — sont privés de ces mystérieuses protections. De tant d'élévation, nous autres initiés devons nous montrer dignes à chaque instant, en dédiant à ces divinités présents et messes, selon les rites venus des âges anciens. N'allez pas croire, monsieur, à quelque sorcellerie ou diablerie, le Seigneur m'en préserve ! Si nous sacrifions des poulets et buvons leur sang dans le crâne sacré, si nous autres femmes nous étendons nues sur la table d'offrandes, c'est pour nous fondre dans l'infinité des règnes astraux et participer à leur éternelle transmutation. Vous ne pouvez, bien sûr, pas savoir que notre trépas n'est qu'une ouverture vers d'autres vies, que les divinités nous font passer par les formes les plus fantasques avant de nous rendre l'apparence de la fleur de notre âge. Les défunts retrouvent alors la vie dans sa plénitude universelle, et voyagent à leur guise dans les astres.

« Ce sont ces immortels que nous célébrons, monsieur, durant les messes. Nous purifions nos âmes par les philtres, vouons nos esprits à ces êtres supérieurs, afin qu'ils sachent que nous attendons leur visite. C'est à chaque fois une naissance neuve que nous ressentons, je vous l'assure, comme si Isis et Osiris, entendant nos prières, sortaient de nous la totalité de notre passé. C'est qu'il est nécessaire de nous alléger si nous espérons voyager dans l'au-delà, mais cela, tout médecin que vous êtes, vous ne pouvez pas non plus l'avoir appris de vos maîtres.

« J'aimais à penser qu'il me serait bientôt permis de revoir ceux que je croyais perdus sur cette terre, et je me montrais très assidue au culte, pour hâter ces retrouvailles. C'est aussi dans cet espoir que j'ai accédé à l'ordre d'Astromaris : les dieux demandaient une jeune vierge, dont la présence purifierait encore mieux les fidèles que ne le font nos poulets. Mais elle devait être produite à ces divinités aussi innocente que la blanche colombe, ignorant naturellement tout de nos croyances.

« C'est ainsi que tout a commencé, monsieur. J'ai attiré Bénédicte de Louvières en ma maison, je l'ai cajolée, dorlotée afin de gagner sa confiance. Cette enfant-là détestait la discipline du couvent, et je vous jure par-devant la Sainte Vierge qu'elle n'aurait pu être plus heureuse qu'en ma compagnie. L'avant-veille de cette nuit fatale où débutèrent mes soucis — Comment, monsieur ? Les siens aussi ? Oui, je vous l'accorde — Astromaris et Bélizé, le grand maître et la prêtresse à qui je dois obéissance, m'ont commandé de la faire venir chez moi le surlendemain, après les prières du soir. Cela, déjà, ne me plut qu'à demi. Les pensionnaires sont étroitement gardées par leur régente, dès leur coucher, et je craignais qu'on ne la surprenne se faufilant hors du dortoir. Mais Astromaris a levé mes objections. Il faut vous dire, monsieur, que Bélizé fréquentait beaucoup chez moi, et m'avait maintes fois vue recevoir quelques-unes des sœurs, dont j'adoucis l'ordinaire en sourdine, d'une friandise, d'un biscuit, d'un verre de liqueur. Il faut aussi vous dire, monsieur, que la dureté des règlements est si terrible que certaines ursulines, celles qui sortent à peine du noviciat et se rappellent le monde, s'aident à les supporter en succombant à ces très bénignes tentations, que leur confesseur absout sans leur en compter un trop lourd péché.

« Sachant mon amitié avec ces nonnes, Astromaris me dit d'agir de même avec cette régente. Par une tourière qui m'est attachée, je devais lui faire savoir que sa famille — non pas celle de Dieu, mais celle de sa naissance — m'avait transmis des mouchoirs de fine batiste à lui remettre, en souvenir de parents dont elle était séparée depuis des années. Ce que je fis, et ce qu'elle accepta. Ces pauvres femmes coupées de tout résistent rarement à recevoir des nouvelles des leurs, je le sais d'expérience, ayant souvent fait pénétrer des lettres à leur intention, qu'elles n'ont jamais refusé de prendre. Pendant qu'au fond du grand jardin, sous un platane, je remettais à la régente un dizain de mouchoirs, auquel j'ajoutai de mon chef un livre de prières aquarellé qui, comme je l'escomptais, lui fit oublier ses remords, Mlle de Louvières, à qui j'avais présenté l'aventure en farce, avait eu cent fois le temps de se glisser hors de son lit et d'arriver chez moi. Je dois dire que j'eus le plus grand mal à renvoyer la régente tant, émue par ces preuves d'affection, elle tint à me parler de sa parentèle, m'avouant qu'elle avait pris le voile sans vocation sincère, seulement pour plaire à son père, qui n'avait plus de quoi doter sa dernière fille. Ne vous impatientez pas, monsieur. J'y viens, j'y viens.

« Lorsque enfin je rentrai en mes appartements, j'y trouvai Astromaris, Bélizé et Bénédicte, celle-ci dans une tenue très inconvenante. Force m'est d'avouer qu'elle était aussi nue qu'à l'instant de naître, sous une cape de soie couleur de feu qui laissait tout voir de son corps. Je m'en indigne maintenant, à la lumière de ce qui advint, mais, sur le moment, je pris cette impudicité pour un rite supérieur, une singularité de ces nouvelles naissances que nous implorons. Astromaris lui banda les yeux très fermement et la poussa par-devant lui dans l'escalier de ma cave. Je pense que Mlle de Louvières avait bu les philtres, ce qui m'étonna un peu, car seuls les initiés ont cet honneur d'habitude. Je le devinai à son sourire de béatitude, à l'extrême douceur de ses gestes, à sa façon d'agir tout à fait pareille à la mienne quand on me les a fait boire. Ils vous procurent en effet le sentiment qu'il n'est plus rien d'impossible, et que toute chose devient aisée à accomplir. La messe commença semblablement aux précédentes, sinon qu'au lieu de moi, ce fut cette demoiselle qu'on allongea sur la table. On psalmodia les paroles sacrées dans le langage de l'Orient que je ne peux vous révéler. On fit couler sur son ventre le sang chaud des poulets, et cette chaleur lui parut sans doute étrange, tout imprégnée des philtres qu'elle fût, car elle se mit à gigoter si fort que les disciples l'attachèrent à la table par des liens de cuir. Je vous jure, monsieur, que je voulus m'y opposer et demandai qu'on la délie, la voyant si agitée. Mais on ne peut se soustraire au vœu de ces dieux, sous peine d'encourir leur vengeance. Astromaris, courroucé de mon interruption, me punit en m'ordonnant de rester en arrière, de me retirer hors du cercle des officiants.

« Aussi, redescendue au rang de mortelle ordinaire, n'ai-je vu que d'assez loin la suite du culte virginal, d'autant qu'ils se rapprochèrent tous de la table, à la toucher. L'un des leurs, un jeune homme à en juger par sa voix — et bien que celle-ci fût étouffée par la cagoule —, formula alors les incantations magiques qui devaient, ai-je entendu, mettre le corps de sa défunte parente dans celui de Mlle de Louvières :

« — Par Isis, Osiris, le grand serpent, le scorpion d'or, que l'âme et les chairs intactes de Donatienne de Bennezard ma cousine cessent d'errer dans les astres ! Qu'elles se relèvent du tombeau et pénètrent l'enveloppe de cette vierge comme nous allons la pénétrer !

Qu'elles la métamorphosent, en forçant l'entrée de son corps comme nous allons la forcer! Qu'enfin s'accomplisse la seconde génération de Donatienne de Bennezard, par la liqueur de nos semences que nous allons offrir en sacrifice à Isis et à Osiris, au grand serpent, au scorpion d'or!

« Ce jeune homme fut le premier à exécuter ce qu'il venait de dire, et fut suivi sans attendre par les autres disciples. Comment, monsieur? Un viol? Ah! Si vous comptiez parmi nos fidèles, vous ne penseriez pas cela! Pour permettre à une errante astrale de se changer en être charnel, c'est par les voies de la chair qu'il faut lui fournir le passage. Cela se conçoit clairement, sans qu'on ait comme vous besoin d'être un homme de science. Les chairs sont attirées par les chairs, et c'est là qu'elles vont, par une loi de la nature.

« Si j'étais cependant fort troublée, c'était d'abord à cause de ma punition, qui m'empêchait de participer pleinement au culte, et aussi à cause que je m'inquiétais des choses que Mlle de Louvières se rappellerait après la cérémonie. En vérité, j'avais très peur qu'elle ne raconte son aventure aux sœurs, une fois retournée au pensionnat. Certes, quand on a bu les philtres, on se souvient de la messe comme d'un songe. Mais tout de même, mettez-vous à ma place... Oui, monsieur, elle n'a rien d'enviable, et sans doute, vous avez mille fois raison, celle de Mlle de Louvières mérite davantage d'être prise en pitié. Mais je jouis de la confiance des sœurs et ne voudrais pas la perdre. C'est que, voyez-vous, malgré mes écarts de conduite, je me sens chez moi au couvent, n'ayant plus d'époux ni d'enfants à aimer. Oui, monsieur, j'en conviens, c'est à moi-même que je dois m'en prendre, et s'il est une personne à plaindre, c'est Mlle de Louvières... Lorsque les messieurs, et quelques dames aussi, eurent opéré la fusion de la chair, des sens et des frémissements en communiquant leurs flux vitaux à la pensionnaire, celle-ci s'était évanouie. Cela m'arrive quelquefois, à cause que les philtres vous enlèvent à vous-même. Cela n'est pas signe de malaise, monsieur, bien au contraire, c'est signe que les rayons astraux vous ont touchée. Tandis que les fidèles chantaient les psaumes d'adoration "Isis, Isis, Osiris, Osiris, adoration, vénération", et la suite que je ne peux non plus vous révéler, Astromaris a soulevé Mlle de Louvières dans ses bras, vers les cieux, ou plutôt vers la voûte de la cave, ce qui ne change rien, les rayons astraux traversant toute matière. Puis, avec sa précieuse offrande, il a ordonné aux disciples de former la procession. C'est toujours ainsi que nous faisons, bien que d'habitude le prêtre n'ait que des poulets à dresser vers les dieux. Accompagné par les chants de grâces, notre grand maître s'avance vers le souterrain qui conduit à un autre, et celui-là par un autre encore à la porte du faubourg. Pour ma part, je les regarde s'éloigner, avant de remonter dans mes appartements par l'escalier de ma cave. Cela, c'est la manière ordinaire de faire. Mais hélas, cette nuit-là, les événements ont pris une autre tournure. Durant la cérémonie, les participants regardent vers le mur du fond, où est dressée la table de sacrifice, en sorte d'autel de nos églises. Pour entamer la procession, il faut se retourner dans l'autre direction, celle du chemin des sous-sols, qui permet de voir le débouché de mon escalier. C'est ce que nous avons fait tous ensemble, au signal, et c'est alors que nous avons vu cette chose terrible : une fillette, en chemise, nous contemplant du haut des marches.

« Elle nous regardait tout comme je vous regarde, monsieur, les yeux grands ouverts, un poing enfoncé dans la bouche, sans bouger ni parler, simplement debout sur une marche, toute blanche dans sa longue chemise. Je ne sais ce qu'ont d'abord fait les autres, tant j'étais bouleversée. Tellement que j'ai poussé un grand cri et demandé à cette petite ce qu'elle faisait là. C'est alors qu'Astromaris a commandé aux disciples de s'emparer d'elle. Ils se sont rués ensemble vers l'escalier, et même m'ont si fort bousculée que je me suis fait mal en tombant. Mais cette petite, malgré sa frayeur, a eu la présence d'esprit de se mettre à courir. Elle a ouvert et refermé la porte de ma cave avec une agilité incroyable, profitant de ce que les capes empêtraient les pieds de ses poursuivants et que les cagoules les empêchaient de bien y voir. On aurait dit qu'elle s'était envolée derrière cette porte de bois qu'elle a claquée très fort, et dont elle a tourné la clé. Aussi fragile qu'elle parût, la fillette réussit bel et bien à nous enfermer dans les souterrains. Ce que voyant, Astromaris entra dans une rage astrale qu'il tourna contre moi. Il est vrai que, par ma négligence coupable, j'omettais de fermer cette serrure de notre côté. Mais comment, monsieur, aurais-je pu penser qu'une pensionnaire se glissât jusque chez moi, en pleine nuit, quand il m'avait été si difficile de faire sortir Mlle de Louvières de son dortoir ? Au cœur des ténèbres, dans un couvent, on prie, ou on dort, c'est tout ce que l'on fait. Aujourd'hui encore, j'ignore par quel malheureux coup du destin Mlle Passevent est arrivée jusqu'à nous. C'est bien cela qui me fait souci, monsieur, car mon grand maître m'a donné pour tâche de faire sortir cette enfant du couvent, afin de la questionner, et aussi pour l'éloigner de celles qui la questionneraient. Rien de notre culte ne doit filtrer audehors, et cette fille s'est mise d'elle-même en fâcheuse posture. Nul d'entre nous ne savait dire depuis quand elle était là, ni ce qu'elle avait vu. Aussi ne blâmerai-je pas le grand prêtre de m'avoir donné cet ordre, car ce dérangement nous a tous mis en grave danger. D'être découverts d'abord, et surtout, ce qui est pire, de courroucer Isis, Osiris, le serpent et le scorpion. Pour preuve de l'irritation de nos divinités, j'en veux la permission donnée à une si faible créature de s'échapper, de boucler la porte à double tour, de nous abandonner en très périlleuse situation.

« Mon maître ayant recouvré son calme, il décida que nous nous engagerions dans les souterrains sans attendre, aussi rapidement que nous en serions capables jusqu'à la sortie secrète, pour échapper à ceux qu'aurait alertés la fillette. Empêchée de rentrer chez moi par ma porte close, je m'y faufilai la dernière, très boudée par les disciples, dont certains entreprirent de me frapper, ce dont Astromaris les empêcha, le temps pressant. Lui était passé en tête, portant Mlle de Louvières dans ses bras, réveillée, la bouche serrée du bâillon qui étouffait ses cris. La traversée fut affreuse, monsieur, car les torches venaient au début de la procession, et personne ne m'aidait, dans ces dédales pour moi inconnus. Cent fois je trébuchai, cent fois je crus m'égarer, mais j'arrivai enfin hors d'haleine à la porte du faubourg, sur les traces des fidèles. Parvenus à l'air libre, ceux-ci se séparèrent comme ils étaient venus. Les uns partirent à pied, les autres s'engouffrèrent dans leurs fiacres, comme firent Bélizé et Astromaris avec Mlle de Louvières. Je demeurai seule, abandonnée dans cette friche très inhospitalière, je vous l'assure.

« Imaginez mon angoisse, monsieur, nue sous ma cape, livrée à l'orée d'un faubourg où se terrent les mendiants, les détrousseurs, des troupes d'enfants trouvés, la lie de la ville. J'avais abandonné ma cagoule dans un fourré de ronces, et vous l'y trouverez sûrement encore, à preuve que je ne vous mens pas. Même si j'avais possédé la clé de cette porte, ce qui n'était pas le cas, pour rien au monde je n'aurais rebroussé chemin par ces horribles souterrains. Je ne pouvais pas davantage retourner jusqu'à l'un des grands portails où il faut sonner la cloche. Vous pensez bien qu'ils ne se seraient ouverts sur moi, à cette heure et dans cette vêture, qu'avec grandes agitation et suspicion. J'ai donc longé le mur, fondue dans l'ombre, et me suis cachée dans une encoignure, près de la porte des communs. Là, j'ai patienté jusqu'à l'aube, tremblante de peur à en claquer des dents, épiant la sortie de la première converse, celle qui rentre les bidons de lait déposés par la carriole. J'ai profité de son occupation pour me faufiler enfin dans l'enceinte du couvent, sans m'occuper de savoir si cette personne m'avait aperçue. J'ai couru à ma maison, me suis changée, et n'ai eu que le temps de courir encore au premier office, où je suis arrivée hors d'haleine pour le *Veni Sancte Spiritus,* « Venez, Esprit-Saint, venez remplir les cœurs de vos fidèles, et les embrasez du feu de votre divin amour »... Oh, j'ai prié ce matin-là comme jamais, de toute mon âme ! Mais ce ne fut pas le Seigneur qui m'entendit, ce fut, hélas ! cette fillette, dont je n'avais pas remarqué la présence, et qui reconnut sans doute ma voix, cette voix nocturne qui avait demandé à la petite ce qu'elle faisait dans la cave. C'est alors qu'elle perdit connaissance en poussant un cri à glacer le sang des orantes. Tandis que les sœurs du chœur continuaient les prières, que les pensionnaires tendaient le cou pour observer cette scène, deux ursulines portèrent leur compagne hors de la chapelle. Je m'empressai de leur porter assistance, le contraire eût paru étrange, n'est-ce pas ? C'est ainsi que j'appris le nom de Mlle Passevent, et aussi que nul ne s'était aperçu qu'elle avait quitté le dortoir nuitamment. Sur le moment, j'en fus très soulagée, car cela signifiait que cette demoiselle ne s'était ouverte à personne de sa mésaventure. Ce soulagement, monsieur, ne pouvait cependant suffire à calmer mes alarmes, Mlle de Louvières ne manquant que trop clairement à la messe, bien que les sœurs feignissent de n'en rien savoir. L'enfant Passevent rouvrit les yeux, les planta très résolument sur mon visage, balbutia « Bénédicte, rendez-moi Bénédicte » (celle-ci n'étant autre que Mlle de Louvières, vous l'aurez compris de vous-même), et s'évanouit derechef. Mon cœur cognait dans ma poitrine à ne plus pouvoir prononcer un mot, tant je craignais que les ursulines ne me demandassent de m'expliquer sur ces étranges paroles. Elles demeurèrent cependant muettes, soucieuses sûrement de respecter leur vœu de silence, et peut-être trop affolées pour avoir prêté attention aux mots de la pensionnaire, du moins l'espérai-je plus que tout au monde. Depuis, je suis au centre d'une tourmente que je ne sais comment dissiper. J'ignore tout du sort réservé à Mlle de Louvières. J'ignore aussi l'état de Mlle Passevent, notre mère m'ayant interdit de la visiter, malgré les attentions que je lui portai au sortir de la chapelle. Il me semble que Dieu veut me châtier, en me laissant dans ces ignorances. Et je sais aussi, pour en avoir été avertie, que les divinités de l'Orient me châtieront, si je ne leur procure pas Mlle Passevent. Voyez dans quel terrible précipice je suis tombée. C'est pourquoi vous ferez de moi ce que vous jugerez équitable. La prison ne saurait plus m'épouvanter que ne le font les fureurs d'Isis et d'Osiris, déléguées à la toute-puissance d'Astromaris leur prêtre. De quelque côté que je me tourne, je suis une femme perdue. Et je crois, monsieur, que ce me sera un grand bienfait d'être punie par le Régent, de la peine qui lui semblera juste, car c'est un homme qui me voudra moins de mal que mes autres ennemis. J'ai conscience d'avoir mal agi aux yeux des simples mortels, en aidant à l'enlèvement d'une pensionnaire. Mais ce qui me rassérène, c'est qu'entre les mains de mes frères et sœurs initiés, il n'adviendra que de bonnes choses à cette personne. Car sa disparition, voyez-vous, n'est que la première étape sur le chemin des astres. Que dites-vous, monsieur ? Vous ne voulez plus entendre ces niaiseries ? Et tout ce que vous voulez, c'est secourir Mlle de Louvières en me sortant des tracas où je suis fourvoyée ? Ah, monsieur, je vois bien que je vous ai mis en fureur, vous aussi. Je ne saurais vous contredire, en vous écoutant blâmer mon extrême sottise. Mais vous ne me ferez pas admettre qu'Astromaris, mon vénérable maître, se sera seulement servi de moi comme d'un instrument utile à ses forfaits. Je sais bien, moi, que les dieux de l'Orient existent. Vous pouvez penser de moi que je suis crédule, cela m'est égal, monsieur. Faites de moi ce que vous voudrez. Je suis fatiguée de tout cela, à quoi je ne comprends rien. Je suis si lasse que je ne souhaite qu'une chose, qu'on me laisse pleurer tout mon saoul, à en mourir.

*Fin du récit de Mme de Malan,
achevé dans une crise de sanglots.*

9

Le médicastre et le vieux médecin

Rosine Nulleterre, lorsqu'elle n'était pas Bélizé la prêtresse, usait cependant de ses charmes avec une réussite semblable, faisant preuve d'une adresse redoutable pour se gagner qui elle voulait, d'un sourire, d'un soupir, et de ces prunelles engageantes auxquelles nul ne résistait longtemps.

Elle avait regagné son logis peu avant l'aube, avec René Astromaris, tous deux épuisés des niaiseries orientaliques qu'ils avaient produites en acteurs consommés. La clientèle de leurs admirateurs — qu'ils appelaient dupes dès leur sortie des fastueux hôtels — avait beau se montrer respectueuse, disciplinée durant les séances de divination, elle se révélait toujours plus exigeante avant de lâcher son or, attendant de ses magiciens des prédictions détaillées avec minutie. Tel, à qui on venait d'assurer qu'il serait aimé d'une femme exquise, souhaitait savoir quelle serait la couleur de ses yeux, la fraîcheur de sa carnation, et pour finir, son nom. Tel autre, qui ne se faisait pas répéter deux fois qu'un héritage allait lui tomber dans la bouche, désirait en connaître l'importance et la composition, terres, titres, cassettes ou collections de tableaux. A chaque séance, frère et sœur se voyaient soumis à un feu de questions ininterrompues, contraignant leur imagination à des jongleries harassantes.

Rosine s'était donc promis de dormir jusqu'à midi sonné et couchée avec délices, quand son frère la secoua, à peine lui sembla-t-il avoir clos les paupières.

— Debout, sœurotte! Il n'est plus l'heure de paresser. Je tiens mon plan pour escamoter notre demoiselle. Rien de plus simple : je me ferai passer pour l'aide du médecin qui vient au couvent. Sur place j'aviserai, tu me connais, je dirai la fille très contagieuse, enfin je trouverai bien, ni vu ni connu, emportée la fille, et par la grande porte encore. Je commence à me fatiguer de barboter dans ces souterrains.

— Mais il fait à peine jour! Es-tu sûr de ton affaire?

— Qui peut être sûr de son destin? Qui ne risque rien n'a rien, ce n'est pas à nous qu'on va l'apprendre, non? Tu vas de ce pas aller trouver ta Malan. Réveille-la. Extirpe d'elle le nom de ce médecin, et reviens aussi vite que tu le pourras. La suite, je m'en charge. Allons, allons, debout, et plus vite que cela! Cette affaire a assez traîné, je veux la conclure.

C'est ainsi qu'à demi endormie Rosine s'était voiturée au faubourg Saint-Jacques, faisant fi de la ladrerie de son frère qui l'aurait rossée en la voyant prendre un fiacre. Portail des maisons des dames, patte de la portière graissée comme à l'accoutumée, cloche agitée au seuil de la comtesse, et là : chou blanc. Femme de chambre en émoi. Madame pas chez elle, retirée la veille au soir au sein de la clôture, nerveuse, très nerveuse, besoin de calme et de méditation.

Rosine, parfaitement éveillée, avait rabroué la malheureuse qui n'en pouvait mais.

— Nerveuse, comment cela, nerveuse ? Se retire-t-on au cloître par caprice de grande dame ?

— Eh ! Je sais moins que vous ce que fait ma maîtresse, mademoiselle. Il faudra demander aux sœurs.

Pas mécontente de damer son pion à une arrogante dont son bon sens lui dictait de se défier, la servante avait claqué l'huis au nez de la Circassienne, aussi turque qu'elle-même était princesse. Quoi ! Si Madame, bien trop bonne, se laissait marcher dessus par cette intrigante qui sentait la rue à des lieues, il ne serait pas dit qu'une simple paysanne en ferait autant.

Très déconcertée, Rosine s'était laissée choir sur un banc de pierre, ombragé par les feuilles d'un saule, pour réfléchir. Demander aux sœurs ? Elle en avait de bonnes, la soubrette ! Autant se jeter dans la gueule du loup ! Comme beaucoup de mécréants et de pécheurs invétérés, rien n'effrayait plus la jeune femme que le jugement des gens de religion, avant-goût de celui de saint Pierre qu'elle subirait bien assez tôt. Tout semblait couler de source avec Astromaris et ses calambistris, mais, livrée à la solitude, Rosine, qui ne pouvait se retenir de trembler à cette évocation, préférait se tenir aussi éloignée que possible des couvents et du Sauveur cloué sur la Croix.

Après tout, pourquoi s'alarmer ? La Malan avait peut-être enfin trouvé le moyen d'approcher l'autre pensionnaire, cette sale sournoise qui leur causait tant d'embarras. Pour cela, il eût fallu que la dame fût capable de ruse, et rien n'était moins sûr. Ou alors, ce qui était plus probable, elle avait cherché refuge auprès des sœurs du cloître pour échapper à Astromaris. Il ne fallait pas songer à la tirer de là par la peau du cou. Tant pis. René avait de la ressource et de l'ingéniosité. Il réglerait ce contretemps comme il l'entendrait. Pour l'instant, il fallait s'informer sur le médecin attaché aux ursulines, faute de quoi Rosine tâterait du bâton, car il avait la main leste, le frérot, quand il était contrarié.

Il ne restait plus à Rosine Nulleterre qu'à user de ses fameux charmes auprès de la portière — fallait-il tomber bas pour en arriver là ! —, la grosse bonne femme qui savait tout sur tout le monde, fermait les yeux quand on la payait, et les rouvrirait certainement si on y doublait le prix. Ce à quoi elle s'employa sur-le-champ. Après avoir bavardé, papoté, vanté les qualités de la matrone, plaint ses durs travaux, enfin tout ce qu'il convient de faire pour se rendre aimable, agréable et sympathique, moyennant surtout deux livres — deux livres, une fortune ! —, elle gagna la confiance de la portière. « Curieux, se dit-elle, comme cela va vite quand je suis nippée en Bélizé, alors qu'il me faut parlementer pour convaincre, habillée en femme du monde. » Cette portière souffrant de fistules variqueuses, mal quelque peu passé de mode après la mort du grand roi, elle ne tarda pas à apprendre à cette jeune personne si attentionnée, et si généreuse, que le bon docteur Sénéchal était lui-même trop mal portant pour soigner les femmes du couvent. Perclus de rhumatismes, aussi âgé que Mathusalem, le bon Sénéchal ne se déplaçait qu'à grand-peine, bien qu'il habitât à deux pas de là, dans une petite maison du faubourg Saint-Jacques. Il arrivait qu'il y restât cloué par ses douleurs, ce qui était présentement le cas. On le savait par une voisine qui venait prévenir, celle qui tenait son ménage et lui faisait à manger.

— Oui, oui, cela me suffira, et je m'en voudrais de vous retenir.

Plantant là les rhumatismes et les fistules, Rosine s'était précipitée chez elle, bousculant son frère qui dormait comme un ange — signe d'une conscience pure ! — pour lui faire part de ses découvertes.

— Ta comtesse s'est abritée chez les bigotes ? La peste soit de ces bonnes femmes ! Elle ne perd rien pour attendre, et il lui en cuira de prétendre m'échapper. J'ai mieux à faire pour le moment. Rendors-toi, sœurotte. Je m'en vais de ce pas m'occuper de ce Sénéchal. Tel que tu me le décris, il me sera aisé de me lier d'amitié avec lui. Je n'aurai qu'à dire que les sœurs m'envoient pour le remplacer à cause d'une visite pressante, et qu'elles le prient de se délier du secret médical en ma faveur. C'est joué d'avance ! Repose-toi, ma chère. N'oublie pas que la duchesse de Retz t'attend chez elle cet après-midi.

Le matin est fort entamé, lorsque René, après une station arrosée dans un cabaret du quartier, apprend où se trouve la maison du vieux médecin. Il s'agit d'obtenir de lui — oh ! très civilement ! — les renseignements sur les coutumes à respecter auprès des couventines, sur quelques pratiques médicales, le minimum pour endormir la suspicion des ursulines quand René se présentera à elles en empruntant le titre de remplaçant de Sénéchal. Il faudrait vraiment que le vieillard se révèle méfiant pour qu'on l'attache sur son fauteuil, qu'on le bâillonne, si d'aventure il lui prenait l'envie de crier à l'usurpateur, d'appeler au secours. Sait-on jamais, on ne saurait être trop prudent, même avec un impotent.

René titube un peu, une pinte en ayant appelé une autre. Le voici chez M. Sénéchal — maison de pierre à un seul étage, avec un potager de campagne sur le devant —, s'apprêtant à graisser les bottes de celui que les buveurs du cabaret lui ont présenté comme un homme de bien. Le vieillard est connu pour vouer une grande partie de son temps aux maisons du Seigneur, à soigner moines, couventines, pensionnaires, *gratis pro Deo. Gratis pro Deo ?* Ce n'est pas à René qu'une idée aussi saugrenue viendrait en tête ! Peut-être le médecin espère-t-il ainsi acheter son salut éternel, préparé déjà à comparaître devant Dieu, ce qui n'est pas mal calculé, vu son délabrement. Qui diable peut frapper à sa porte avec tant de violence et d'impatience? Sénéchal, en claudiquant, ouvre avec d'infinies difficultés, appuyé sur deux cannes, lançant des « Voilà! On vient! » qui ne font qu'exaspérer son visiteur. Le vieux est sourd aussi. Il n'entend rien aux braillements de cet homme, qui parle des ursulines, de ses malades. Est-il parent d'une pensionnaire? De quoi au juste prétend-il l'entretenir? Est-il souffrant?

— Ainsi, vous vous nommez Passevent? Marguerite? Drôle de prénom pour un homme! Soyez plus clair, mon ami, et reprenez votre calme, vous n'êtes pas si pressé que vous n'aurez pas le temps de boire un cordial, par ces chaleurs.

C'est hélas le temps qui lui fait défaut, justement, à René. Irrité par tant de lenteur, tant de bonté, il repousse le vieil homme dans son vestibule — oh! sans l'once d'une méchanceté! une chiquenaude, tout au plus! —, mais que peuvent les forces d'un podagre contre un homme pris de boisson? Sénéchal s'effondre lourdement sur le sol en pavés, sa tête d'oiseau déplumé heurte la pierre avec un bruit mou, et le voici allongé de tout son long, aussi immobile qu'une statue de gisant dans une église. C'est ce qu'il fait, le bougre, il gît, sans mouvement ni réaction. Merde!

— Holà, debout, monsieur! Ouvrez les yeux! Parlez, que diable! Je ne vous ai pas frappé si fort, que je sache! Cessez donc cette comédie, et réveillez-vous, Sénéchal, que je vous explique! Avez-vous donc perdu votre langue?

René le secoue, comme on fait quand on bute sur un manant étourdi dans la rue, blessé par une poutre ou estourbi par un tire-laine. Sénéchal se laisse obligeamment retourner comme un ballot de paille, pas contrariant pour un sol, sinon que sur le derrière son crâne s'est fendu sur le carreau. On croirait un melon trop mûr. Il a le visage très paisible, et même rajeuni, défait des plis de ses souffrances, et semblerait en bien meilleure santé, n'était la flaque de sang qui s'élargit sur le pavé.

Pour avoir vu des morts sur les champs de foire, dans les fossés des faubourgs mal famés, René n'a pas besoin d'y regarder à deux fois pour voir que cet homme-là est tout ce qu'il y a de plus mort.

— Crédié de malédiction de sort, me voilà bien ficelé! rugit le mage qui a commis bien des méfaits dans sa vie, mais jamais encore tué quiconque. Si les médecins se mettent à expirer pour une mornifle, où va-t-on?

La circonstance commande de ne pas s'attarder. Tant pis pour l'oraison funèbre. A quoi bon se lamenter sur le défunt, maintenant? En un souffle, René réfléchit aux gens qu'il a croisés, interrogés au cabaret. A supposer qu'on se souvienne de sa figure, des tavelures de petite vérole qui la marquent, il faudra encore que la police le retrouve, ce qui sera quasiment impossible, Nulleterre n'étant inscrit sur aucun registre communal ou paroissial, du moins sous son vrai nom. Au Grand Châtelet, ils ont peut-être une fiche sur un Pastrois, un Monvert, un Gilou, un Gaspard, mais qui pourrait le reconnaître dans ces pseudonymes? Si par extraordinaire cela était, il n'aura qu'à dire qu'il aura consulté et quitté le vieux médecin bien vif, et voilà tout. Ce serait bien de la malchance si d'autres quidams ne se présentaient pas dans la matinée, pour être soignés, ou plutôt, à contempler le résultat, pour délester un vieillard de son bas de laine et l'assassiner d'un coup malheureux. Cela se pratique tous les jours, par les temps qui courent.

Et puis, il convient avant tout de prendre la poudre d'escampette. N'ayant rencontré âme qui vive dans la ruelle, il suffit de filer comme il est venu, avec la prudence redoublée d'un tueur averti. Finalement, c'est un bien pour un mal : Nulleterre pourra se réclamer de Sénéchal en toute tranquillité, le temps d'escamoter la marchandise, ce n'est pas le mort qui viendra s'en plaindre ni donner l'alarme. Grand prêtre accompli, médecin impromptu, n'est-ce pas de la même farine ? Ces messieurs, dans leur grande science, sont généralement incapables d'en dire plus, une fois qu'ils ont reconnu que leur malade est malade. Pourquoi pas lui, qui sait au moins cela de la Passevent ? Pour le reste, si on lui pose des questions embarrassantes, il brodera, comme d'habitude.

Après un dernier coup d'œil sur le corps — fâcheux accident, mais quoi, on ne maîtrise pas tout en ce bas monde —, René-Astromaris s'était faufilé sans encombre de rue en rue, jusqu'au couvent du faubourg Saint-Jacques. Avec l'aplomb qui lui servait si souvent de sauf-conduit, il avait sonné au grand portail, s'était présenté à la portière comme l'envoyé de M. Sénéchal, venu visiter Mlle Passevent en place du praticien souffrant — et comment, qu'il était souffrant ! —, mandé par Mme de Malan auprès de la pensionnaire pour soigner sa langueur de nerfs.

La portière, après avoir examiné des pieds à la tête cet homme affreux dont la mine ne ressemblait en rien à celle d'un médecin, l'informa qu'il arrivait trop tard.

— Un autre de vos confrères a emmené tantôt cette demoiselle, avec la permission de notre révérende mère. Ainsi n'est-elle plus dans nos murs, car on doit la conduire dans sa province.

— Que me chantez-vous là ? Vous devez vous tromper ! Je vous parle de Mlle Passevent, dont je sais très bien qu'elle est malade ici même ! Je vous assure que j'ai mission de l'emmener en personne, madame, ma sœur, ou comme on vous appelle.

— Vous pouvez m'appeler comme il vous plaît, je vous dis, moi, qu'elle est partie, et que je ne vous ferai pas entrer pour la visiter, puisqu'elle n'est plus ici. Ce que j'en dis aussi, c'est que nous voyons trop d'hommes dans nos murs, et que cela ne nous apporte rien de bon.

— Qui donc est ce confrère qui se prétend médecin ? Je croyais que mon maître Sénéchal était seul admis au couvent. Dites-moi au moins son nom, afin que je le rapporte à cet honnête homme qui en sera fort surpris.

— Qu'est-ce que j'en sais, moi ? Voulez-vous que je vous annonce à notre mère, qui pourra vous éclaircir, si elle le juge bon ?

— Non, non, surtout pas ! Je m'en voudrais de déranger cette sainte femme !

Comme à chaque fois qu'il se trouvait dans une situation critique — ce qui lui était arrivé plus souvent qu'à son tour —, René fit travailler son esprit à une vitesse surnaturelle.

— D'ailleurs, cet autre médecin est sans doute celui qui est venu chercher querelle, ce matin même, à M. Sénéchal, au sujet de la pensionnaire. Voulant m'assurer que cette demoiselle est en de bonnes mains — mon maître m'en tiendrait fort rigueur, si je m'en abstenais —, je vous prie d'accepter ce modeste don pour vos œuvres de piété, et de me dire en échange où trouver cet atrabilaire.

— Où le trouver ? Je sais seulement où est établie la dame avec qui il est venu, pour l'avoir entendue demander à son cocher de la conduire rue de La Sourdière. Cette dame Paroton, une amie de notre supérieure, saura sans doute vous renseigner.

— Vous avez bien mérité ces quelques écus, qui seront bientôt suivis d'autres, pour rendre justice à la serviabilité dont vous saurez faire preuve. Ne manquez pas d'informer les ursulines que ce confrère s'en est allé chercher noise à M. Sénéchal, afin qu'elles s'inquiètent de ses mœurs en conséquence. Un si brave homme, ainsi tarabusté !

— C'est que nous vivons une triste époque, monsieur, où chacun se croit tout permis, même dans cette enceinte sacrée, où l'on va et vient à sa guise. Merci ! Votre générosité confirme ce que je lis sur votre figure : vous êtes un homme de bien.

— Vous me flattez ! Je vous souhaite bien le bon jour, à vous revoir avec plaisir !

Et René quitta ces abords où il ne ferait pas bon traîner, marmonnant par-devers lui : « Prends mon argent, vieille chouette, et cours dire aux nonnes que ce médecin est allé chez Sénéchal. Il fera un nigaud d'assassin tout trouvé. » Puis il s'engouffra dans un carrosse, projetant d'aller sans délai rôder rue de La Sourdière, chez cette dame Paroton. Encore quelques pintes à venir, pour apprendre où la trouver. Alors, il saurait bien lui faire cracher ses bonbons, dût-il la traiter ainsi qu'il avait fait de Sénéchal, s'il fallait en passer par là pour remettre la main sur cette pensionnaire.

10

Sauve-du-Mal et les philtres magiques

— Un philtre à boire, dis-tu, assez puissant pour enlever le jugement volontaire de l'esprit et émollier le corps ? Et pourquoi veux-tu savoir de quoi cela doit être composé, mon ami ?
— C'est que, pour entrer dans la confiance du prêtre de l'astrolâtrie, j'entends me présenter comme un grand connaisseur de cette sorte de mixtures.
— La ruse ne sera pas mauvaise, à la condition que tu aies réussi à rencontrer cet homme ! Comment comptes-tu t'y prendre ? Cette dame qui aurait pu te le faire connaître, ne m'as-tu pas dit l'avoir mise à l'abri de ses représailles ?
— C'est vrai, Ian. Mais cette Mme de Malan, aussi effrayée qu'elle est sotte, ce qui n'est pas peu dire, a une femme de chambre qui m'a paru très sensée, et hardie aussi. Cette Lucienne, très désolée de voir l'émoi de sa patronne, qu'elle aime bien, m'en a beaucoup appris sur l'associée du bonhomme, une luronne qu'elle ne peut sentir, qui se fait appeler Mlle Bélizé. C'est une galante travestie en Turque, qui se comporte comme chez elle dans la maison de la comtesse, et crochète sa pratique dans cette compagnie. Il y vient des poètes, des auteurs de théâtre qu'une impudique de cette espèce émoustille comme

un *type* à mettre dans leurs rimes. C'est ainsi que la soubrette l'a entendue se vanter des séances qu'elle tient, avec son comparse, dans les plus brillants salons de la ville. Elle y danse le ventre nu, lit dans les cartes, le marc de café et la lie des carafes. Vous savez en quel mépris je tiens ces singeries, mais force m'est d'admettre que le duo pince à merveille les cordes de la sottise humaine. Croirez-vous que cette Bélizé se fait payer pour enseigner à certaines grandes dames comment se tortiller du ventre, prétendant qu'il n'est rien de meilleur pour les retours d'affection ? On se bouscule encore davantage, paraît-il, pour acheter leurs prédictions. A ce qu'il semble, cette belle paire a plus d'un fer au feu. Du moins le déduit-on sans mal du rapprochement entre le discours de Mme de Malan et celui de sa domestique. A entendre cette Lucienne, ils montrent en ville les aimables fards du divertissement et ne s'adonnent à leurs maléfices qu'une fois la nuit venue, ce dont attestent les déboires de la maîtresse. C'est le jour qu'ils prennent leurs dupes à l'hameçon de leurs élucubrations assez inoffensives, donnant à écouter ce que chacun désire ouïr. Après seulement, de cette nasse, ils retirent les plus crédules, les plus stupides, les plus faibles aussi, comme cette comtesse éperdue d'émotion à la pensée de revoir ses morts. Si impressionnée, qu'elle ne peut toujours pas comprendre que la disparition de Mlle de Louvières ne doit rien aux divinités qu'elle vénère, et tout à la vilenie de ces deux criminels. Fussent-ils pareils aux charlatans qui se contentent de plumer leur clientèle, je ne me soucierais guère de les arrêter. Mais ceux-là sont allés trop loin dans le vice pour rester impunis. Voici pourquoi c'est par la porte de ces divinations publiques que j'espère m'introduire dans leur culte secret.

— Mon cher Florent, je ne te vois guère assister à

une messe noire, ayant déjà de la peine à t'imaginer dans un salon ! Toi, te faire passer pour un benêt, sans y perdre ta contenance ?

— Comment faire autrement ? Le succès de ces gens repose sur leur talent à demeurer dans les ténèbres. Par la chambrière, je sais avoir vu, de mes yeux, sortir de chez Malan l'acolyte de l'enlèvement de la jeune Louvières, mais n'ai aucun moyen de le prouver, sinon en me glissant dans leur infecte société. J'ai pensé, naturellement, à la faire faussement convoquer par la comtesse, d'où je l'aurais suivie jusque chez elle. Mais sans doute n'y trouverais-je rien à redire. Cette engeance est experte en dissimulation. De plus, parmi leurs disciples cagoulés, j'ai bien peur qu'il n'y ait quelques grands seigneurs et dames. Cela me répugne, mais je sais qu'un humble médecin ne saurait provoquer un scandale public sans le voir étouffé sur-le-champ. Il me faut donc sortir ces gobe-mouches de l'ornière où ils sont en feignant d'y tomber moi-même, sans les mêler à cet enlèvement de jeune fille. Certes, ils en sont les complices, et de leur plein gré. Je ne saurais pourtant accuser des gens de qualité. Moi ! Plutôt que de me croire, on me ferait taire...

— En te faisant mettre en prison à leur place, tu n'as pas besoin de me le dire. Sans doute n'aurais-tu aucun secours à attendre du Régent, qui accorde davantage de foi à la magie qu'à tes remèdes. C'est bien cela que tu crains, n'est-ce pas ?

— Eh oui, sinon pire : j'en arrive à me demander s'il ne baignerait pas en personne dans ces diableries, tant il se laisse gouverner par ses grugeurs !

— Certes, ce n'est pas sur lui que tu pourras te reposer en cette affaire. Pas plus que sur les ursulines, si je t'ai bien entendu.

— Hélas, non. Leur unique souci est de préserver

la réputation de leur couvent, de leur collège. J'ignore si leur aveuglement vient de leur piété, qui leur fait honnêtement méconnaître la noirceur des mœurs de ce monde, ou si elles ferment les yeux sur le laisser-aller de leurs entours seulement pour se protéger. Il me semble que la supérieure s'acharne à nier ce qui entacherait la pureté de ses filles, au point de confiner le désastre de cette disparition derrière les grilles de la clôture, et d'en sacrifier la victime! A la voir ainsi calfeutrée en dévotion, drapée dans sa règle si vertueuse, quelque turpitude qui se trafique sous le couvert de l'ordre, je ne m'étonne plus des rumeurs qui courent sur les mœurs dévoyées des couvents! Ne rien voir conduit à ne rien châtier. Je ne sais comment on nomme en religion ce que, dans ce monde-ci, on appelle hypocrisie.

— Très cher Florent, as-tu oublié que tu as reçu le baptême sans y croire et changé de nom pour être qui tu es, et que ta prieure, si elle le savait, ce qu'à son Dieu ne plaise! pourrait te renvoyer la pierre? Peut-être, très sincèrement, croit-elle que le salut viendra du Tout-Puissant, et qu'il ne saurait y avoir de plus excellente façon de résoudre cette énigme. Ainsi raisonnent les saintes femmes, les béates illuminées par la puissance de leur foi. A trop contempler en face les rayons du soleil, on en revient incapable de distinguer ses entours.

— Pas plus que moi, vous ne prétendez à la béatitude et ne partagez ces éblouissements. C'est trop souvent dans l'obscurité que je vais à tâtons, pour trouver à amender les maux, là où ils nichent. Si je remettais mes malades à la providence de Dieu, beaucoup seraient morts à l'heure qu'il est. Voilà pourquoi il me faut la recette d'un philtre, Ian, pour me servir de sésame auprès de ces crapules.

— Mon cher Florent, je t'aiderai de mon mieux,

car te voici bien seul, au milieu de manigances que j'exècre autant qu'elles te dégoûtent. *Superstitio! Superstitio!* C'est le poison des peuples, et je ferai tout mon possible pour l'en extirper. Par leur déplorable exemple, les grands encouragent les humbles à s'en remettre à je ne sais quels pouvoirs ténébreux, qui seraient plus qu'eux cause de leur infortune, et cela me navre autant que toi. Le Régent lui-même paraît ne plus se souvenir qu'il fut, il n'y a pas si longtemps, accusé d'avoir utilisé la magie noire pour éliminer les descendants du feu roi. Notre ami Homberg, ton maître, Florent, celui qui t'a enseigné la chimie, le plus honnête et le meilleur des hommes, fut soupçonné de fomenter ces diableries, quand sa seule faute était de pratiquer la science dans le laboratoire du Palais-Royal. Cet illustre savant a failli tâter de la Bastille à la place de ton grand prince, et cela, je ne saurais l'oublier, pas plus que la Chambre ardente de la triste affaire des Poisons, qui n'a écarté de la Cour que les seconds rôles. Il y a quelque trente ans, je gage que le duc d'Orléans, s'il eut été en âge, eût senti le vent du boulet siffler non loin de ses oreilles. Maintenant que c'est lui qui les fait, les cours de justice, il n'y a pas la moindre chance que soient nettoyées, même un peu, ses propres écuries. A nous de prendre la brosse à étriller, mon fidèle ami! Allons, voilà que je repars dans l'un de mes discours de vieille bête! Je n'y peux rien, cela m'échauffe.

Tôt ce matin-là, à l'heure même où René Nulleterre s'apprêtait à assaisonner selon sa fruste recette le vieux Sénéchal, Florent Bonnevy était allé rendre visite à son ami et mentor Ian Magnus. Il était bien résolu à rompre une fois de plus le silence qu'il avait juré à la mère supérieure. Si une personne méritait qu'il le fît, c'était bien le vieux Hollandais, dont l'intimité avec le médecin était devenue si profonde qu'il lui parlait comme au reflet de sa propre jeunesse. Lui aussi mettait très au-dessus de toute autre règle son allégeance au bien, à la vérité, à la justice et à la morale qui en résultait.

Magnus, excellent physicien, était aussi très bon chimiste et un peu botaniste. Il avait beaucoup travaillé avec Tournefort et en avait retenu de mémoire la classification des plantes. Aussi, après quelques instants de réflexion, nota-t-il d'une main sûre la composition des philtres.

— Ton bonhomme doit bien connaître le pouvoir des plantes et champignons. Tu pourrais, bien sûr, te contenter de lui présenter de l'extrait d'opium d'Égypte, dont il doit déjà se servir. Tu lui feras justement valoir l'inconvénient d'un assoupissant qui ôte toute volonté, tandis que ta liqueur, douée de la même propriété, aiguise tout ensemble les sens et provoque des perceptions chimériques. Avec ce philtre-ci, il te croira, si je puis dire, de sa famille. Il te faut user, en proportions que je me chargerai de vérifier, de chènevis et d'assa-fétida, réduits en poudre, celle-ci diluée dans l'eau-de-vie qui masquera l'odeur des quelques gouttes d'éther qu'il serait bon d'y ajouter.

— Je conçois bien que l'assa-fétida endort les sens. Je m'en sers contre toutes les affections de nerfs, avec pour résultat une atonie générale très satisfaisante. Mais le chènevis, l'éther ?

— Sache que les graines du chanvre, mon ami, ne sont pas seulement utiles dans la jaunisse. Le *Cannabis mas,* écrasé en poudre, produit également des effets très curieux lorsqu'il est consommé sans mélange. En Hollande, dans ma jeunesse, j'ai observé que nombre de marins divaguaient, dans un état étrange, après avoir bourré leur pipe ou fourré leurs biscuits de poudre ou de graines de ce cannabis, qu'ils rapportaient des Indes. C'est de là que vient le mien, ainsi que mon assa-fétida, appelée là-bas *ingisech*. C'est une gomme résineuse très solide, rouge veiné de blanc, qui ressemble peu à la noirâtre que tu trouves chez les apothicaires. Mes plantes sont très pures, et je te certifie qu'elles provoquent des visions et sensations très surprenantes, les ayant expérimentées sur moi. Eh oui, tu me connais, j'ai voulu en avoir le cœur net. Quant à l'éther vitriolique qui arrête les spasmes, je puis t'assurer, pour en avoir respiré les vapeurs au cours de la distillation, qu'on en perd toute notion de qui l'on est, comme du monde qui nous entoure. Il te faudra manier cette recette avec prudence, car elle sera nocive. J'ai vu certains de ces marins de Hollande devenir fous. Une fois entre les mains de ton mage, qui sait à qui il voudra l'administrer ?

— J'entends bien qu'il l'essaie d'abord sur lui, et je ferai de même, s'il m'y oblige. Une fois dans la place, je vous avoue que j'hésite sur la conduite à tenir, ne sachant rien de ces célébrations. Sans doute, par précaution, devrai-je me munir d'une autre sorte de philtre, semblable au premier par l'apparence, mais bénin par les effets. Saurez-vous aussi m'en fournir la recette ?

— Tout est affaire de proportions en ces matières, ce n'est pas à toi que je l'apprendrai. Le chanvre ordinaire, qui ressemble tant par la forme à celui des Indes, ne t'en sers-tu pas pour guérir les constipations opiniâtres ? Sans doute ne serais-tu pas hostile à ce que tes disciples soient soudain saisis... de coliques ?

— J'en serais même ravi ! Le châtiment serait modeste, au regard de leur immense niaiserie.

— Eh bien, va-t'en vite ! Je brûle de concocter nos petites mixtures, Florent. L'idée que nos grands seigneurs soient trahis par le ventre me divertit à l'avance.

Lorsque Bonnevy rentra rue de La Sourdière, après avoir visité quelques malades, il était plus de midi. A son étonnement, il vit Pierrot, leur garçon de peine, et Mme Marin, la cuisinière, une robuste femme qui ne s'en laissait pas conter, garder sa porte, tous deux armés d'un gourdin.

— Que se passe-t-il ?
— C'est à cause de ce méchant homme ! Ah, monsieur ! Que n'étiez-vous là pour le chasser ! Madame a eu si peur !

Sans attendre de plus longues explications, Florent se précipita chez lui, appela Justine affolé, et monta quatre à quatre jusqu'à la chambre d'Adélaïde Paroton, d'où sa femme lui criait de venir.

— Ah ! Mon ami ! Dans quelles alarmes nous sommes ! J'ai mis Pierrot et Mme Marin à la porte, et Margot avec Toinette devant celle de la petite Passevent, pour plus de précautions. Je ne sais comment arrêter les sanglots de ma pauvre tante, qui est fort secouée de ce qui vient d'advenir. Figurez-vous qu'un homme l'a demandée, pendant qu'heureusement j'étais à l'office, de sorte que j'ai pu aller y voir la première. J'ai trouvé un homme affreux, pris de boisson, la figure trouée de petite vérole. J'ai cru d'abord que c'était l'un de vos malades, mais il s'est prétendu médecin, envoyé par les sœurs, pour apprendre où « un autre médecin », c'est ainsi qu'il a nommé celui en qui je vous ai reconnu, avait mené Mlle Passevent. Vous pensez bien qu'à ce nom-là je me suis efforcée d'en savoir davantage. J'ai eu bien tort, car déjà il s'était de lui-même introduit dans le vestibule. Alors il a redemandé après Adélaïde, déclarant qu'il ne lui voulait aucun mal, à la condition qu'elle réponde à ses questions pressantes. Cette « condition » m'a apeurée, vous vous en doutez, et j'ai appelé les domestiques à ma rescousse. Il s'est alors radouci, voyant que nous étions à cinq pour le mettre dehors. Il a tenté de me faire accroire derechef qu'il avait la confiance des ursulines, et que celles-ci seraient très fâchées de la fin de non-recevoir que je lui opposais. Car je l'ai bel et bien mis dehors, et vertement, je vous l'assure. J'ai bien fait, n'est-ce pas ? Un homme aussi grossier ne peut être envoyé par les ursulines, et puis, je mourais de peur à l'idée qu'il m'écarte pour monter, et découvre la petite Passevent dans son lit. Elle se sent mieux, et paraît avoir au moins recouvré son calme. Cet homme l'aurait détruite de nouveau. Ce qui me chagrine, c'est qu'Adélaïde a tout entendu, du haut de l'escalier. Savoir qu'un inconnu de cette espèce cherche après une Mme Paroton l'a bouleversée, et je ne parviens pas à la calmer.

— Encore une à qui ce bonhomme aura donné une maladie de nerfs ! C'en est trop ! Tu as très bien agi, Justine, avec courage et bon sens. Une autre se fût effarouchée pour moins que cela !

— Tu me connais, je pense ! Durant tout le temps qu'il était là, j'ai songé à notre Camille, endormie dans son berceau. Je crois que je l'aurais tué, s'il s'était avisé de pénétrer plus avant chez nous.

— Je t'en sais capable. Ce brigand a toutes les audaces : venir jusque chez moi, en plein jour ! Car c'est celui-là même qui a enlevé Bénédicte de Louvières, j'en suis certain. Ta description correspond au portrait qu'on m'en a tracé.

— Tiens donc ? Et qui cela ? Tu auras donc déjà vu quelqu'un qui connaît cet homme, et me l'auras caché ?

— Que t'importe ? Pour le moment, je me demande s'il sait que Marguerite Passevent est ici. Et si oui, par qui il l'aura appris.

— Ne change pas ton sujet. Rappelle-toi ce dont je t'ai menacé : je peux encore avertir ma mère que nous abritons une pensionnaire, puisque tu gardes des secrets pour moi. Le peu dont je suis avertie sera sans peine colporté dans le voisinage.

— Ne l'aurais-tu pas déjà fait, par quelque étourderie ? Comment expliquer autrement que ce faquin trouvât notre maison, parmi toutes celles qu'il y a à Paris ?

— Voilà que vous me soupçonnez, quand tant de gens auraient pu bavarder, vos ursulines, pour commencer, ou cette femme de chambre dont vous êtes entiché ? Qui vous assure qu'elle ne joue pas le double jeu ? Bonnevy, je vous déteste. Débrouillez-vous avec vos petits mystères, vos pensionnaires, vos ursulines. Moi, je m'en vais prendre mon poupon et retourner chez ma mère, que vous dédaignez tant, puisque vous en avez autant à mon endroit. Du prochain bonhomme qui viendra, vous vous débrouillerez tout seul, ce que vous auriez dû faire, si vous aviez été chez vous, en bon époux !

— Justine ! Je n'ai pas le cœur à me disputer, et tu le sais. Ne me laisse pas, pardonne-moi, j'ai besoin que tu me soutiennes, nous avons deux malades sur les bras, et une disparue à retrouver.

— Ce serait trop facile ! Pour acte de contrition, révèle-moi donc ce que tu dissimules, et peut-être me laisserai-je attendrir.

— Soit. Viens sur le palier, la tante Adélaïde saura bien rester seule un moment pour sangloter tout son saoul. C'est une femme de bon sens, et je ne vois pas de meilleur remède pour elle que l'épuisement de ses larmes. Toutefois, je ne voudrais pas l'inquiéter davantage, car il y a de quoi, je te l'assure ! Je me suis tu, comme tu le sais, d'abord parce que j'en avais fait le serment. Et aussi parce que personne ne doit savoir où se trouve une certaine dame, pensionnaire chez les ursulines. C'est par elle que le bonhomme ambitionne

121

de mettre la main sur la petite Passevent, à cause de sa crédulité qu'il a pu réussir le premier enlèvement et aspire effrontément à un deuxième. Assurément, il cherche aussi à se débarrasser de cette dame, qui en sait trop pour ne pas courir un grand danger. Et je crains fort, ne te fusses-tu pas montrée si intrépide, qu'il n'aurait pas hésité à emmener ta grand-tante avec Marguerite Passevent. L'enfant en a trop vu pour qu'il la laisse vivre en paix.

Les Bonnevy s'étaient, tous deux, assis sur une marche de l'escalier, et restèrent là, chacun mettant de l'ordre dans ses pensées, chacun dans une autre direction, ainsi que Florent allait l'entendre.

— Cette femme, dont tu fais tant de mystère, est-elle belle ?

— Qu'est-ce que cela vient faire ici ?

— Cela vient faire que ces femmes-là, retirées sans hommes dans les couvents, sautent sur le premier qu'elles attrapent comme une punaise sur un matelas. Lui as-tu cédé, dis-moi, pour tant vouloir la protéger ?

— Justine, tu me fatigues. Je te parle d'enlèvements, le premier déjà commis, et les autres à venir, si nous n'y mettons bon ordre, et toi...

— Et moi, je suis lasse de trouver toujours, dans vos prétendues affaires de justice et de bon droit, une femme pour vous plaire.

— Ma chère petite, il ne s'agit pas d'une seulement, mais de trois, avec Marguerite et Adélaïde, sans compter la quatrième, Bénédicte de Louvières, qui s'est évaporée. Je me moque comme d'une guigne de Mme de Malan, vieille, défraîchie, corrompue, bête à pleurer. Il va pourtant nous falloir l'éloigner de Paris, aussi bien que Mme Paroton et Marguerite Passevent. Pour ces deux-là au moins, m'accorderas-tu ta confiance ?

— Bon, bon, je passe le torchon. Disons que je me suis emportée.

— A la bonne heure. Si je veux m'introduire dans la compagnie de ce fieffé gredin, je dois le faire l'esprit tranquille. C'est pourquoi il me faut cacher notre troupe. Mais où ?

— Où ? Comment le saurais-je ? Chez vos ursulines ?

— Certainement pas. La dame y est présentement, mais l'asile a perdu sa sûreté, car cet homme y peut pénétrer à sa guise par les caves. Je le crois capable de tout. Mais tu me donnes une idée. Adélaïde ne devait-elle pas se rendre à Saint-Cyr, chez son amie Mme de Maintenon ?

— Certes. Mais dans l'émoi où elle est...

— Tu l'y conduiras, pour sa sauvegarde. Crois-tu qu'elle y ait assez d'influence pour emmener avec elle... deux autres femmes, cette Mme de Malan et Marguerite Passevent ? De toute façon, ma question n'attend pas de réponse, ou plutôt, la réponse viendra à la porte des filles de Saint-Cyr, où tu les mèneras dès ce soir.

— Moi ? Pourquoi n'iras-tu pas toi-même ?

— Parce que je vais dès maintenant tenter de garder notre coquin à l'œil, et que pour cela il me faut d'abord le trouver. Je sais qu'il n'est pas d'après-midi où lui et sa complice ne donnent leur représentation en ville, et n'ai que deux heures pour savoir dans quelle maison. Je ne vous laisserai pas partir avant d'avoir l'assurance que lui ou quelques-uns de ses disciples ne rôdent pas autour de chez nous. Pendant ce temps, tu iras chercher Mme de Malan chez la mère supérieure, munie du billet que je vais t'écrire. Il serait bon qu'elle emprunte l'habit d'une nonne, et toi aussi, pour égarer une possible surveillance. Rapporte robes et voiles pour Marguerite et Mme Paroton. C'est déguisées en religieuses que vous parcourrez le chemin jusqu'à Saint-Cyr.

— En nonnes ? Mais nous commettrons un péché !
— Est-ce pécher que de vous sortir des griffes d'un méchant ? Crois-moi, la prieure accédera à ma demande. Elle feint de ne rien voir, mais sait où est son avantage. Une nouvelle disparition mettrait son couvent en très fâcheuse posture. Naturellement, tu ne lui diras point où vous vous rendez. En revanche, tu ne pourras te soustraire aux questions de Mme de Maintenon. Je gage que cette affaire de magie mettra cette très grande dame, si dévote, au comble de l'horreur. Avec tout le respect que tu lui dois, arrange-toi pour lui faire comprendre que son silence est nécessaire, si nous voulons démasquer ces gens. Elle se tient, heureusement, très éloignée du monde et n'aura, le voudrait-elle, que peu d'occasions d'ébruiter tes révélations. Tout de même, use de toute la subtilité que je te connais pour la dissuader d'ouvrir la bouche.
— Moi, Justine Bonnevy, rencontrer Mme de Maintenon ! Quelle malchance, de ne pouvoir en informer ma mère, à qui cela clouerait le bec !
— Quand tout cela sera terminé, je te promets que tu pourras raconter ce que tu voudras à ta mère, à tes amies, à la ville entière. Pour le moment, motus, Justine, quoi qu'il t'en coûte. Il en va de notre sécurité.
— Ah ! Quel dommage ! Mais toi, comment comptes-tu réussir à trouver ton bonhomme en un si court délai, sans en rien dire à quiconque ?
— J'ai ma petite idée là-dessus. En attendant, occupe-toi de réconforter Adélaïde, de la préparer doucement à notre ruse. Puis, tu iras chercher Mme de Malan chez les ursulines. Enfin, à la nuit tombée, vous partirez pour Saint-Cyr. Je te confie cette moitié de l'opération, ne doutant pas que tu la mèneras à la perfection. Moi, je m'en vais courir la ville, sur les traces de ma paire de charlatans. Je te retrouverai cette nuit, Justine, peut-être fort tard, en espérant que

nous aurons chacun de bonnes nouvelles à nous rapporter.

— Tu t'en vas, comme cela, sans même un mot d'encouragement ?

— Eh bien, courage ! Que puis-je te dire de plus ? Songe que tu vas bientôt connaître la Maintenon, cela devrait t'enhardir. Je te le répète, Justine, j'ai besoin de toi. Si tu tiens à te disputer, nous le ferons cette nuit. Nous avons tous deux mieux à faire, pour le moment.

— Que n'ai-je épousé un gentilhomme, avec qui je me serais ennuyée tout du long, sans autre souci que de broder !

— Trop tard, ma petite, tu aurais dû y songer plus tôt. Il ne te reste qu'à te résigner à ton terrible sort, et à m'obéir, comme tu aurais obéi à ton gentilhomme. Sur ce, votre manant d'époux vous salue bien, pauvre madame Bonnevy, si maltraitée.

11

Imposteurs chez la duchesse

Quatre ans plus tôt, le très turbulent neveu de Louis XIV ne pouvait sortir de chez lui sans se faire insulter par la populace. A cette époque sombre, la rumeur selon laquelle il avait fomenté les morts si rapprochées des trois dauphins, ses fréquentations douteuses, son impiété notoire, l'affection dite incestueuse qu'il portait à sa fille, tout cela avait fait du duc d'Orléans un pestiféré, dont on se tenait écarté. Presque seul des gens de la Cour, le duc de Saint-Simon, d'ordinaire si peu indulgent, continuait de le fréquenter publiquement. Philippe d'Orléans, dans cette désaffection, s'était attaché au petit noyau de fidèles formé autour de lui, parmi lesquels un certain Fargis, son chimiste Homberg et Florent Bonnevy, qui fut ainsi introduit au Palais-Royal par son aîné, hollandais comme lui. La plus grande part de son temps si oisif, le duc d'Orléans la comblait en cultivant ses débauches avec une sorte de rage, en compagnie de ses roués parmi lesquels ce Fargis était le plus accompli. Il était resté en si grande faveur que son protecteur, désormais Régent, songeait à en faire son chambellan. A son exemple, nombre de dames, galantes et intrigantes, profitaient maintenant des libéralités du nouveau puissant pour s'élever dans le monde. C'est une de ces femmes que Florent avait rencontrée pour la première fois, quelques mois auparavant. A la demande du Régent, Fargis l'avait conduit secrètement auprès d'elle, la personne se sentant alors souffrante et voulant que personne n'en sût la cause. Cette Claudine Alexandrine de Tencin, de petite noblesse grenobloise, n'alla jamais dans l'abbaye dont elle était la chanoinesse. En débauche, elle surpassait déjà son frère, qui menait la double existence d'un ecclésiastique et d'un intrigant, et réussit à la faire relever de ses vœux. Elle s'était installée à Paris, désireuse d'embrasser à son aise la carrière d'aventurière à laquelle elle était promise. On lui connaissait de nombreux amants, le lieutenant de police d'Argenson ayant succédé à un diplomate anglais, puis le duc d'Orléans à d'Argenson. Quoiqu'une fois Régent il l'eût congédiée après lui avoir dit qu'il « n'aimait pas causer politique entre deux draps » — du moins s'en était-il vanté —, il l'avait gardée sous son aile bienveillante, favorisant ses entrées dans la haute galanterie, et particulièrement dans le lit de l'abbé Dubois. Celui-ci, qui n'avait de la religion que l'habit, après avoir été le précepteur et mentor de Philippe d'Orléans, passait pour régner sur ses volontés — en âme damnée, disaient les mauvaises langues —, pouvoir qui ne pouvait nuire à Mme de Tencin ni à son frère, tous deux très courus à la ville. Lorsque Florent fit sa connaissance, on attribuait à cette femme de trente ans passés, en plus de cette liaison assez relâchée, un fort penchant pour un officier d'artillerie, le chevalier Destouches, celui-là même qui était cause de son embarras présent. Florent Bonnevy s'aperçut dès sa première visite qu'en dépit de son goût pour les libertins et le libertinage, Claudine Alexandrine était restée très pieuse. Se trouvant grosse, elle ne songea pas un instant à recourir aux

127

pratiques ignobles des avorteuses, résignée à mettre au monde le fruit que Dieu lui envoyait en pénitence. Ce fut dans cette très inavouable situation que l'on avait fait chercher Bonnevy, au début qu'elle fut ennuyée de nausées, si malade qu'elle craignait de perdre cet enfant, pourtant peu désiré. Florent ne la méjugea pas, la rassura, la soulagea, et lui promit de la suivre jusqu'à ce qu'elle arrive à son terme. Sa patiente lui sut gré de sa bonté, et lui manifesta sa gratitude en effaçant d'emblée leur différence de condition, lui parlant librement de sa façon de vivre, en mille anecdotes charmantes, et charmeuses aussi, car Mme de Tencin se faisait un devoir de captiver gens, chiens et lambris à défaut d'autres spectateurs. Peu à peu se noua entre Claudine Alexandrine et le médecin une sorte de lien assez étrange, fait de compassion et de discrétion d'un côté, de confiance et d'aveux de l'autre. Pour Bonnevy, qui n'éprouvait que dédain pour ce genre de femmes, généralement frivoles, futiles et intéressées, Mme de Tencin devint l'exception qui confirmait la règle. Certes, elle avait du charme, de la gentillesse, et beaucoup d'esprit. Certes, elle avait fait un don généreux destiné à meubler les dortoirs des maisons de charité voulues par Florent, un jour qu'il se plaignait de la lenteur des travaux. Mais cela ne suffisait pas à expliquer ce qu'il fallait bien appeler l'attirance qu'elle exerçait sur lui, une séduction qu'il aurait âprement niée si on lui en avait fait la remarque. Peut-être, simplement, était-il fasciné à pénétrer dans les envers d'un monde si éloigné du sien. Mme de Tencin, si brillante, si complaisante, si espiègle en société, montrait à lui seul son naturel, l'inquiétude qui taraudait tant de ses semblables à braver l'ire de Dieu, sa lassitude à respecter la règle du jeu. Il semblait à Florent Bonnevy que, tout comme lui, Claudine Alexandrine était plus ombreuse qu'elle ne le paraissait. Placée par les circonstances dans une vie qui n'était pas faite pour son caractère, appliquée toutefois à en suivre les usages, elle présentait, comme le Régent, un miroir à double face. Parce que Florent aimait Justine au-delà de tout, justement pour sa droiture et sa limpidité sans mystère, il ne lui déplaisait pas d'approcher une femme qui était tout son contraire. De plus, Mme de Tencin était une mine de renseignements, sachant avant les autres ce qui se tramait dans les antichambres et les corridors, ce qui se faisait et se disait dans les salons qu'elle continuait de hanter, cachant son état en laçant son corset à baleines de fer jusqu'à étouffer.

Ce fut tout naturellement chez elle qu'il se rendit, assuré qu'elle lui donnerait une information très précieuse sur le couple de magiciens, pour peu qu'ils soient en vogue chez l'une ou l'autre de ses amies.

— Ah! Bonnevy! Vous ne pouviez tomber mieux. Je me sens si triste aujourd'hui! Cet enfant que je porte me pèse, à la fois sur le corps et sur la conscience. Je serai pour ce bâtard une très mauvaise mère, car je ne veux pas l'être. Je sais que vous ne m'approuvez pas, aussi dites-moi plutôt quelque chose qui nous divertirait, c'est le remède qu'il me faut.

— Madame, vous plairait-il de vous associer à une petite intrigue qui, outre qu'elle vous amuserait, corrigerait quelques faquins?

— Mais comment donc! Racontez, racontez vite!

— Eh bien, voici. J'ai, parmi mes patients, plusieurs personnes qu'un devin a menées à la ruine. Ses prédictions fausses n'ont d'autre résultat que de dépouiller de leur bien ceux qui les écoutent, et y réussissent à merveille.

— Un devin? J'adore ces gens-là! Il est vrai que je n'ai guère à m'en féliciter. Aucun de ceux que j'ai consultés ne m'a dit de faire attention à ne pas tomber grosse, et regardez comme je suis. Pourtant, Bonnevy, quel mal voyez-vous à ruiner ceux qui se laissent faire ?

— Mes patients n'ont pas de fortune, et je leur ai promis de faire rendre gorge à leur voleur.

— Je vous reconnais bien là ! Sauve-du-Mal, c'est bien ainsi que l'on vous surnomme en ville, n'est-ce pas ?

— C'est un surnom très usurpé. M'aiderez-vous, madame, si vous le pouvez ?

— Je vous le dois bien. Allons, dites-moi tout.

Alors, Bonnevy, laissant soigneusement de côté tout ce qui touchait aux enlèvements, aux messes noires, fit à Mme de Tencin la description des activités du grand maître et de Mlle Bélizé sa complice : danses circassiennes, lectures dans les cartes, divinations dans les fonds de tasse... « et autres tours dont je ne suis guère accoutumé ».

— Inutile de m'en dire davantage, monsieur mon médecin. Votre Bélizé, qui ne la connaît pas ? C'est une fille très délurée, qui ne manque pas d'atouts dans sa manche. Avec celui qu'elle dit son frère, et je la crois, car il est trop laid pour être son amant, ils sont la coqueluche des avant-soupers. On les voit chez le marquis de Broglie où vient, m'a-t-on dit, Son Altesse Royale. Le mercredi, ils vont chez Mme de Lambert. L'abbé de Choisy est très engoué des déguisements de cette Bélizé, et les revêt au lieu de ses habits de femme, ce qui lui vaut les applaudissements de l'assemblée. Le comte de Charolais la suit comme un petit chien, se flattant de l'avoir produite à Paris, après avoir remarqué ses vertus quand elle était bouquetière à la charrette. Mais ils fréquentent le plus assidûment chez la duchesse de Retz, qui les loue au mois. Elle les fait chercher à sa fantaisie, pour agrémenter les parties de son boudoir. J'ai ici un plein plateau de ses invitations, auxquelles je me rends aussi rarement que la civilité m'y autorise, car Sodome le dispute à Gomorrhe, et souvent en plein jour, ce qui n'est point de mon goût. Mais si vous voulez être assuré de les trouver à brûle-pourpoint, c'est là qu'il vous faut aller.

— Je vous suis très obligé, madame, mais comment moi, simple médecin, serais-je reçu chez cette duchesse, et sur-le-champ, encore ? Car je vous avoue que je suis très pressé d'en venir à bout, craignant qu'ils ne sévissent derechef auprès de ces amis. De plus, aussi humble soit ma condition, je ne peux m'en prévaloir. Pour démasquer mes escrocs, il me faut la maquiller en autre chose, de peur qu'ils ne reconnaissent en moi celui dont ils se défient déjà.

— Cela est bien emmêlé. Si vos larrons savent que vous êtes à leurs trousses et connaissent votre figure, ils prendront la fuite à votre vue, en ruinant votre supercherie.

— Ils ne me connaissent que de réputation. Cependant, je crois que je les abuserais en me désignant comme apothicaire. Notre gredin est très féru de plantes, et c'est par cette science commune que je compte l'accrocher.

— En somme, vous me demandez, sans oser me le dire, de vous introduire chez la duchesse de Retz, et sous une imposture, pour lui donner la comédie ? Tout ce qui peut me faire un peu oublier mon état m'amuse, et cela pourrait y réussir. Je sais trop ce dont je vous suis obligée pour vous refuser mon aide. Pour une fois, je veux bien faire entorse à mon principe, et vous accompagner chez la duchesse. Je vous présenterai comme un pupille de province, car vous en avez la tournure et ne sauriez passer pour gentilhomme. Pour peu que vous sachiez la charmer, la duchesse n'en demandera pas plus, malgré la modestie de votre habit, qui plaide en votre défaveur. Après tout, peut-être cette étrangeté piquera-t-elle sa curiosité, car elle est très friande de gens nouveaux. Il ne vous reste plus qu'à souhaiter que vos escrocs y soient, faute de quoi je ne pourrai rien pour vous. En échange, soyez assez aimable pour tirer les lacets de mon corset, aussi serrés qu'il vous sera possible. Ma femme de chambre a beau s'y efforcer, je crains que bientôt il ne me soit impossible de sortir dans le monde. L'idée de me retirer à la campagne m'est affreuse, mais il me faudra bien en passer par là, qu'en dites-vous?

— Cette retraite, madame, vous offrira le temps de sentir croître en vous le sentiment maternel dont vous vous pensez dépourvue.

— Vous croyez? J'en doute...

Non sans pitié pour cette femme acharnée à cacher le début d'un embonpoint qui, pour tant d'autres, eût été la plus grande des gloires, Florent, de toutes ses forces, tira sur les lacets de cuir, à l'encontre de ses principes de médecin. Ses deux mains eussent maintenant enlacé sans difficulté la taille de cette très exquise dame, quoiqu'il se retînt d'y seulement penser.

Lorsqu'elle fut habillée d'un vertugadin de soie émeraude sous force jupons, ses seins alourdis jaillissant du corset qui les pressait, enfermés sous le boutonnage d'une veste de toile à fleurs peintes, nul n'aurait pu soupçonner son état. Mme de Tencin avait aussi emprisonné son désarroi sous le masque de ses fards, quelques mouches disposées en artiste au coin de ses lèvres menues, sous les yeux qu'elle avait noisette, sa peau transparente à peine voilée de poudre et d'un peu de rouge. Sur sa tempe courait une délicate veine bleue, coquetterie naturelle que ses cheveux relevés mettaient en valeur, narguant celles que les femmes à la mode se dessinaient grossièrement au pinceau. En attendant le carrosse dans la cour, Florent Bonnevy songea que Mme de Tencin ne se trompait pas, assurant qu'il n'aurait pas à se forcer pour jouer le rôle d'un pupille de province : malgré sa taille immense, la vigueur de ses traits qui faisaient souvent se retourner les jeunes filles dans la rue, c'était bien de cela qu'il avait l'air, un provincial gauche et emprunté, à côté de cette personne rayonnante, élégante, désirable en somme, au point qu'il s'en fallait de peu qu'il n'oubliât les ursulines, ses protégées, Mlle de Louvières disparue, tant ces ennuis paraissaient incongrus dans ce sillage parfumé. Sacrifier aux plaisirs, figurer dans la société du divertissement exigeait qu'on respecte la forme de politesse du monde selon laquelle rien ne devait en ternir les éclats.

La duchesse recevait à l'ancien hôtel de Gondi, au cœur du Marais, dans ces rues étroites où planait encore, entre les briques roses et les toits pentus, le souvenir du bon roi Henri IV. Derrière la façade presque modeste, dotée d'une assez petite cour, se déployait le faste d'une enfilade de salons, coins successifs ménagés pour la conversation, le jeu, ou des voluptés plus hardies, à en juger par les guerluchones posées sans gêne sur les genoux des messieurs. Il y avait là le monde, et beaucoup du demi. Mme de Tencin, depuis la porte ouverte à deux battants, désigna à Bonnevy les jeunes comtes et marquis d'Argenson, fils de son ami le lieutenant de police. Il y avait aussi Bolingbroke, le ministre anglais exilé, qui ne sortait pourtant que rarement de sa retraite orléanaise.

— Tenez, voici le président Hénault, qui passe plus de temps aux Jeux floraux qu'à la chambre des requêtes. Il se voudrait notre nouveau Corneille, mais n'est parvenu qu'à nous tuer d'ennui, avec sa *Cornélie vestale*. Quand on parle de Corneille, voyez son neveu, M. de Fontenelle ! Notre académicien, qui goûte autant la philosophie que le monde, a un cerveau à la place du cœur, et on apprend beaucoup à l'écouter discourir. Là, ce gros homme, c'est le marquis de La Fare, que vous reconnaîtrez à ce qu'il tient toujours une gourmandise à la main. Ah ! j'aperçois ma sœur, la comtesse de Ferriol. Que vient faire ici cette femme irréprochable ? Sans doute produit-elle sa fille d'adoption, la jeune Aïssé que M. de Ferriol a achetée sur le marché de Constantinople. Elle aussi est circassienne, et de noble naissance. Si votre Bélizé est dans la place, elle aura affaire à forte concurrence, car Aïssé brûle de resplendir. Son astre naissant en a déjà ébloui plus d'un, et je me suis laissé dire que Son Altesse Royale elle-même... Je vous avertis : une fois que je vous aurai présenté, je vous abandonnerai aussitôt, car de partout on me fait signe, et j'ai pris du retard dans les commérages. A ce propos, sous quel nom vous introduirai-je ? Il serait bien temps de nous accorder ! Lagriffon vous convient-il ? Ainsi se nomme mon métayer, qui a perdu à la guerre un fils qui aurait votre âge, et dont j'avais justement fait mon pupille, aussi ne mentirai-je qu'à moitié.

La duchesse de Retz, papillonnant de groupe en groupe, s'approcha enfin pour les accueillir, ne laissant point à Florent le temps d'acquiescer à ce patronyme. C'était une femme de tournure insignifiante, qui n'aurait pas payé de mine, n'eût-elle été si imbue de sa qualité, si vive, ouvertement curieuse de toutes propositions, et, pour l'instant, avide de connaître le géant si mal nippé que Mme de Tencin amenait à sa suite.

— Madame ! Quel plaisir de vous avoir parmi nous quand, m'a-t-on fait entendre, vous avez été quelque peu souffrante. Me présenterez-vous le géant inconnu qui vous accompagne ? D'où le sortez-vous, ma chère ? L'avez-vous apporté à mon intention, au lieu de chocolats ?

Sans façons, la duchesse partit d'un franc éclat de rire.

— C'est, madame, M. Lagriffon, mon pupille, venu de Grenoble pour approfondir sa connaissance des plantes, aussi immense que l'est sa tournure. Il est assez timide, ne s'étant jamais frotté aux gens de votre esprit. Sachant que vous ne craignez pas les écueils, je vous l'ai amené, certaine que vous aurez à cœur de le défaire de sa réserve.

— Lagriffon ? Je n'ai jamais connu quelqu'un de cette famille.

— C'est que je lui en tiens lieu, mais le laisserai volontiers entrer dans celle de vos appartements.

Et chacune rit de plus belle, songeant par-devers elle que l'autre était une fieffée garce, Mme de Tencin à cause de ce « quelque peu souffrante », manière de lui apprendre que chacun savait qu'elle était grosse, et la duchesse de Retz piquée par l'allusion à son goût pour les hommes de peu, dont elle entretenait une chambrée.

— Suivez-moi, monsieur, puisque Mme de Tencin ne trouve rien à redire à vous prêter à moi. Le temps que vous serez ici, vous serez chez vous. Votre tutrice se passe fort bien d'un chaperon, soyez-en sûr, bien qu'elle eût mieux fait d'en vouloir garder un, ce certain soir dont elle subit maintenant les effets !

Quoique intriguée, la duchesse de Retz n'entendait pas s'attarder à côté d'un provincial que sa compagnie ne manquerait pas de moquer. Pupille ou non, un tel accoutrement, mélange effroyable de couleurs taupe et marron, attentait à sa vue, en déparant l'élégance de son salon. Aussi, après une demi-volte gracieuse assortie d'un hochement du menton — qu'elle avait double, reposant sur son tour de cou en perles énormes —, planta-t-elle l'invité surprise au milieu du parquet, pressée de retourner à ses favoris, soulagée d'avoir plus que rempli les devoirs d'une hôtesse de son rang.

Le fait est que, dans cette foule très occupée à deviser, rompre des lances, décocher des piques, annoncer les mises, ramasser les jetons, conter fleurette, Florent Bonnevy — *alias* Lagriffon, apothicaire de Grenoble — put se promener à sa guise, fondu dans la quantité de laquais et valets circulant de table en table avec des plateaux surchargés de rafraîchissements.

C'était l'un des salons où, pour exister, il fallait plus qu'ailleurs lancer le trait d'esprit, le bout-rimé, et Florent se savait particulièrement infirme en ces batailles. « Le temps de parcourir l'enfilade de long en large, et je rentrerai chez moi. Je perds ici de précieux moments, où je n'ai rien à faire », se dit-il, assez irrité de se trouver compromis dans cette émulation d'oisive vanité.

Il s'apprêtait donc à rebrousser chemin quand, d'un boudoir attenant aux salons, lui parvinrent les accents d'une flûte. Quelqu'un, dans ce coin, répétait une mélodie serpentine et plutôt étrange. Se glissant sur le seuil de la pièce, il vit qu'elle faisait office de coulisses, jonchée de châles frangés, de tambourins, où une femme de dos se voilait de gazes dorées, ses longs cheveux noirs presque recouverts d'un turban cousu de piécettes. « Si ce n'est pas ma danseuse turque, je ne m'appelle plus Bonnevy, ou plutôt Lagriffon », songea-t-il le cœur battant. Caché par le dossier d'un fauteuil, ne montrant que ses pieds, allongés loin devant et chaussés de babouches à gland, quelqu'un d'autre embouchait la flûte. L'homme, puisque c'en était un, en dépit de la robe et du long cafetan qu'il portait, se leva en bâillant, et murmura d'un ton goguenard :

— Allons, mademoiselle, il est temps de danser pour cette compagnie. Pensez à ce que nous allons leur soutirer, cela vous mettra du cœur au ventre, car il en a besoin, pour bien se remuer.

Puis, apercevant le témoin silencieux sur le pas de la porte :

— Ah çà! monsieur, ce n'est point ici la place d'un gentilhomme, qui ne doit point regarder comme se préparent nos tours! Allez, je vous prie, vous asseoir avec les autres!

En un instant, Bonnevy-Lagriffon résolut d'adopter un ton de connivence, espérant avoir deviné qui se cachait sous les turqueries, et toucher juste. Le bonhomme en effet était extraordinairement poudré, le visage enfariné d'une couche de blanc assez épaisse pour masquer des tavelures de petite vérole. Malgré le rouge qu'il avait mis, le trait noir qui lui allongeait les yeux, on ne pouvait détourner l'attention de son long nez, un appendice qui lui donnait une figure de fouine.

— Hé! Monsieur, ne vous inquiétez pas de moi! Je ne suis pas gentilhomme, et viens ici pour tirer quelque argent de ces fortunes assemblées, comme je vous ai entendu dire que vous en avez l'intention.

— Quelque argent? Feriez-vous profession de lire l'avenir? Je vous avertis que la place est déjà prise, la duchesse vous eût-elle engagé pour cela. Nous avons, je crois, un droit de préséance, et j'entends l'exercer. Çà mais!

— Ne vous méprenez pas. Je m'en voudrais de marcher sur vos brisées. Pour ma part, je n'ai que la modeste ambition de faire connaître et vendre un élixir de ma composition, qui rend la jeunesse à tout âge.

— Un élixir ? Avez-vous un brevet pour le fabriquer ?

— Hélas, non ! C'est bien ce qui m'amène en ville. Ici, m'a-t-on dit à Grenoble, où je suis apothicaire, je trouverai peut-être un seigneur qui m'en achètera la composition à grand prix. Ainsi pourrai-je m'en retourner chez moi et consacrer mon bien aux expériences qui me sont chères. Je travaille sur les plantes des Indes, que je crois dotées de pouvoirs surnaturels. Mais laissons cela, je vois que je vous ennuie.

— Pas du tout, pas du tout, bien au contraire. Les plantes des Indes, dites-vous ? Je suis très curieux de ces sujets, et aimerais vous entendre plus avant là-dessus. Peut-être pourrai-je aussi vous aider à la publicité de votre élixir. L'éternelle jeunesse, qui n'en voudrait ? Que diriez-vous de partager une chopine, quand nous en aurons fini de notre représentation ?

— Topons là, monsieur. Je suis de ma province, et vous serai très reconnaissant de me guider en ville, où l'on court le danger d'être dépouillé à chaque instant du peu que l'on possède.

— Soyez assuré de pouvoir compter sur mon assistance. Entre amateurs de plantes, il faut bien s'entraider. A tout à l'heure, c'est dit. Vous n'aurez qu'à nous attendre dans la cour, quand vous nous verrez revenir ici pour nous changer. C'est que nous autres sortons par la porte de service, n'ayant pas vos relations dans le monde. Venez, Bélizé, venez tortiller du ventre devant notre nouvel ami dont je ne sais même pas le nom.

— Lagriffon, monsieur. Médard Lagriffon, apothicaire à Grenoble, pour vous servir.

— Appelez-moi Astromaris. Et voici Mlle Bélizé. Ce sont là noms que nous tenons de nos maîtres turcs. Dis bonjour au monsieur, Bélizé.

— Enchantée, monsieur !

— Ravi, mademoiselle !

— A tout bientôt, l'ami, et surtout ne nous faites pas faux bond. Je sens que nous pourrons nous entendre, entre gens de bonne compagnie.

— Et moi donc !

Florent Bonnevy — « Lagriffon, je m'appelle Médard Lagriffon, se répétait-il, et pourvu que mes coquins ne connaissent pas Grenoble, car tout juste sais-je où cela se trouve » —, tout content de la tournure inespérée des événements, en eût pour un peu remercié le Seigneur. Se pouvait-il que cela fût vrai ? Que les prières de la mère supérieure eussent convoqué cette Providence à laquelle il croyait si peu ? Il était, plus encore, soulagé d'avoir impromptu choisi la bonne inspiration, s'étant très aisément fait passer pour cupide et benêt à la fois. A n'en pas douter, la paire de larrons se frottait déjà les mains, à l'idée de lui voler les formules de son élixir et des plantes des Indes. De plus, s'il parvenait à leur faire accroire que lui aussi pleurait des morts et brûlait d'entrer en communication avec les disparus, lui trouverait-on une bonne figure de dupe et serait-il enrôlé parmi les adeptes plus tôt qu'il ne l'aurait cru.

« Diable ! songea-t-il. Ne nous réjouissons pas trop vite, Lagriffon ! Ton élixir n'existe pas, et ils pourraient bien se méfier, quand ils s'en apercevront. Il te faut trouver une excuse, et bonne ! »

C'est à cela qu'il réfléchit, durant tout le temps que Mlle Bélizé fit virer ses voiles, cliqueter piécettes et bracelets, les bras tournés en mille volutes, accompagnée par le tambourin. Enfin, en clou de la danse, elle dégrafa ses mousselines, tandis que son compère embouchait la flûte, et dénuda un ventre assez dodu dont elle fit vivement trembler les chairs. C'était un ventre sombre, passé sans doute au brou de noix avec le reste de son corps, très expert en déhanchements, qui faisait pousser des « oh ! » et des « ah ! » aux dames de l'assistance. Une ultime torsion, cheveux rejetés vers les reins, sonna la fin de cet avant-goût, et le début des vraies extorsions. Encore en costumes de scène, Astromaris et Bélizé déambulèrent de table en table, lurent dans les lignes de la main, certaines gantées, dans les pierres qui ornaient les bagues, certaines offertes en paiement, dans le marc de café et les fonds de liqueurs. Pour autant que Florent put en juger, ce n'était partout que promesses de prouesses amoureuses, de bonnes fortunes, de santé florissante, et autres réussites resplendissantes, auxquelles répondaient des battements de mains, et des bourses glissées dans la paume du mage, qui les enfouissait prestement dans la vaste poche ménagée dans son cafetan. D'évidence, les habiles devins emplissaient également la fonction d'entremetteurs, hâtant par leurs prédictions des liaisons qui eussent autrement mis plus de temps à se nouer. Ainsi, s'il était manifeste que M. de Richelieu avait des visées sur Mlle de Charolais, tourbillonnant autour de son fauteuil, celle-ci était maintenant disposée à lui succomber sans réticences, Bélizé lui ayant désigné nommément cette prochaine relation comme un nid de félicités. En fin renard, Richelieu ne se fit pas faute de récompenser la cartomancienne pour cette ruse.

Et cela dura, dura, à croire qu'on y passerait la nuit. Du moins Bonnevy était-il assuré que Justine sortirait de chez elle sans être surveillée par ce méchant homme. Dans tout cela, les rafraîchissements apportés par les valets étaient pour beaucoup, une bonne partie de la compagnie ayant maintenant dépassé, et largement, la griserie légère qui l'avait retenue jusqu'alors. Ici on se caressait sans vergogne, là on jouait à « qui veut ma jarretière », à coups de rébus faciles, plus loin les gages tournaient en obligations voluptueuses, ce dévergondage caché sous le prétexte des jeux de société. Bélizé, comme de juste, ne faillait pas à la tâche, frôlait l'un, agaçait l'autre, les lèvres souriantes et le regard de pierre, tandis qu'elle empochait les louis d'or en récompense.

Enfin, lorsqu'ils eurent tous deux écumé les salons, l'un par ses prédictions, l'autre par ses affriolements, ils regagnèrent leurs coulisses, non sans avoir cherché leur nouvelle connaissance des yeux. Pendant que Florent faisait de même et parcourait la foule qu'il dépassait d'une tête, désireux de prendre congé de Mme de Tencin, frérot et sœurette, comme il l'avait auguré, se réjouissaient de l'aubaine qui avait mis ce niais sur leur chemin, pendant qu'ils rassemblaient leurs paniers d'accessoires.

— Pourquoi donc es-tu si content ? Cet homme n'a pas de fortune, il n'y a qu'à le voir pour le sentir ! Peu de bien ? Des nèfles, oui !

— Et alors ? Peu de bien vaut mieux que pas du tout, et je me charge de l'en délester, ce sera toujours cela de gagné, et sans effort. De plus, je lui ferai luire son enrichissement, en lui prenant son élixir. Un apothicaire, et de sa province ! C'est exactement ce qui nous manquait, ma petite. Je vais lui proposer une association, tout pour nous et rien pour lui, sinon l'obligation de fabriquer les remèdes que je vendrai à notre pratique. Montre-toi gentille avec lui, je te parie qu'il en croquerait bien, sous ses dehors austères.

— Quoi ? Me donner gratis, comme autrefois ?

— Gratis, gratis, c'est vite dit. Notre apothicaire est sans doute moins démuni qu'il ne le dit. Et s'il n'y a pas de magot, nous en ferons un autour de ses plantes. Crois-moi, Rosine, je flaire la bonne volaille. Il faut bien préparer notre avenir, non ? Quand nous serons établis à Pontoise, avec les petits, qui nous empêchera de commercer sagement des médications qu'il nous aura concoctées ? Pour toi, je ne sais pas, mais moi, je ne compte pas faire le devin toute ma vie durant.

— Puisses-tu avoir raison. Parfois, tu me fais peur, en courant plusieurs lièvres à la fois. Ne ferions-nous pas mieux d'en finir d'abord avec ces pensionnaires, avant de machiner de nouveaux plans ?

— Je ne vois pas le rapport, sœurette. Ne t'inquiète pas. Cette petite dame, que j'ai vue ce matin, en sait plus long qu'elle ne le dit. Dès cette nuit, j'irai chercher quelques vieux camarades des foires à Montrouge. Ils ne me demanderont pas bien cher pour m'aider à mon coup de force, et la deuxième pensionnaire aura rejoint la première plus vite qu'il ne faut pour le dire.

— Un coup de force ? Mettre des gueux dans la confidence ? Je n'aime pas ces manières de brigands, qui nous feraient retomber aussi bas que nous étions.

— Eh ? Vois-tu une autre solution ? Cette maison est pleine de gens, il faudra bien les chatouiller un peu, et à huit ou dix, pour enlever cette fille, dont je donne ma main à couper qu'elle y est cachée.

— Tu ne m'as toujours pas dit par quel mystère tu t'étais retrouvé chez cette dame Paroton, au lieu de tenir tes renseignements de Sénéchal.

— Je te répète que Sénéchal n'étant pas chez lui, je me suis arrangé autrement. Cela ne te suffit-il pas ?

— C'est égal, tout cela va trop loin, et me fait peur.

— Eh bien, tu as tort. Dépêche-toi de t'habiller, au lieu de gémir.

Tort de s'inquiéter ? René Nulleterre n'en était plus bien sûr, tant la journée avait marché de travers. Il n'avait pas jugé nécessaire de révéler à sa sœur l'*accident* advenu au vieux Sénéchal, pas plus qu'il n'avait mentionné que cette mort l'avait obligé à se dévoiler rue de La Sourdière, éveillant sans doute la méfiance de quelques portiers. De porche en porche, il avait demandé sans succès après cette Mme Paroton, jusqu'à ce qu'enfin une gardienne assez bavarde et très vénale lui eût désigné la façade voisine, où logeait depuis peu une vieille parente de la jeune Mme Bonnevy, l'épouse du médecin si apprécié dans le quartier. Peut-être était-ce là cette Mme Paroton que le monsieur cherchait. « Peut-être, s'était dit René, mais plus sûrement encore suis-je tombé tout droit chez le bougre de médecin que je cherche. Ça, c'en est une, de chance ! » Force lui avait été de déchanter, jeté dehors par cette Mme Bonnevy, et si près du but, car Nulleterre aurait mis sa main au feu qu'à l'étage était aussi la deuxième pensionnaire. L'enlever ! La soustraire à la surveillance de cette maison ! Depuis le midi, ce dessein l'obsédait, et il s'était juré d'y parvenir avant l'autre matin. Avec sa dizaine de malandrins, il monterait la garde aux abords de la maison Bonnevy, attendrait d'en voir sortir un homme qui aurait l'air d'un médecin. Il fallait bien qu'il aille à ses visites, ce diable d'empêcheur de tourner en rond ! Il n'y aurait plus qu'à s'enfourner ensemble dans le vestibule, armés de couteaux, et la partie serait achevée. Avec plus de peur que de mal ? Rien n'était moins assuré, mais il fallait ce qu'il fallait. Alors, on enverrait la première pensionnaire dans le Perche, remplacer l'enfant noyée contre du bon argent. La deuxième, contre le double ou triple, serait expédiée à ce veuf épris de chair fraîche. L'affaire de deux jours, tout au plus, et on pourrait enfin se ranger, acquérir une bonne bâtisse pour les siens, vivre honnêtement !

C'est à tout cela que Nulleterre rêvassait, en nettoyant sa figure vérolée. Peut-être même, avec un peu d'astuce, pourrait-il se faire aider de l'apothicaire, s'il se révélait aussi crédule qu'il le paraissait. Il ne l'acoquinerait dans rien d'important, et sans lui révéler un mot du fond de l'entreprise, cela allait de soi, mais on pourrait lui conter quelque fable édifiante — spécialité Astromaris — qui le rendrait, d'une sorte ou d'une autre, complice du méfait. Ainsi, par la suite, ce Lagriffouille, ou Lagriffon, serait lié à Nulleterre sans possibilité de rompre leur association. Car il fallait penser au jour où le Grenoblois comprendrait qu'il ne verrait jamais la couleur de son bénéfice.

Mon Dieu! Que de pain restait sur la planche! Davantage que sur la table des petits frères et sœurs, assurément. Et pourtant, elle voulait manger, la marmaille! Que ne fallait-il pas manigancer, infatigable, pour subvenir aux besoins d'une gentille famille!

— Allons, Rosine, es-tu prête, à la fin? Notre apothicaire va s'impatienter. Vite, aide-moi à tirer ce panier.

Et, tirant, poussant, Astromaris et Bélizé, en habits de ville, sortirent par le derrière de l'hôtel, le contournèrent, et, tout essoufflés, firent signe au grand Lagriffon de les rejoindre dans la rue, où ils prendraient un fiacre.

Florent, qui avait fini par désespérer de les revoir, contrarié à l'idée de n'avoir pas gagné leur confiance, fut si rasséréné de les voir qu'il leur adressa un grand signe de la main, comme à de bons amis.

Rosine et René agitèrent le bras de même, eux aussi soulagés de voir l'escogriffe planté dans la cour, eux aussi ayant redouté de ne pas avoir gagné sa confiance, de sorte qu'ils se jugèrent tous trois en pays de connaissance, sans qu'on pût dire qui serait le dupeur et qui le dupé. Engouffrés dans la voiture, ils se mirent en route pour un cabaret de la porte Saint-Denis où les Nulleterre avaient leur table, trois bons amis prêts à sceller leur belle et bonne alliance.

12

Les demoiselles de Saint-Cyr

Seules les divinités créées par un Astromaris auraient pu embrasser, d'un seul œil, depuis la voûte astrale, trois carrosses se dirigeant, par des voies opposées, l'un vers le nord de la ville, les deux autres suivant le courant de la rivière, vers l'ouest. En effet, pendant que Florent Bonnevy, Rosine et René Nulleterre — ou, si l'on était dans ce fiacre, Médard Lagriffon, Bélizé et Astromaris — cahotaient sur les pavés de la rue Neuve-Saint-Denis, quatre nonnes, dont une très âgée, s'engageaient sur la route de Versailles, vers l'institution royale de Saint-Louis, à Saint-Cyr. Dans cette voiture, même les idoles astrales n'auraient pu reconnaître, sous les voiles rabattus devant les figures, Justine et sa tante Mme Paroton, Marguerite Passevent et Sophie de Malan, cette dernière ayant pris le sage parti de l'effacement, partagée entre le soulagement de revoir Marguerite vivante, la honte d'avoir causé cette série de malheurs, et l'appréhension de ce voyage.

Quant au troisième carrosse, roulant à bonne distance des nonnes sur le chemin de Saint-Cyr, nul n'aurait su dire ce qu'il faisait là, avançant sans lanterne dans la clarté lunaire de la nuit. Sur ce chemin qui, deux ans plus tôt, subissait les assauts ininterrompus de centaines de roues et de sabots, d'une cohue de seigneurs se pressant vers le château où il fallait être vu pour être, force était de dire que nuitamment, la Cour dispersée en ville après la mort du grand roi, ne passaient plus guère que des ouvriers à pied rentrant de leur travail en ville, des paysans revenant en famille de leurs lopins, fort étonnés de voir un carrosse tout noir rouler derrière un autre, éclairé celui-là.

Sortir la comtesse du couvent des ursulines avait présenté moins de difficultés que d'obtenir de la prieure des habits de religieuses, d'autant que Justine avait refusé mordicus de dire pour quel usage ils étaient demandés. Elle avait cependant fait valoir à la mère supérieure que le départ de l'encombrante Mme de Malan valait bon débarras pour le couvent. Elle partie, et Marguerite Passevent mise à l'abri en un lieu tenu secret, il ne demeurerait nulle trace de mauvaisetés chez les ursulines, qui pourraient alors observer leur vœu de silence sans mentir, fût-ce par omission, puisqu'elles n'auraient rien à dire.

La mère, profondément mortifiée depuis l'irruption de cette dame Bonnevy qui prétendait lui dicter sa conduite sans s'attarder à y mettre les formes, s'était récriée à la rudesse de ses arguments :

— Ma fille, vous me parlez comme si votre époux et vous entendiez me tenir à votre merci, ce que je ne saurais tolérer. A vous voir ainsi soustraire cette dame et cette demoiselle à notre protection, ne croirait-on pas que vous êtes de connivence avec ceux qui leur veulent, dites-vous, du mal ? Après Mlle de Louvières, c'est maintenant Marguerite Passevent que vous prétendez enlever, oui, enlever, en ne me révélant pas où vous allez la mener.

— Pour la cachette, vous êtes dans le vrai, ma mère. Mais le secours divin, que vous appelez de vos vœux, ne sera pas à une disparition près. Le Seigneur m'en soit témoin, il ne s'agit, pour la seconde, que d'une sauvegarde, pour elle-même et pour votre couvent. Pardonnez-moi, ma mère, mais votre âme me paraît si pure qu'en ne pouvant distinguer les méchancetés que certains fomentent ici elle favorise leurs menées.

S'en étant enfin remise aux mains de Dieu avec une ferveur très sincère, Justine avait été très contente de voir que cela avait emporté la décision de la révérende mère. A quoi servirait de disputer si ces mains étaient celles de Dieu ou de Bonnevy, si elles la délivraient des fardeaux qui l'accablaient ? Du moment que quelqu'un — ici nommé Providence — se chargeait de débroussailler les voies de Dieu, réputées impénétrables, il ne restait plus aux deux femmes qu'à prier ensemble, chacune de son côté du double grillage de la clôture :

— *Inimici autem mei vivunt, et confirmati sunt super me, et multiplicati sunt, qui oderunt me inique. Ne derelinquas me Domine Deus meus, Gloria Patri...*

Cependant, une fois revenue dans le corridor, Justine n'avait pu se retenir, malgré les remords causés par cette vilaine pensée, d'éprouver une sorte de prévention contre la religieuse. « C'est étrange, se disait-elle, j'ai l'impression qu'elle ne m'a pas parlé à cœur ouvert. Sa soudaine docilité, après tant d'indignation, n'est pas compréhensible. Bah ! Peut-être est-ce à cause de cette double grille, qui cache les visages et met mal à son aise. » Mais, comme il fallait encore aller chercher cette Malan dans sa cellule — une sotte libertine qui lui déplaisait à l'avance —, elle chassa cette gêne d'un mouvement de tête, et se hâta vers l'escalier, sous la garde pointilleuse d'une converse.

Elle avait encore perdu du temps à expliquer à la comtesse — insupportablement lente à saisir — pourquoi il fallait qu'elle se change en nonne comme elle-même le faisait, pourquoi elle devait lui emboîter le pas et monter dans le carrosse qui attendait dans la cour, sans une protestation de plus.

Justine eût-elle été moins pressée, moins agacée, peut-être aurait-elle prêté attention, rue du Faubourg-Saint-Jacques, au débouché de l'impasse des Ursulines, à l'autre carrosse pareil au leur, tous rideaux tirés, arrêté dans le côté ombreux de la ruelle. Peut-être l'aurait-elle vu s'ébranler à son tour, les suivre.

Car la petite Mme Bonnevy n'avait pas tort : la prieure n'avait pas tout dit, et loin de là, secouée par les révélations qui lui avaient rompu le corps et l'âme, en quelques heures. Elle avait, en premier lieu, gardé pour elle la confession de Sophie de Malan qui, ne sachant plus à quel saint se vouer, avait confié son sort à l'ursuline, assez proche du Seigneur pour entendre ses tourments, ses péchés, ses bêtises surtout. Cela s'était passé la veille au soir, juste comme Florent Bonnevy venait de la conduire dans le cloître, au motif que les sœurs, leurs psaumes, le retour régulier des prières, procureraient à ses nerfs ébranlés le rassérènement dont ils avaient besoin. A peine le médecin avait-il tourné le dos que la comtesse, désobéissant à ses consignes de silence, s'était défaite d'un secret qu'elle ne pouvait tenir pour elle, et qui lui semblait comme l'aboutissement de tous ses malheurs. En pleurnichant sur ses déboires, apitoyée sur elle-même, elle était remontée à son déluge de dame du monde, ce veuvage qui prétendait forcer ses pareilles à une décence, une vertu, une chasteté pour lesquelles elle n'était pas faite. C'était son exil de la Cour, et aucune autre cause, qui l'avait menée à la catastrophe qui pesait sur le couvent. Car il n'était pas juste qu'une femme dans la fleur de l'âge fût contrainte de se replier dans sa vie intérieure par le décès d'un époux, surtout quand elle avait été élevée pour plaire, entièrement tournée vers le dehors. Pour ces raisons-là, elle s'était laissé happer par les fidèles de cet autre culte, y retrouvant la promesse de s'épanouir. Toujours pleurant, elle avait des heures durant cherché mille justifications anciennes à la présence de cet Astromaris dans l'enceinte des ursulines. Au bout du compte, atterrée, abasourdie, la prieure n'ignorait plus rien des messes, ni des cagoules, ni des souterrains, ni enfin des conditions de l'enlèvement de Bénédicte de Louvières. Mise devant l'inconcevable, un forfait qui, ébruité, ne manquerait pas de la faire chasser d'une maison dont elle prétendait tenir si fermement les rênes, la supérieure s'était fait le serment de tout mettre en œuvre pour régler cette affaire à l'insu de l'Église, et de n'y plus mêler de gens de l'extérieur. Mais elle n'avait pas bu la lie encore. Peu avant tierce, la voisine du docteur Sénéchal, celle qui lui portait à manger, avait achevé de l'assommer. Elle était venue au couvent tout affolée, prévenir qu'elle avait trouvé le vieux médecin en sang, geignant faiblement, et qu'on l'avait conduit à l'hôpital entre la vie et la mort. A cette nouvelle, la sœur portière, bouleversée, lui avait rapporté sa conversation du midi, quand l'assistant du même Sénéchal s'était plaint que l'autre médecin, celui qui avait emmené Mlle Passevent — Bonnevy, sinon qui d'autre ? — était venu le matin même chercher querelle à son gentil maître.

Alors, tout s'était éclairé dans l'esprit de la mère supérieure, un dessin parfait s'y était formé, qui montrait clairement que celui qui avait ourdi les disparitions se nommait Florent Bonnevy. Sans nul doute, l'homme masqué d'une cagoule, celui qu'on ne pouvait reconnaître, était ce même Bonnevy. Abusant sa bonne foi, l'horrible malfaiteur s'était fait passer pour le sauveur afin de poursuivre ses méfaits, c'était l'évidence même. La mère supérieure, horrifiée, n'en avait pas moins remercié la Providence d'avoir répondu à ses prières en lui désignant le coupable. Aussi, lorsque la complice de ce Bonnevy s'était annoncée avec une audace effrayante, avait-elle cru défaillir, et davantage en l'écoutant, ne sachant comment réagir. La démasquer sur-le-champ ? C'eût été tentant, mais que serait-il alors advenu de Bénédicte de Louvières, dont on n'avait aucune trace ? Et de la malheureuse Passevent, détenue par ces suppôts du diable ? La révérende mère, qui n'avait pas été élue prieure pour rien et maniait à merveille les cartes de la diplomatie, résolut avec l'aide de Dieu de feindre la soumission. Pendant que l'infâme comploteuse irait chercher Mme de Malan — tant pis pour cette comtesse qui n'aurait pas volé une petite leçon —, elle-même ferait venir un carrosse, mais pas n'importe lequel. Chantal de Meudré — ainsi se nommait-elle avant de prendre le voile — avait une sœur de lait, à qui elle avait appris à lire et à écrire. Devenue novice, elle lui avait fait don d'une petite partie de sa dot pour s'acheter une échoppe d'estampes, ce dont la fille lui gardait une adoration sans mélange. Deux ans plus tard, tandis que Chantal prononçait ses vœux, cette gentille personne, éveillée et vertueuse, avait épousé un maître chiffonnier plein d'ambition, bras droit du grand maître du crochet. Prieure enfin, mère Angèle, du prénom de la sainte italienne qui avait fondé l'ordre des ursulines, avait loué au ménage, à fort bas prix, une agréable maison construite contre le mur du couvent. Devenu extrêmement riche, le chiffonnier régnait sur tout ce que Paris comptait de crocheteurs, de trieurs, de revendeurs au marché du Temple, toutes gens accoutumés à faire le coup de poing avec la populace. Maintes fois, le brave homme, pour rendre l'affection de sa femme, avait juré à mère Angèle que lui et ses hommes accourraient sur un seul mot d'elle, pour l'aider à ce qu'elle voudrait. L'heure était donc venue de prendre à la lettre une proposition qu'elle avait toujours repoussée avec la plus extrême répugnance. En un instant, venu de la maison voisine, le carrosse personnel du chiffonnier fut dans la cour avec, dans le berceau, le maître Croquignole en personne, deux de ses sbires très patibulaires, deux autres étant juchés sur le banc des cochers, et, quoi qu'il lui en coûtât, mère Angèle elle-même, rencoignée contre la capote. Elle avait en effet résolu, la mort dans l'âme, de sortir de sa clôture pour la première fois depuis cinq ans, afin de mener cette troupe de gueux selon ses directives. Son dessein était des plus frustes : ils allaient emboîter le pas à cette Bonnevy aussi longtemps qu'il le faudrait, jusqu'à ce qu'on sache où étaient cachées les disparues, et ensuite on s'en emparerait, de quelque façon qui s'avérerait nécessaire. C'est ainsi que, souffrant mille morts, tournant cette excursion abominable en mortification de premier choix, la mère des ursulines ballottait au pas des chevaux, ayant pris la Bonnevy en filature comme une vulgaire espionne, déterminée si Dieu le lui inspirait à en passer par les pratiques détestables des chiffonniers.

Justine et Mme de Malan s'étaient d'abord arrêtées rue de La Sourdière, où les incertitudes de l'avenir avaient bientôt été éclipsées par l'excitation du travestissement, qu'Adélaïde Paroton avait accompagné de prières, de psaumes pénitentiaux, en sorte de confession préventive. Enfilés les bas de coton blanc, revêtus les chemises en toile rêche immaculée, les robes de drap candide, les voiles noirs enfin, les quatre femmes, de condition et d'âge si divers, s'étaient ralliées à cette contrainte, comme converties à leur nouvel état, en sœurs dont rien n'aurait pu entamer la concorde. Elles avaient attendu la tombée de la nuit, grignotant des biscuits, buvant du muscat, sous les yeux très réprobateurs de Mme Marin, qui décidément ne comprendrait jamais les lubies des riches. Des quatre fausses ursulines, Justine menait la danse. Elle rassurait Marguerite Passevent qui ne demandait pourtant rien d'autre que d'obéir docilement à celles qui prétendaient les sauver, elle et Mlle de Louvières. La maîtresse des lieux se tournait ensuite vers Sophie de Malan, qui n'en menait pas large à l'idée de reparaître devant la marquise qui l'avait exilée de la Cour.

— Soyez assurée que la Maintenon, cette bigote que l'âge n'a pas dû adoucir, me fera jeter dehors sur-le-champ. Près de dix ans sont révolus, mais cette femme n'oublie rien, et elle voudra me faire payer à nouveau mes anciens écarts de conduite.

— Pardonnez-moi, madame, mais le temps a passé sur vous comme sur elle, et sans doute ne vous reconnaîtra-t-elle pas. Vous n'aurez qu'à rester muette, et je dirai que vous êtes une véritable ursuline, sœur Marie de l'Adoration, j'avais une directrice de conscience de ce nom.

— Moi ? Entrer en religion ? Cela devra-t-il durer longtemps ?

— Le temps qu'il faudra pour garantir votre sûreté, sœur Marie. Cela ne saurait vous faire de mal, entre nous, de rester un moment confite en prières et repentir, pour le peu que je sais de vous.

— Ah ! madame ! Je vois que vous ne m'aimez pas !

— C'est que je ne trouve aucune raison de le faire.

— Mais pourtant, Marguerite Passevent étant en ces murs, cela prouve bien que des disparues peuvent revenir, n'est-ce pas, et que nous retrouverons Mlle de Louvières ?

— Je vois que vous croyez encore un peu à vos

fadaises. Les deux pensionnaires, si elles en réchappent, ne devront leur salut qu'aux efforts de mon époux, et non aux contes en l'air dont vous avez la tête farcie.

La comtesse ainsi mouchée, Justine passa le reste de leur attente à ranimer le courage d'Adélaïde.

— Arriver impromptu, à quatre! Que va penser de moi Mme de Maintenon? Par notre correspondance, je la sais très à cheval sur les manières, et cela pourrait bien nous fâcher à jamais.

— Elle ne pensera que du bien, ma tante, quand nous lui aurons expliqué ce qui nous amène. C'est une belle âme, quoi qu'on en dise, qui n'aura pas la méchanceté de nous refuser asile. De plus, vous ne serez que trois, car je m'en retournerai aussitôt près de ma petite Camille, ne voulant la laisser sous la seule garde des domestiques quand ce brigand pourrait revenir chez nous.

— Peut-être, mais tout de même! Je n'ai vu mon amie de si long temps, et c'est une si fière dame! Elle nous recevra sans doute, par compassion, mais je me fais violence de la déranger. Que ne suis-je restée tranquille à Niort, où il ne se passe rien!

— C'est un fait, ma tante, que si vous n'étiez venue chez nous, mon époux visiterait ses malades à cette heure, et je n'aurais pas à m'inquiéter pour lui et ma famille.

— Vous avez raison, Justine, je suis une vieille égoïste. Eh bien, allons, nous verrons bien comme nous serons accueillies. Tout de même, quelle histoire! Tout cela pour avoir promis de veiller sur leur pupille à mes voisins Ceyrac, qui ne me sont rien!

— Assez de plaintes! Il faut nous mettre en route, maintenant.

Derrière, dans le carrosse des chiffonniers, la mère supérieure alla de stupeur en stupeur, tout au long de l'équipée. Elle avait d'abord écarquillé les yeux, sous l'épais voile noir, en voyant ressortir de la maison quatre ursulines au lieu de deux : la multiplication des pains ! Des enlevées à profusion ! Et pour aller où, ô Seigneur ! Elle s'était tenue coite, mourant de peur dans les ténèbres du voyage, l'absence de lanterne ne semblant pas gêner ses compagnons d'infortune, qui se passaient de main en main une fiasque d'eau-de-vie, presque vidée maintenant. Sa surprise atteignit son comble quand, enfin, dans l'allée éclairée de torches en abondance, de buis en buis, elle reconnut l'école de Saint-Cyr, la prestigieuse, élégante, fastueuse institution de Mme de Maintenon. Ah çà mais ! Que diable venait-on faire ici ? Se pouvait-il que la vieille marquise trempât dans le complot ? Qu'elle fît enlever des jeunes filles pour les prendre chez elle ? Elle, si dévote, éduquée chez les ursulines ? Non, c'était impossible ! Et pourtant...

— Reste-t-il un peu de cordial ? J'en ai grand besoin, murmura-t-elle à ses chiffonniers, tant son désarroi était grand.

Dans la voiture des quatre fugitives, un même saisissement s'était emparé d'elles, un émerveillement sans égal quand, sous la lune, apparut la majestueuse noblesse des bâtiments de l'école, précédés de massifs en rotonde, de pelouses en carrés, de labyrinthes taillés de frais. Durant le trajet, pour tromper leur anxiété, Adélaïde Paroton avait rappelé à ses compagnes que les maîtresses n'y prononçaient que des vœux simples, et qu'on ne pouvait confondre l'institution avec un couvent, les deux cent cinquante jeunes filles nobles, enfants de militaires, y étant élevées pour figurer à la perfection dans le monde. Si la piété et la vertu y étaient de règle, on ne négligeait rien des agréments profanes, que Mme de Maintenon, alors que son école n'était encore qu'un projet, avait amplement détaillés dans ses lettres à sa vieille amie. Musique, opéra, comédie, tragédie : à Saint-Cyr s'était donné le meilleur des arts. Avec l'aide du feu roi, de ses architectes, de ses jardiniers s'était bâti un modèle de maison en tout point extraordinaire. D'emblée, à mesure que l'on roulait dans la splendide allée illuminée de flambeaux, on ressentait que les lieux se prêtaient mieux au séjour d'agrément qu'à la rigueur du couvent, impression vite rabaissée par la timidité dont elles furent envahies.

Adélaïde Paroton, que l'on aurait dite soutenue par son habit, tant elle tremblait, s'annonça à la porte dans un murmure. Elles attendirent à peine, signe que la marquise se réjouissait de revoir son amie d'enfance : au moins seraient-elles aimablement reçues, le temps que Mme de Maintenon eût saisi ce que l'on attendait d'elle. Le cœur leur cognait dans la poitrine, et c'est à grand-peine qu'elles marchèrent jusqu'à l'éblouissant salon, les membres privés de forces, l'une flanquant l'autre en un petit paquet de voiles glissant sur le parquet. *Elle,* que le roi suivait en toutes décisions, qui avait fait la pluie et le beau temps à la Cour, dans le royaume, *elle,* auréolée du souvenir de sa puissance, et aussi de la sévérité des dernières années du règne, trônait dans un grand fauteuil, souveraine, vêtue à cette heure d'un déshabillé de très fin velours écarlate qui s'étalait jusqu'à ses pieds. Dans ses cheveux relevés scintillaient des peignes en diamants, diffusant leur éclat autour de son visage, de sorte qu'on ne pensait plus à l'usure des ans. Oui, c'était une dame magnifique, rayonnante de sérénité, une déesse sur son sommet, que son sourire charmant rapprochait des simples humains.

Ainsi songeait Justine Bonnevy, à la fois flattée et terrifiée de se trouver en sa présence. Épouse de modeste médecin, entrée sans en être priée, cela déjà suffirait à rembrunir la marquise, à quoi il fallait ajouter la supplique effrontée pour laquelle Justine était venue. « Mais qu'est-ce que je fais là ? Seigneur, aidez-moi ! » criait son esprit en silence, tandis qu'elle plongeait en révérence.

— Chère Adélaïde ! Est-ce bien vous, sous cet habit ? J'avoue qu'en espérant votre visite je ne vous attendais ni ce soir ni dans l'état où je vous trouve. Saurez-vous, ma chère, m'expliquer ?

Comme il fallait s'en douter, Adélaïde fondit en larmes, tant de l'émotion des retrouvailles, après trente ans sans se voir, que de confusion.

Alors, Justine rassembla son sang-froid en miettes, s'avança, et, sans même se présenter, rapporta à Mme de Maintenon ce qui les amenait chez elle, et pourquoi elles étaient travesties en ursulines, en grand danger d'être enlevées comme l'avait été Mlle de Louvières.

— Voulez-vous dire qu'au faubourg Saint-Jacques, dans le couvent où j'ai fait retraite avant d'épouser M. Scarron, règnent la corruption, la débauche, la plus infâme superstition ? Je m'en vais de ce pas prévenir l'archevêque, qui le fera fermer ! Vous viendrez avec moi, madame... Madame ?

— Bonnevy, Justine Bonnevy, pour vous servir. Pardonnez l'insolence qui me fait vous ouvrir ma pensée sans détour, mais, quelque grands soient votre sagesse et jugement, un coup d'éclat, certes mérité, nous ferait perdre à jamais Mlle de Louvières, et aussi le brigand qui l'a enlevée. Cet homme et les siens seraient alertés par cette fermeture, qui ne les gênerait point cependant. En ce moment même, mon époux se dépense à trouver qui ils sont. Mais, pour l'heure, nul ne connaît leur nom, ce qui leur assure l'impunité.

— Eh bien, chère Adélaïde, votre nièce paraît avoir plus de jugement que moi ! Cette maison sera la vôtre. Nous allons vous installer dans un appartement à côté du mien. Cette pauvre enfant doit avoir bien souffert, et sans doute, madame, qui n'avez pas encore parlé, êtes-vous chargée de veiller sur elle ?

Mme de Malan restant comme une bûche, Justine s'empressa de la présenter en ursuline véritable, soumise au vœu de silence.

— Votre dévouement me plaît, sœur Marie, et vous dormirez avec votre pensionnaire, afin de la garder plus commodément. Quant à vous, madame Bonnevy, vous êtes une femme d'honneur, ce qui montre ce que je dis toujours à mes filles : il arrive parfois que des personnes qui ne sont pas nées soient bonnes et vertueuses. Je pense que vous êtes pressée de retourner à vos affaires, aussi ne vous retiendrai-je pas plus avant. Sachez cependant que nous prenons grand intérêt à vos entreprises. Ces dames resteront sous ma protection autant qu'elles la réclameront. Je vois, hélas, que les mœurs de la ville ont atteint une dépravation terrible, ce qui ne serait jamais arrivé du temps de notre roi. Maintenant, permettez que je me retire, car je suis bien lasse à mon âge.

— Madame, madame, avant de vous...

— Quoi, encore ?

A être ainsi retenue — par une femme de peu — après qu'elle avait donné le congé, la marquise alluma dans ses yeux des éclairs plus luisants que ses diamants. Il fallait pourtant bien que Justine lui demande de garder le secret, aussi longtemps que la disparue ne serait pas saine et sauve, ce qu'elle fit, d'une voix chevrotante.

— Soit, nous nous tairons, puisque vous l'exigez. Je vois, chère Adélaïde, que votre nièce n'a pas froid aux yeux, et cela aussi me plaît. Tout le temps que j'ai passé dans le monde, bien peu ont osé me parler avec franchise. Dites-lui, ma tendre amie, que si elle et son mari réussissent à démasquer ces démons, je les recevrai pour les complimenter.

Puis, dans un froufrou de jupes, la vieille dame se retira, Junon sur son Olympe.

Ayant laissé ses trois protégées, très impressionnées, aux bons soins des domestiques, Justine s'en retourna vers son carrosse, très soulagée de s'être tirée à bon compte de cette entrevue. Au fond, rencontrer les grands, quand ils se jugeaient si élevés qu'ils regardaient le monde de haut, comme cette fière marquise, enfermée dans sa gloire éteinte, ce n'était pas si amusant que cela. Pourtant, avant de régner sur le cœur du roi, la Maintenon n'avait-elle pas été, petitement, l'épouse d'un M. Scarron? Il y avait de quoi en rabattre, assurément! Une fois de plus, Florent avait raison, qui accordait plus de considération aux cœurs qu'aux titres. Ainsi marmonnait Justine, qui s'en voulait de s'en être tant laissé imposer.

« Ciel! Il n'en ressort qu'une! Ce sera donc vraiment Mme de Maintenon qui garde mes disparues enfermées! Mon Dieu! Que faire? » se dit mère Angèle, qui n'en croyait pas ses yeux.

— Qu'est-ce qu'on fait, ma mère? Mes hommes sont armés, ils auraient vite fait de faire sortir vos filles de là, foi de Croquignole!

— Allons, Croquignole, ne soyez pas stupide. Pénétrer ici par effraction est impossible. Ne savez-vous donc pas chez qui nous sommes? Suivons ce carrosse, et voyons ce que fait cette fausse ursuline maintenant.

Et, par-devers elle, elle ajouta : « Seigneur tout-puissant, inspirez-moi ma conduite! Tout cela me dépasse! »

C'est ainsi que, Justine devant, les chiffonniers derrière, les deux carrosses entrèrent dans Paris autour de onze heures, jusqu'à la rue de La Sourdière où Mme Bonnevy, la conscience rassurée d'avoir accompli son devoir, comptait bien prendre un peu de repos avant le retour de Florent.

13

Tohu-bohu chez le médecin

Astromaris et Bélizé, pendant que les nonnes — une vraie pour quatre usurpées — couraient les routes, avaient entraîné Bonnevy-Lagriffon dans un méchant cabaret de la porte Saint-Denis, à trois pâtés de leur galetas.

— Eh bien, l'ami, faites-nous donc voir cet élixir! commença le charlatan, estimant qu'il n'y avait pas à prendre de gants avec un nigaud pareil. Vous savez que j'y ai pensé, à votre brevet. Plutôt que de céder votre invention à un riche profiteur qui s'engraisserait encore sur votre dos, pourquoi ne pas nous associer? Vous le fabricant, moi le vendeur — et croyez-moi, ce ne sont pas les clients qui me font défaut —, nous partagerions un très joli magot.

— La proposition me flatte. Comme c'est aimable à vous, de ne point vous défier d'un quasi-inconnu. Mais c'est que, par malchance, cet élixir, je ne l'ai pas sur moi. J'avais trop peur qu'on ne me le vole, aussi l'ai-je confié à ma marraine, avec les plantes des Indes. Il vous faudra surseoir à son essai.

— Ah, que voilà un contretemps fâcheux! A votre place, Lagriffon, je les irais chercher dès demain matin chez cette marraine. On les connaît, ces grandes dames-là : sous le prétexte de vouloir le bien de leurs pupilles, elles s'opposent à toutes les innovations, qui ne sont pas de leur monde. Faites cela. Achetez le brevet à notre double nom. Qui sait si votre créature n'a pas dans l'idée de vous en dépouiller, à son bénéfice ? On s'en méfie, des personnes du sexe ! Ça fait sa dégoûtée, mais ça n'en est pas moins âpre au gain que ces beaux messieurs, croyez-m'en ! Dégagez-vous d'une tutelle qui n'est plus de votre âge, que diable ! Je viendrai dès demain chercher ces médications chez vous, et vous m'en inscrirez la composition. Après, nous parlerons de notre association. Si votre élixir apporte la jeunesse éternelle, nous pouvons en attendre une sacrée fortune, car je m'entends à ces réclames-là.

— Vous viendrez donc chez moi demain ? Je loge en pension, à côté de Notre-Dame, dite *Aux Enfants du Bon Dieu,* où viennent force ecclésiastiques de province, et parfois même des secrétaires de nonces. Linge et soupe fournis, cela coûte cher, mais au moins la compagnie y est-elle choisie et s'y sent-on comme à Grenoble.

— Pouah ! Je n'aime pas ces dévots-là. Ils me donnent la chair de poule, avec leurs patenôtres et leurs faces de carême ! Entre la marraine et les bigots, Lagriffon, je vous le dis, vous ne vous armez point pour les usages de la ville. Elle recèle d'infinies possibilités, que vous ne rencontrerez ni dans vos salons, ni dans vos presbytères ! Je me fais fort de vous dégourdir un peu. Dans le genre d'affaire qui vous amène, il faut de la ruse et de l'industrie, mon ami !

— C'est pourtant auprès de la religion et de ses servants que j'ai trouvé le réconfort dont j'avais grand besoin. Ah ! monsieur Astromaris... A ce propos, est-ce là votre vrai nom, n'en avez-vous pas reçu d'autre par le baptême, sonnant plus de notre pays ?

— Appelez-moi René, cela suffira entre amis. Et donc, vous disiez... ?

— Oui, monsieur René. Je perds le fil de mes malheurs, tant mon esprit en est emmêlé. Voyez-vous, il est parfois des deuils dont on ne se remet pas. Pour tout vous avouer, mon élixir, mes plantes indiennes me tiennent peu à cœur, dans l'état où je suis. J'en use comme emplâtres à mes chagrins, sans éprouver vraiment le goût de m'enrichir. Qu'est-ce que la fortune, n'est-ce pas, au regard d'une personne chère qui vous manque ?

— Je ne vous le fais pas dire. Mais continuez, Lagriffon, ouvrez-vous à nous de vos soucis. Ma sœur et moi pouvons tout entendre, et beaucoup arranger.

— Oh, non ! J'ai honte, déjà, d'abuser de votre patience ! Revenons à cet élixir, et à ces plantes, auxquelles vous avez la bonté de vous intéresser. Si je vous disais que, pour adoucir ma peine — ah ! voilà que j'y reviens, je suis incorrigible ! —, il me suffit de boire un certain philtre de mon invention, vous sauriez que le remède est très puissant, contre les émois nerveux dont je suis affligé.

— Comment cela ?

— Eh bien, sans que je sache l'expliquer, mon philtre me transporte dans un monde enchanté, où rien d'ici-bas ne peut plus m'atteindre. Lorsque mes sens s'affolent de trop penser à cette aimée défunte — hélas ! je ne veux point vous en rompre les oreilles... —, je verse ma fiole dans de l'eau-de-vie et m'échappe de ma conscience. Il me semble alors que je suis à nouveau capable de tout entreprendre. Croyez-moi, si je ne possédais pas ce philtre, je ne pourrais endurer le vide qui m'entoure.

— Vous êtes un drôle d'homme, Lagriffon ! D'un côté je vous vois timoré, craignant tout de la ville, de l'autre vous redoublez de hardiesse pour ces sortes d'expériences. Apprenez que vous avez eu bien de la chance de me rencontrer, car j'ai maintes fois réconcilié les humeurs contraires des personnes, bien mieux que n'y prétendent les médecins.

— Les médecins et leur médecine ? Ne me parlez pas de cette engeance ! Ce ne sont que vains prétentieux, aux remèdes sans effets. Et c'est un apothicaire qui vous le dit, René. Ces gens ne reconnaissent pas le centième de ce que je sais des vertus des plantes. Ils ne croient qu'en ce qu'ils ont appris dans leurs livres grecs et latins, en leur savoir antique. Ah non, ne m'en parlez plus ! Ils ignorent tout des maladies que cause le chagrin à l'âme, et les méprisent, parce que leurs saignées n'y servent de rien !

Si, jusqu'alors, Bonnevy avait joué au plus fin, tournant sept fois ses mots dans ses pensées afin d'appâter le gredin de ses boniments, il s'était brusquement échauffé contre ses confrères, avec des accents de pure sincérité, car il n'avait pas à forcer ses reproches, jugeant depuis ses études que la faculté freinait des quatre fers, par un attachement absurde à son enseignement, les avancées de la science auxquelles lui-même travaillait.

De sorte que sa tirade, lancée avec le feu de la passion, emporta les dernières méfiances de René Nulleterre, bien mieux que ne l'avaient fait ses finasseries. Celui-ci jugea d'un coup qu'il n'y avait pas à se tromper : Lagriffon, avec ses élixirs et philtres, avec les ruminations d'un deuil dont on aurait vite fait d'élucider les circonstances, avec sa haine des médecins surtout, se désignait lui-même comme la prochaine victime du mage. Les déçus des savants de l'Académie ne formaient-ils pas le gros de ses disciples ? Restait à évaluer l'étendue de son bien, pour être sûr que le travail valait la chandelle.

— Eh ! Lagriffon, comme je vous comprends ! Heureux encore s'ils ne vous prennent pas le peu de fortune que l'on a de côté. Car ils s'y entendent, pour vous faire accroire qu'on sera guéri à les consulter du matin au soir. J'en ai vu, médecin et chirurgien accointés, faire opération sur opération, ouvrir et refermer, coudre et découdre, pour augmenter leur bénéfice !

— Mon Dieu, pour cela, je n'ai pas à me plaindre. Le métier profite bien et j'ai, de mes parents, un bel héritage, de fort rapport, auquel je ne touche pas. Qu'en ferais-je, moi qui n'ai plus goût au plaisir et me contente de peu ?

— N'avez-vous donc point d'épouse à Grenoble, ni d'enfants à entretenir ?

— Hélas ! Il me faut encore en revenir à mon malheur ! Celle que les médecins ont laissée se mourir — une fluxion, qui la fit devenir chaque jour plus pâle et chétive — était ma promise. Jamais je ne me consolerai de sa perte, ni ne prendrai femme, fidèle au serment qui nous liait.

A ces mots, Nulleterre se frotta les mains de l'intérieur. Décidément, le commerce des morts était bien le plus fructueux de tous ! Avait-il été bête, de vendre des médailles, puis les charmes de Bélizé, quand partout jaillissait la souffrance, ne demandant qu'à être tarie ! Promesses d'apparitions, de métamorphoses des défunts, celui-là, comme les autres, ne demandait qu'à en croquer. Quel dommage, de devoir différer la pose des premiers collets de la duperie suprême ! N'était l'affaire de cette stupide pensionnaire, à arranger de suite, il eût sans efforts planté les graines du culte astrolâtrique dans la cervelle du Grenoblois. Mais quoi ! On y viendrait le lendemain, ce n'était qu'une question d'heures !

— Sachez, Lagriffon, que si vous étiez seul au monde, vous ne l'êtes plus, car nous serons votre famille, n'est-ce pas, Bélizé ? Bélizé, je te parle, ouvre les yeux ! Ne pourrais-tu te montrer un peu plus gentille avec notre nouveau frère ?

Bélizé, épuisée par son après-midi de déhanchements, somnolait dans la torpeur du vin, qu'elle avait bu en abondance, comme son frère. Rappelée à l'ordre, elle afficha sur son visage un sourire de commande, et tapota la main du pigeon en gestes mécaniques, ébauche coutumière de tendresses plus corsées.

— Ma sœurette est fatiguée, fragile fleur que trop de seigneurs veulent cueillir. Croyez-moi, il est bien difficile pour une fille de peu de conserver sa vertu. C'est un homme tel que vous qu'il lui faudrait pour la protéger. Je crois que je vais la reconduire chez nous. Si vous me faites l'amitié de venir dans mon fiacre, nous continuerons à discuter ensemble. J'ai, moi aussi, mes petits tracas auxquels il me faut travailler dès cette nuit, sans quoi j'aurais su, je crois, vous faire entrevoir votre consolation. Puisque nous voici associés, car nous le sommes, n'est-ce pas, peut-être aurez-vous l'obligeance de m'aider à débrouiller mes misères. Je vous raconterai l'affaire en voiture, venez, mon bon ami ! Attendez-moi dans la ruelle : j'ai un mot à dire au cabaretier, un pays que je connais depuis l'enfance. Le temps que vous appeliez un cocher, et je serai à vous.

En un instant, tous les sens de Bonnevy furent en alerte. Des petits tracas qui ne pouvaient attendre ? Le bonhomme projetait sans aucun doute de répéter son expédition du matin, rue de La Sourdière. Comment s'y rendre avec lui — car il n'était pas question que le médecin lui lâchât la bride, en un moment pareil ! — sans se démasquer ? Devrait-il, impuissant, assister à l'assaut de sa propre maison, où dormaient sa propre femme, sa propre fille ? Pour ménager la prise, qu'il tenait bien ferrée à l'hameçon, resterait-il Lagriffon, l'imbécile, ou redeviendrait-il Bonnevy, assuré de perdre à tout jamais la trace de Mlle de Louvières ?

Car arrêter cet Astromaris — ce que sa vigueur lui aurait aisément permis — était une chose, mais resterait la Bélizé, qui aurait tôt fait de filer, avec la disparue.

Tandis qu'il se rongeait les sangs, René, qui n'entendait pas non plus lâcher une aussi belle proie, s'était dépêché de demander au cabaretier, natif de Montrouge et fine crapule comme lui, de réunir sa bande. Ces malandrins vivotaient en assommant les travailleurs de nuit, se mettant à plusieurs pour arracher aux mendiants leur maigre recette, aux régisseurs des théâtres leur caisse, aux gueux de toute espèce les récoltes puisées dans les ordures des beaux quartiers. Le reste du temps, ils se louaient à qui voulait commettre un mauvais coup : cambriolages préparés, vol à la tire dans les foules, menaces, intimidations corporelles et extorsions de dettes usuraires, rien ne leur était étranger du commerce des bas-fonds. Ces gens mettaient leur honneur à n'être pas curieux, ni bavards, pourvu qu'une lourde bourse achetât leurs bons offices. Aussi Nulleterre engagea-t-il une partie des gains récoltés chez la duchesse de Retz, en convoquant ces hommes de main au coin de la rue de La Sourdière, le plus tôt qu'ils pourraient y être.

Montés dans le fiacre, en excellents compagnons de cabaret, René et Lagriffon déposèrent la fille rue Neuve-Saint-Denis. Cela ne voulait pas dire que frère et sœur y logeaient, mais du moins que leur tanière était proche, Bélizé ayant prévenu que, rompue comme elle était, craignant une foulure dans les reins, elle n'était pas en humeur de trotter. Dans l'embarras où le faux apothicaire se trouvait, c'était au moins une bonne nouvelle : il se promit de revenir dans les parages, demander après cette brune, assez criarde pour être connue de tous. Peut-être même, si la Providence était avec lui, y trouverait-il Mlle de Louvières, car il fallait bien qu'elle fût séquestrée quelque part, la disparue ! Sauf si un tiers la gardait, Florent frémit à la pensée qu'en l'absence de René la jeune fille était tenue ligotée, bâillonnée, à quelques mètres de celui qui voulait la sauver.

De là, à une allure tranquille, ils retournèrent jusqu'aux Halles, sans prononcer un mot, ni l'un ni l'autre, chacun tout aux heures prochaines. Il était plus de dix heures du soir, et le marché grouillait de monde. C'était le moment où les bœufs, les moutons, les cochons arrivaient sur pieds de la campagne environnante, avant d'être égorgés, débités en quartiers pour le plein des ventes, à l'aube. Les carrioles de poireaux, de navets, de salades se suivaient à la file, et les chèvres et les brebis, dont on allait tirer le lait et vendre les fromages. Tout ce tintamarre paraissait sans rapport avec la rue de La Sourdière.

— Que venons-nous faire ici ? demanda Lagriffon, au comble de l'incertitude.

— Boire une autre chopine, pardi, chez un autre de mes amis. C'est sur notre chemin, et nous ne sommes pas pressés. Cela vous débarbouillera de votre province, l'ami. Et je vous conterai ce qui me fait souci, où vous m'aiderez peut-être.

Il omit toutefois de préciser qu'ils étaient justement venus là parce que le cabaretier était le fils de la voisine de Montrouge, à qui il avait confié la surveillance de la Louvières, et qu'il aurait par lui des nouvelles fraîches de la demoiselle. Ayant appris qu'elle s'ébattait très joyeusement autour de la fosse à purin, sur le fumier, ravie de vivre à l'abandon, en sauvageonne, selon sa véritable nature, René vint s'asseoir à côté de son Lagriffon.

Attablé une fois encore à un tréteau maculé de ronds de carafes et de verres, parmi les forts aux blouses sanglantes dont c'était le lieu de beuveries,

Florent dut se contraindre à garder son calme de niais, en entendant la version de l'histoire que lui inventait Astromaris.

— Vois-tu, Médard (car on en était parvenu aux prénoms, et au tu), nous autres pauvres gens sommes soumis aux caprices des puissants. Tu as vu ma sœur Bélizé, mais j'ai encore trois frères et une paire de jumelles à charge. C'est pour eux que je me crève la peau. Avec un garçon contrefait, une fille mangée de consomption, la vie est bien rude pour eux.

— Dieu que c'est triste! Cette famille loge-t-elle avec toi?

— Chez nous, où il n'y a pas la place de poser un poêle? Non. Elle est placée chez une femme encore plus pauvre que nous, dans une maison rongée par le salpêtre, où il fait sombre en plein midi. J'aurais pu, déjà, les mettre à la campagne. Mais je ne veux rester trop éloignés de mes frères et sœurs. Et puis, j'ambitionne de les établir honnêtement. Pour cela, je dois mettre de côté chaque sou gagné. Ah! L'existence est difficile, pour qui veut s'élever un peu!

Tout comme Florent n'avait pas menti en fustigeant l'engeance des médecins, Nulleterre jusque-là disait si vrai que des larmes lui étaient montées aux yeux, car tel était son système, qu'il se laissait envahir par une émotion réelle, pour mieux gruger ses dupes ensuite, en venant à ses menteries.

— L'une de ces deux jumelles, pauvre fillette, a été placée chez de très mauvaises gens, un médecin, justement, et sa femme. Par des voisins, je sais qu'ils la battent au sang, la tiennent affamée, l'accablent de corvées qui ne sont pas de son âge. Le pis, c'est qu'ils ne veulent plus la rendre. Aussi me suis-je résolu à aller la leur reprendre de force, ne voulant qu'ils la fassent mourir.

— De force? Mais comment y réussiras-tu, à toi

seul ? N'y aura-t-il donc pas d'opposition, chez ces gens, pas de valets, pas d'homme solide ? répondit Florent, plus pâle qu'une endive, en posant une question dont il savait la réponse.

Il y avait chez lui une nourrice sourde et muette, quatre domestiques, dont deux filles apeurées et un gringalet, pour défendre la maison. Mme Marin et Justine suffiraient-elles à contenir la rage de ce fou ?

— Je n'en sais trop rien. Mais j'ai fait mander des amis de chez moi, qui manient le poignard en artistes et sauront leur faire entendre raison.

— Je vois que tu as tout manigancé, murmura Bonnevy, sans trouver rien d'intelligent à lui opposer.

— Il le faut bien. Ainsi nous irons attendre ces amis là où est retenue ma petite sœur. Toi, tu n'auras qu'à rester dans le fiacre, et le faire avancer devant la porte quand nous serons entrés. De la sorte, j'y sauterai avec mon fardeau, et hop, nous serons loin avant même qu'on ait eu le loisir de crier à la police.

— Et si jamais ta sœur n'y est pas ? répliqua Florent, résistant à l'envie de dire à l'autre qu'elle n'y serait forcément pas, cette fausse sœur, Marguerite Passevent partie à Saint-Cyr en fausse nonne, et qu'il n'y trouverait que sa femme à lui, sans défense et bien réelle.

— Où veux-tu qu'elle soit ? N'as-tu donc rien entendu de ce que je t'ai révélé ?

— Oui, sans doute, tu le sais mieux que moi.

— Allons, je crois qu'il est l'heure. Il me faut être arrivé avant mes camarades, qui ne savent pas ce qu'ils auront à faire.

Mon Dieu ! Comment se sortir de cet abominable tour du sort ? Rester Lagriffon, redevenir Bonnevy ? Rester dans l'imposture, se démasquer... Rester, redevenir...

Ils retraversèrent les Halles, maintes fois accrochés

par les carrioles, les charrettes à bras, les ânes, et d'innombrables piétons, la tête coiffée de cageots de volailles. Malgré la nuit, la chaleur n'était pas retombée, et les odeurs fortes de la nourriture et des bêtes se disputaient l'étouffement de l'air. Tout de même, ils finirent pas arriver au chevet de l'église Saint-Roch, à l'orée de ces rues dont Bonnevy connaissait chaque maison, chaque pierre, chaque habitant, sans pouvoir le laisser deviner. Pendant qu'ils étaient pris dans les encombrements, il avait encore tenté de montrer à son acolyte forcé les dangers de l'expédition. Sans doute il y aurait du monde, le quartier serait alerté, en aucune façon on ne s'en sortirait sans dommage.

— Ne t'en fais donc pas, j'en ai vu d'autres ! Ah, ces provinciaux, qui croient qu'un petit bruit réveillerait le voisinage ! n'avait cessé de ricaner l'odieux René.

Il fit arrêter le fiacre à trois maisons de celle des Bonnevy, dans le renfoncement obscur ménagé par des loges, bâties au flanc d'un magasin de commerce. Jusqu'au coucher du soleil, un grand nombre d'ouvriers parcourait le quartier, des maisons s'y érigeant par dizaines, l'église Saint-Roch n'en finissant pas d'être construite et embellie, au gré de la générosité des donateurs. Une fois la nuit et l'agitation tombées, il était aisé de demeurer caché derrière poutres et pierres enchevêtrées le long des bâtisses. Là, dans le noir, ils attendirent, sans voir qu'à égale distance de la maison, à l'autre bout de la rue, un autre fiacre était rangé dans le décrochement d'un mur. C'était le carrosse des chiffonniers, à qui mère Angèle venait de commander de patienter un peu, le temps d'apprendre ce que la nonne usurpée avait en tête. Dans quel dessein, rentrée seule de Saint-Cyr, avait-elle pénétré dans la même maison dont elle était sortie avec trois fausses ursulines ? Quel visage se cachait sous le voile ? Que signifiait tout cela ? Si la Maintenon se faisait livrer des filles, peut-être y en aurait-il de nouvelles ? Qui pouvait deviner ce qui allait se passer maintenant ? A dire le vrai, mère Angèle suppliait vainement le Seigneur de lui souffler quoi faire. Se consumer devant cette porte close n'avait guère d'utilité, mais elle refusait de quitter son poste contre toute raison, maintenant qu'elle tenait son fil. Croquignole, qui se serait fait couper en morceaux pour sa bienfaitrice, lui avait d'ailleurs demandé, très respectueusement, ce qu'elle désirait de ses hommes, et s'il faudrait rester là longtemps à se croiser les bras. Lorsqu'elle avait répondu qu'ils n'avaient qu'à prendre leur mal en patience, et surtout cesser de boire, de nouvelles fiasques d'eau-de-vie étant apparues comme par enchantement de sous les sièges de cuir, il s'était contenté de hausser les épaules, affirmant qu'il pouvait tout obtenir de ses hommes, mais non les contraindre à garder le gosier sec. De sorte que là-dedans, l'atmosphère était celle d'une foire mal famée, aux plaisanteries grossières, aux grivoiseries répugnantes, le tout chuchoté, entre deux rots. Pouvait-on en blâmer ces gaillards, confinés à ne rien entreprendre, empêchés par l'étrange irrésolution d'une religieuse de gagner leur pain de la nuit ?

Mère Angèle était à deux doigts d'abandonner la mission dont le Seigneur l'avait investie, écœurée par une inconduite aussi scandaleuse, quand, par le bout de la rue Saint-Honoré, déboucha une bande de gueux, chaussés de bottes en feutre, coiffés de chapeaux à large bord, vêtus de blouses vagues nouées d'une corde. Chacun portait au cou un fichu de gros coton, signe de reconnaissance qui leur servait, à l'occasion, à étrangler leur clientèle.

— Ça, par exemple, que viennent faire ici ceux de Montrouge ! s'exclama Croquignole, qui connaissait naturellement tous les malfaiteurs de la ville, et particulièrement ceux-là, qui avaient pour coutume de détrousser ses crocheteurs de leur meilleur butin.

C'était un vieil outrage qui pesait sur le cœur des chiffonniers : à dix, les Montrouges, comme on les appelait, fondaient lâchement sur un seul homme, le laissaient estropié ou mort sur le pavé, pour emporter clous, chiens, chats crevés, cheveux, bouchons, débris de verres, espérant toujours trouver des cuillères d'argent ou des bijoux au fond du médiocre contenu de la gerbe.

Dans le carrosse de Nulleterre, on les avait vus aussi. René avait prestement sauté à terre, et entamait avec ses mercenaires un conciliabule à voix basse, montrant la maison du doigt.

Tant pis pour Lagriffon, pour son enquête : Justine et Camille passaient en premier. Résolu à estourbir à lui seul la poignée de colosses qui lui voulaient du mal, Florent Bonnevy n'hésita pas à bondir à son tour, le regard voilé par l'horrible vision d'un berceau renversé. Déjà il s'était glissé au flanc de la voiture, sans réfléchir plus avant, oublieux du sort de la Louvières, quand, à sa grande surprise, il vit surgir, d'un carrosse rangé plus loin dans la rue, cinq braillards, dont quatre armés de crochets à chiffons.

En effet, lorsque les chiffonniers eurent reconnu les Montrouges dont chacun avait eu à souffrir, la panse emplie et les sens brouillés de sacré-chien pur qui aurait réveillé un mort, nul n'aurait pu les dissuader d'accomplir une vengeance si longtemps retenue, rêvée, avortée, et surtout pas mère Angèle, qui criait en vain :

— Messieurs ! Restez ici, je vous l'ordonne ! Mais où allez-vous donc ?

Les chiffonniers couraient, tout simplement, montrer aux Montrouges de quel bois ils se chauffaient, leur rendre au centuple la monnaie de leur pièce. Œil pour œil, dent pour dent, et plutôt deux fois qu'une. A bon chat bon rat. Armés de leurs crochets, braillant de tout leur coffre, ils avaient déboulé comme la foudre sur le petit groupe réuni autour de René. Même Croquignole s'était mis de la partie, incapable de résister à l'ancienne rancune, à la guerre du pavé. C'était pure offrande de trouver, sous son nez, la valetaille ainsi assemblée, à croire que mère Angèle faisait des miracles. Une aubaine pareille, on n'allait pas la laisser filer, foi de chiffonniers!

La mêlée fut générale. Il fut bientôt impossible de dire à qui était cette jambe, ce bras, ce poing. Ceux-là moulinaient sans relâche, excités par les cris rauques, les injures, la pluie d'insultes qui réveillaient la rue. Les volets claquaient, les visages apparaissaient aux fenêtres, mais rien n'y faisait, rien n'était de taille à arrêter le massacre. Les Montrouges, pris par surprise, eurent très vite le dessous, épouvantés par les crochets qui s'abattaient sur eux, leur arrachant la peau, quand ce n'était pas des lambeaux de chair. Les chiffonniers, ivres de rage et d'eau-de-vie, décuplaient leurs assauts, déjà fiers de nettoyer leur territoire, de conter leurs exploits aux autres dans le bouge à Niquet, quartier général des crocheteurs et trieurs, où le récit de la bagarre ferait d'eux les seigneurs du chiffon.

Sans comprendre dans quel piège ils étaient tombés, mais voyant vite qu'ils ne pourraient gagner la bataille, les Montrouges, l'un soutenant l'autre, décampèrent, éclopés, en sang, ce que firent aussi les autres, entendant au loin la cloche des sergents de police, appelés par le voisinage.

Seuls demeuraient debout, figés par la stupeur, la mère supérieure ici, Florent Bonnevy là-bas. René, lui, gisait sur le sol, ayant perdu sa connaissance, plus méchamment cogné que ses compères, abruti d'une rossée à laquelle sa frêle carcasse de grand prêtre n'avait su répondre.

— Vous, ma mère, avec ces chenapans ? Devant chez moi ?

— Et vous, monsieur, dont je connais maintenant les noirceurs ! Vous vous apprêtiez sans doute à aller chercher votre complice, mais vos plans sont éventés. Voici la police, qui saura vous faire avouer !

— Je ne sais pas de quoi vous parlez et n'ai pas le temps de l'éclaircir. Il faut absolument que je reste dans les grâces de ce vilain, que vous voyez allongé là-bas, qui est cause de tous vos tourments.

— Certainement non ! Je me mettrai en travers de vous, si vous entendez fuir !

— Avec tout le respect que je vous dois, ma mère, je me vois obligé, et vous demande de me pardonner mon péché à l'avance, de vous assener un petit coup, tout petit, ne craignez rien, qui vous empêchera de me retenir ici. Préparez-vous à en ressentir la douleur, et priez pour celui qui vous offense. J'irai dès demain au couvent, vous prouver ma bonne foi.

Et Florent, sans s'arrêter à des scrupules, cogna le plus doucement qu'il en était capable la pointe du menton de mère Angèle, qui se retint à l'essieu du carrosse, pour ne pas s'effondrer. Sans un regard pour elle, Bonnevy avait déjà traîné René sur le pavé, l'enfournait dans leur carrosse, faisait signe au cocher. Il n'était que temps : trois hommes de police à pied, munis de lanternes, arrivaient en galopant dans la rue.

Durant toute la rixe, l'esprit du médecin avait travaillé à une vitesse extraordinaire. Abandonner le devin à la force publique, c'était, au plus, le voir condamné d'une amende pour trouble de l'ordre. L'en sauver, en revanche, lui garantirait sa reconnaissance, outre qu'il resterait à portée de sa main. Et si pour cela il fallait faire voir les anges à une religieuse, il n'y avait pas à barguigner. Quant aux fantaisies de la prieure, aux accusations qu'elle porterait aux oreilles de la police, aux frayeurs que Justine aurait ressenties de ce remue-ménage, il s'en préoccuperait plus tard.

Dans la voiture, de toutes ses forces, tant par plaisir que par pratique médicale, Florent gifla René à tour de bras, pour le faire revenir à lui.

— Bran de vous! Encore un qui me frappe! Ah, c'est toi! Où suis-je? Que m'est-il arrivé?

— Si seulement je le savais! Nous étions à attendre dans cette rue, tes amis sont arrivés, et là, du diable vauvert, a surgi une poignée de grands flandrins, qui vous ont tous joliment rossés. Sur ce la police est venue, et sans ma présence d'esprit, tu serais gravement blessé, à cette heure, et te trouverais retenu au poste, à tout le moins.

— Ça y est, ça me revient! Ah! Camarade! Heureusement que tu étais là! Comment, mais comment, par quel tour, les chiffonniers nous attendaient-ils? Car c'était eux, impossible de se tromper, avec leurs satanés crochets! Qui a pu les prévenir contre nous? Ça, l'ami, c'est le plus grand des mystères de toute l'affaire. Aïe, la tête me tourne, quel désastre!

— Une belle déculottée, oui. Tes chiffonniers semblaient en avoir contre tes amis. Peut-être les auront-ils suivis.

— Tu dois être dans le vrai, je ne vois pas d'autre motif. C'est égal, quelle malchance, si près de mon but! Grâce à Dieu, tu m'as tiré de ce guet-apens. La police et moi, vois-tu, n'avons pas toujours été dans les meilleurs termes. Oh! Vieilles histoires! On chaparde une pomme, et on risque les galères, nous autres pauvres diables. Maintenant, nous deux, c'est à la vie, à la mort, pas vrai?

— Certes. Mais nous scellerons cela une autre fois.

Pour le moment, où veux-tu que je te conduise ? Tu es très mal en point, il te faut du repos. Si tu veux, je panserai cette bosse.

— Non, non, ça ira bien tout seul. Rosine — c'est ma sœur, celle que tu connais sous son nom de Circassienne — saura bien me soigner, va ! J'en ai vu de pires, je te l'ai dit. Veux-tu bien me laisser près de chez nous, dans l'impasse, au coin de la rue Neuve-Saint-Denis ?

— Vrai ? Tu ne veux pas que je t'y monte ? N'oublie pas que je suis apothicaire !

— Vrai, l'ami. Nous nous retrouverons demain, au cabaret des Halles, à midi. D'ici là, il me faut penser à ce qui m'advient, et prendre des mesures. Je t'en causerai, à tête plus claire. Pense à m'apporter ton élixir, et tes plantes, que j'y goûte. Tu vois, j'en aurais eu bien besoin, ce soir ! Allons, me voici rendu. Tu veux bien solder la course au cocher ? Je te rembourserai tes sous demain. Rappelle-toi : entre nous, à la vie, à la mort !

Titubant, René Nulleterre s'engouffra dans une impasse puante, aux pavés gras d'ordures, une de ces ruelles du très vieux Paris où croupissait un peuple de bâteurs de pavé, d'affamés, de mal-portants.

« Voici donc où niche notre grand prêtre, se dit Florent, assez surpris de cette misère. Que fait-il de l'argent qu'il vole ? Le garderait-il vraiment pour une famille ? »

Puis, après avoir encore un peu tourné dans les parages, ne se résignant pas à quitter l'impasse des yeux, il remonta dans le carrosse qu'il avait gardé, harassé par cette journée pleine de mésaventures.

Rue de La Sourdière, il trouva Justine éveillée. Le vacarme du dehors l'avait, comme tous, jetée hors de son lit. Par une méfiance instinctive, elle avait fermé volets et issues, placé les domestiques dans le vestibule, avec leurs gourdins. De sorte qu'elle ne savait rien de ce qui s'était passé sous son nez.

— Quoi? Tu me jures avoir rencontré la mère supérieure, ici même? Cela ne m'étonne qu'à moitié. J'ai reniflé chez cette ursuline un parfum de mensonge. Mais je ne comprends toujours pas comment elle se sera postée devant chez nous. Cela m'est bien égal après tout, car j'ai très sommeil, après la réussite de notre équipée. Ta Maintenon, quoique très orgueilleuse, a bien voulu loger nos protégées, en promettant de se taire. Voilà, es-tu content?

— Plus que tu ne l'imagines. Je te vois trop lasse pour tout te raconter cette nuit, et le ferai demain matin, mais sache seulement que notre bandit a recommencé sa tentative, échouée grâce au Ciel. Je l'ai bien agrippé de mes chimères, et ne le lâcherai pas avant de savoir où il séquestre Mlle de Louvières. C'est cela qui me retient, sans quoi il croupirait déjà au cachot.

— Où as-tu vu que j'étais lasse? Allons, raconte, et sur-le-champ! Je me suis tant souciée pour toi, craignant qu'on ne t'ait fait tomber dans un piège, que ma curiosité mérite d'être assouvie.

Comprenant que Justine ne se rendormirait pas avant d'avoir obtenu gain de cause, Florent, en soupirant, entreprit de lui narrer par le menu ses aventures du jour. Encore ces détails ne suffirent-ils pas, car Justine, les yeux luisants d'excitation, les joues échauffées, entrecoupait son récit de mille questionnements. Si bien qu'ils ne se couchèrent pas avant l'aube, tout à leurs exploits. Ils en oublièrent qui ses malades, dont les billets de visite s'accumulaient dans le vestibule, qui le dû de caresses qu'elle avait coutume de réclamer avant de fermer les paupières.

Vaincus par l'épuisement, Florent et Justine finirent par céder au sommeil, tout habillés.

A cette même heure, à Montrouge, Bénédicte de Louvières se glissait dans le lit de maman Clairon, la souillon qui la gardait, à qui elle s'était attachée comme un chiot à sa maîtresse, n'ayant jamais connu l'affection d'une mère. La Clairon lui fit un peu de place, dans la couche qu'encombraient déjà les jumelles Nulleterre, et caressa doucement ses cheveux si fins de demoiselle, se disant que c'était pitié de voir une petiote comblée d'avoir été enlevée.

14

Bonnevy prépare ses pions

Après trois heures d'un sommeil qui n'avait rien réparé de ses fatigues, Florent Bonnevy sauta de son lit, très éveillé cependant à l'idée de la folle journée qui l'attendait.
Il faudrait d'abord s'expliquer avec la supérieure, puis courir chez Magnus, prendre l'élixir — une vulgaire distillation ferait l'affaire — et surtout le philtre, en espérant qu'il aurait eu le temps de le concocter. Tout cela pour se précipiter au cabaret, être à midi aux Halles, et enfoncer plus avant le clou de la confiance avec ce René. Pendant qu'il dormait, il s'était vu en rêve empoigner cet escroc par le cou, le plaquer contre un mur, et lui faire avouer ses crimes, avec une précision si nette qu'on eût cru la scène véridique. Une fois debout, il s'était rendu compte que cet élan, qui lui chatouillait l'esprit, eût été, hélas, prématuré. Florent n'avait pas l'étoffe d'un assassin, ni d'un bourreau : si le bonhomme s'était obstiné à nier, jamais il n'aurait eu la méchanceté de le torturer. Et ce mage, à qui on ne pouvait refuser la science de l'observation des caractères humains — n'en faisait-il pas son beurre, chaque jour ? —, n'aurait pas manqué de déceler, dans son apprenti tortionnaire, ce dégoût inné de faire du mal. Quoi ? Lui qui réprouvait tant les

manières de la justice, la question, la roue et autres supplices qui faisaient avouer innocents et coupables mêlés, lui qui haïssait les sévices corporels infligés aux orphelins, aux enfants trouvés, aux déments dans les institutions, en serait-il venu à crever les yeux d'Astromaris, avec un tisonnier chauffé à blanc ? Tandis qu'il s'habillait, cette seule vision le fit frissonner. Aussi odieux fût le brigand, le médecin ne pouvait se retenir d'éprouver pour lui un peu de la compassion qu'il dispensait aux miséreux, aux innombrables gueux surnageant dans la lie de la ville, contraints pour survivre de renoncer à discerner le mal du bien, ce dernier étant souvent le luxe des nantis. Tout, dans les façons du mage et de sa Bélizé, montrait qu'ils étaient issus de la fange, de la boue, des entrailles d'une ville où la pauvreté ne pardonnait rien, du plus bas de cette populace que Florent s'était juré de soulager. Bonnevy, habillé maintenant, secoua les mèches drues de ses longs cheveux, avant de les nouer dans la nuque. S'il se mettait à prendre en pitié les plus fieffés bandits de la place, il n'était pas tiré d'affaire ! D'ailleurs, trop d'ombres demeuraient autour du personnage de ce René pour affirmer que l'affaire, justement, était bien avancée. Comment en eût-il été autrement, s'agissant d'un bonhomme si habitué à manier les masques, à s'avancer sous de multiples travestissements ? Un prénom, une impasse, une sœur, c'était tout ce que Bonnevy avait obtenu, sans pouvoir en être sûr. Nul indice du lieu où était enfermée Mlle de Louvières, nulle indication sur l'identité des disciples, l'ampleur du culte qu'il s'était promis de démanteler. Était-ce le manque de sommeil ? Il lui semblait que, le prêtre et la prêtresse mis hors d'état de nuire, d'autres devins se lèveraient, d'autres mages surgiraient, encore plus nombreux, plus mauvais, encouragés par la superstition du monde. Le Régent ne montrait-il pas l'exemple au plus haut ? Ces abcès, qui salissaient rues et salons, le mettaient dans une rage telle qu'il aurait voulu en finir au plus vite. Malgré l'envie furieuse qui le démangeait, un après-midi ne suffirait certainement pas à lever tant d'incertitudes, mais du moins faudrait-il persuader Astromaris, en quelques heures, qu'il s'en remettait entièrement à lui. Alors peut-être, ce qu'il souhaitait plus que tout au monde, s'entendrait-il proposer de se joindre aux fidèles de son culte abominable. Ce moment tant attendu une fois arrivé, enfin, il lui ferait boire le philtre, ce mélange de plantes dont Magnus prétendait qu'elles ôtaient toute volonté, et lui extorquerait l'aveu du lieu où était Mlle de Louvières.

Toutes ces résolutions étaient plus faciles à énumérer qu'à accomplir, se dit Florent dans un soupir, effleurant le front de Justine endormie avant de quitter sa maison. A vous revoir, dentelles, tentures, soieries et parfums ! A une autre fois, malades, patients, souffrants, égrotants, valétudinaires, accouchées, asthmatiques ! Votre médecin n'a pas de temps pour vous, il s'apprête à se plonger dans les bourbiers les plus ténébreux de la ville, où s'épanchent les égouts de l'âme humaine. Il n'était pas huit heures, mais déjà la canicule frappait, annonçant une autre journée de sécheresse et de poussière, à croire que le climat s'en mêlait, soulevant les relents de la pourriture, des épluchures gâtées, de la sueur aigre de toute une ville.

Dans cet état d'esprit, il se fit annoncer à la prieure des ursulines, guère disposé à s'en laisser conter.

Celle-ci fut stupéfiée de voir revenir celui qu'elle prenait plus que jamais pour son coupable, la main dont il l'avait effleurée — elle disait « les violences dont il a outragé la servante de Dieu » — n'étant pas faite pour modifier la piètre opinion qu'elle avait de lui. Le double grillage de la clôture devait lui servir pour dissimuler son trouble, mais Florent indigné, fort de son bon droit, ne l'entendit pas de cette oreille.

— N'ayez pas peur, ma mère, je ne vous souffletterai point, m'y étant vu forcé seulement par votre défiance. J'abhorre tout autant que vous l'usage de la force. Mais, vous ayant vue hier soir en pied dans la rue, je vous prie, quoi qu'il vous en coûte, de venir de ce côté-ci du parloir. J'ai pour habitude de regarder en face ceux à qui je m'adresse, surtout quand un différend m'oppose à eux. Si vous l'avez oublié, je me rappelle fort bien notre première entrevue : je vous semblais alors, selon vos propres propos, un excellent homme, sans sournoiserie ni dissimulation. Vous me prêtiez aussi un cœur pur. Afin de vous montrer que vous n'aviez pas tort, je vous demande instamment de lire sur mes traits, comme je regarderai les vôtres. Je trouve, ma mère, que vous usez du refuge du cloître quand cela vous arrange, et en sortez très commodément, sans choisir entre les aléas du monde et la paix de la prière. Cette intervention du Régent, qui vous fait si peur, je me dois de vous avertir qu'il ne tient qu'à moi de la faire advenir. Ce n'est plus à cause d'une rumeur qu'il sera prévenu contre vous, mais à cause du méfait que vous tentez d'étouffer.

— Vous osez parler de méfait, quand vous venez ici même le commettre ! Apprenez que M. Sénéchal, que vous avez laissé pour mort, est plus robuste qu'il n'y paraît. Sans doute, par la grâce de Dieu, vivra-t-il assez longtemps pour vous dénoncer ! Vous voulez voir ma figure : eh bien, vous allez la voir, car je veux moi aussi accuser en face le Judas qui me trahit !

En moins de temps qu'il n'en fallut à Bonnevy, frappé d'étonnement, pour se récrier, mère Angèle était devant lui, impérieuse, glaciale. Sans doute, à se frotter aux mœurs des chiffonniers, avait-elle acquis assez de souplesse pour converser, en tête-à-tête, avec le plus abject des pécheurs.

Elle expliqua la première l'origine de ses préventions, le pourquoi de ses soupçons, l'aveu de Mme de Malan, sur un ton qui n'admettait pas la réplique, dans les flammes d'une fureur entretenue depuis la veille, qu'elle tenait du Seigneur en personne. A la fin, sans reprendre son souffle, elle exprima la plus vive de ses indignations.

— Bien m'en a pris, monsieur, de suivre votre complice ! Je sais maintenant que Mme de Maintenon dirige ce complot, et sans doute, quand vous aurez déchargé votre conscience de ses crimes, car vous allez le faire devant moi, ici même, présentement, je vous le garantis, me donnerez-vous le fin mot de la participation de cette dame. Vous avez beau vous recommander du Régent, chacun sait que la marquise ne l'aime guère. Et je crois qu'en atteignant notre couvent, dont elle fut pourtant fort proche, elle aspire en premier à atteindre la réputation du duc d'Orléans. Celui-ci est un libertin notoire, mais il est aussi notre maître et protecteur, et je ne saurais supporter qu'à travers nous on cherche à lui nuire. J'ai eu le temps de méditer cela durant la nuit : les calomnies qui éclaboussent nos couvents n'ont d'autre visée que de répandre et amplifier dans le royaume le reproche d'irréligion qu'on lui fait. Je ne suis guère portée sur la politique, mais je sais que certains seraient heureux de voir l'Espagne s'allier à notre Très Saint-Père pour que la régence soit enlevée à Son Altesse Royale au profit du roi Philippe.

— Pardonnez-moi, ma mère, mais je ne comprends toujours pas un mot de ce que vous me dites, ni ce que la haute politique vient faire ici.

— Vous ne comprenez pas ? Il y a, monsieur, que vous trempez dans une cabale menée par le duc du Maine, ce farouche ennemi de notre Régent, que Mme de Maintenon a élevé à Versailles, et avec qui elle est restée très liée. Tout se tient : Mme de Montespan, la propre mère du duc du Maine, n'a-t-elle pas été écartée de la Cour pour s'être compromise avec la Voisin, la Brinvilliers, ces envoyées du Diable ? Cela doit être une tare de naissance, que de se vouer à la superstition, aux messes noires !

— Ma mère, je vous conjure de m'écouter, je suis tout autant que vous acharné à détruire ces fléaux. Si vous me laissiez placer une phrase...

— Ta, ta, ta! Vous parlerez quand j'en aurai fini. Dieu m'ayant désignée pour éventer cette indignité, j'irai moi-même rapporter ces faits à Son Altesse Royale. En venant me visiter avec une impudence extraordinaire, sachez que vous vous êtes livré de vous-même. Vous ne sortirez d'ici que lorsque le Régent vous enverra chercher pour vous pendre. Jusque-là, vous resterez sous la garde de mes gens.

— En avez-vous fini, ma mère ? En vous écoutant, je vois clairement ce qui aura pu vous abuser. Apprenez cependant à votre tour que votre Sénéchal, je ne l'ai jamais vu de ma vie, ce qu'il pourra, je l'espère, bientôt vous confirmer. En revanche, vous dites qu'une portière a causé avec son assistant. Celui-ci ne serait-il pas un maigre échalas, jaune de teint, au très long nez, la peau grêlée de petite vérole ?

— Je ne sais, monsieur, ne m'étant point arrêtée à ces détails. Si vous croyez vous sortir ainsi de cette ornière, je vous trouve mal inspiré.

— Il suffit de faire venir votre portière, et de lui demander de décrire son homme, sans que j'intervienne. Quant à Mme de Maintenon, bien qu'elle soit au mieux avec le duc du Maine, vous la soupçonnez bien à tort. C'est à Saint-Cyr que s'est réfugiée Mlle Passevent, par la faveur de cette dame, et par l'amitié ancienne qui la lie à ma tante Mme Paroton. Cela, je pense, vous sera facile à vérifier. Ma femme, et non ma complice, pourra vous y conduire à votre convenance. Vous verrez alors que Mmes de Malan, Paroton, et Mlle Passevent y sont traitées le mieux du monde, et y demeurent de leur plein gré.

La mère supérieure, ses certitudes à demi ébranlées, ne s'avoua pas vaincue aussi vite. On fit d'abord venir la portière, qui confirma le portrait d'Astromaris, et fut très sévèrement tancée pour avoir cru le premier venu et avoir inconsidérément bavardé avec lui.

Ensuite, Florent dut encore détailler comment, où, et par qui il avait pu s'accointer avec le vrai coupable.

— Mme de Tencin m'ayant fait la faveur de me mener chez la duchesse de Retz, j'y ai fait connaissance avec le bonhomme et sa sœur, dont vous savez l'existence par la confession de la comtesse de Malan. Voilà comme, ne l'ayant pas quitté d'une semelle, je me suis retrouvé avec lui, devant chez moi, sans pouvoir révéler mon identité. Cela aussi sera aisé à vérifier. Ces agents de police à qui vous m'aurez sans doute dénoncé vous diront eux-mêmes qui je suis, car je suis au mieux avec les hommes de ronde de mon quartier, qui m'appellent fort souvent pour les accidents.

— Je ne vous ai, à vrai dire, pas encore dénoncé, faute de preuves à leur donner. Je me suis contentée de rapporter les faits, cette rixe ignoble à laquelle, je dois le reconnaître, vous ne vous êtes mêlé que de loin, avant de me frapper.

Enfin, pour emporter sa conviction, le médecin fit à la prieure une bien étrange proposition, qu'il n'était pas assuré de pouvoir tenir :

— Me croiriez-vous si, un jour prochain, le Régent venait vous visiter en personne ? Je vous ai vue très émue à l'idée qu'une cabale serait montée contre lui, et cela le touchera. On le dit très à tort indifférent aux choses de la religion. Sa venue vous montrera qu'il n'en est rien, et qu'il suit de très près les affaires de vos filles.

— Le Régent ? Ici ? Chez nous ? Cela certes ferait taire les rumeurs, mais je ne sais si un tel honneur, pour nous simples filles de Dieu...

— Et pourquoi non ? Mais il faudra auparavant me laisser agir de nouveau à ma guise. Votre intervention de la nuit dernière, si elle a bien fini et m'a même, pour tout avouer, plutôt arrangé, aurait pu mettre les miens en grand danger, en me faisant reconnaître de notre gredin. Il faut me donner l'assurance que vous resterez en dehors de mes menées.

— Le Régent, dites-vous ? Sous le bénéfice du doute, je vous accorde les coudées franches, pourvu que vous n'entrepreniez rien contre la volonté de Dieu.

— Cela va de soi, ma mère, et je vous remercie de vos bontés.

— Le Régent, vraiment ? Et croyez-vous que Mme de Tencin viendrait aussi ? On dit son frère très ardent contre les jansénistes, et très écouté de Rome... Et Mme de Maintenon, pensez-vous possible qu'elle me reçoive, vraiment ?

— Nous verrons tout cela, ma mère. Pour le moment, hélas, il me faut retourner courir mon méchant lièvre.

Vanitas vanitatum, et omnia vanitas ! Il n'en avait pas fallu beaucoup pour que la supérieure, si intransigeante sur la règle et les vœux, se transforme en mondaine effrénée. Allons ! Même dans l'affaire la plus noire, on trouvait matière à sourire !

Du faubourg Saint-Jacques, encore méditant sur les risques du travestissement, chacun finissant par ne plus savoir qui il était lui-même, le médecin traversa la rivière au Pont-Neuf, parmi les étals de livres, d'estampes, de gravures, de peintures sur le vif dont les échoppes pratiquaient le négoce, et se fit transporter au pied de Saint-Eustache, chez son maître Magnus.

Enfin, ici, on pénétrait dans le temple de la raison, du bon sens, de la science !

— Mon cher Ian, vous n'imaginez pas combien cela me repose de m'arrêter chez vous. Je suis harassé de feindre le superstitieux, et d'en voir partout autour de moi. Figurez-vous que je sors de chez une nonne qui se pique de démonter des cabales politiques : si plus personne ne reste à sa place, comment ne pas s'y perdre ?

— Ne t'avais-je pas prévenu ? Il est aisé de voir que ces manigances te mettent dans un grand état d'agitation. Tu fais irruption chez moi — sans demander comme je me porte, bien, merci — et je parie que tu t'attends à trouver tout préparés les philtres que tu m'as commandés hier matin, me trompé-je ?

— Non, Ian, vous ne vous trompez jamais, ni sur mon compte ni sur celui du monde. Je crois que je vais devenir aussi fou, aussi grossier que celui que je pourchasse, et que j'ai trouvé. Sa compagnie m'est insupportable, et je la supporte, ce qui explique ma fièvre. Oui, je viens chercher mes philtres, et aussi un élixir de jouvence. Élixir de jouvence ! Mon Dieu ! Quelles balivernes ne faut-il pas inventer et entendre ! Figurez-vous que me voici dans les chausses d'un apothicaire de Grenoble, du nom de Lagriffon.

— Il n'y a pas de honte à cela, mon petit ! Tâche seulement de garder la mesure entre celui que tu es et celui que tu feins d'être.

— Oh ! Pourvu que je me souvienne de mon nom d'emprunt, sorti d'un chapeau par Mme de Tencin, et je serais déjà content ! C'est ce Lagriffon qui prétend avoir fabriqué cet élixir, pour acheter les bonnes grâces de son brigand.

— Eh bien, calme-toi. Des élixirs, j'en ai à revendre. Du parégorique, du sacré, du salutaire, du stomachique, et de propriété. Veux-tu seulement du stomachique, qui ne fera de mal à personne, ou préfères-tu que je te les mélange ? Écorce d'orange, racine de gentiane, un peu de myrrhe, et de la fleur de germandrée, que j'ai cueillie dans le bois de Boulogne. Auras-tu la patience d'attendre que je distille le tout ensemble ? Il y en a pour moins d'une demi-heure.

— Cela ira tout juste, car je dois retrouver mon mage à midi, aux Halles. Pardon de vous hâter, mais avez-vous aussi mon philtre ?

— Tes philtres, veux-tu dire ? Il me reste à coller les étiquettes, afin que tu les reconnaisses sans erreur. Aide-moi donc, cela ira plus vite. Tout de même, prendras-tu le temps de m'expliquer ce que ta Tencin vient faire dans tes entreprises ? Il me paraît que tu te plais à la nommer. Est-elle donc si charmante, cette femme ?

Florent, rougissant, se pencha sur le pinceau, la colle et les étiquettes. Une fois de plus, le diable de vieillard avait frappé juste. Eh oui, elle était très charmante, cette femme. Eh oui, il en parlait comme d'un fruit défendu, inaccessible. Mais comment aurait-il admis devant autrui ce que son for intérieur repoussait avec énergie ? Il se contenta donc de rappeler son petit rôle dans la rencontre chez la duchesse de Retz.

— Des duchesses, des salons ! Me serais-je trompé, contrairement à ce que tu prétends ? Aurais-tu pris goût à te pavaner dans le monde, mon enfant ?

— Jamais ! Jamais ! Mais il faut bien que j'aille où ces gens accrochent leurs dupes. Pour ce que j'y ai vu du monde, je le trouve encore plus vain, plus sot, plus paresseux que je ne le pensais. Quand on songe à la misère du royaume, voir ces gens s'user en divertissements vous met dans une colère noire. Tout à l'heure encore, je trouvais des excuses à mon mage, qui ne fait qu'exploiter cette mine de sottise et de crédulité étalée à ciel ouvert. Figurez-vous que la mère supérieure des ursulines s'est mise à frétiller au seul mot de Régent, impatiente de recueillir la gloire de sa visite. Une femme qui assure s'abîmer en prières ! Puisque vous l'avez nommée, oui, je crois que je préfère une Mme de Tencin, sans illusions sur ses faiblesses et ses médiocrités.

— Elle serait bien la seule ! Tiens, finissons plutôt ces étiquettes. La fiole à l'étoile contient de l'opium d'Égypte, un philtre ordinaire dont tu pourras user pour prendre tes gens à l'hameçon. Celui-ci, où j'ai dessiné la lune, est le plus fort, qui fera parler un mort. Je n'ai pas lésiné sur les proportions, ayant mis le double de graines de chanvre que d'assa-fétida. Une fois bu, le *cannabis* fera s'envoler hors de la conscience, l'*ingisech* endormira la volonté, et l'éther aidera au relâchement des sens.

— L'auriez-vous par hasard essayé sur vous ?

— Cela me regarde. Je te l'ai dit, ce philtre peut rendre fou, fais-y très attention. Quant au troisième, marqué d'un soleil, il est pour ces nigauds de disciples. J'y ai mis du séné d'Alexandrie. Les selles sont moins copieuses qu'avec celui de Provence ou d'Italie, mais il rajoute quelques coliques et douleurs de ventre, inoffensives, rassure-toi. Il y a aussi de la tithymale à feuilles de cyprès. Purgatif de paysans, certes, mais qui fait évacuer par le haut et le bas. C'est bien là ce que tu voulais pour leur faire passer le goût de ce culte ?

— Ian, que deviendrais-je sans vous ?

— Pourquoi me poser la question, puisque je serai ton ami jusqu'à ma mort, lointaine je l'espère. Je voudrais tant voir le jour où mes frères huguenots seront rappelés dans le royaume et rétablis dans leurs libertés. On dit que le Régent y pense, s'en est-il ouvert à toi ?

— Non, en aucune façon. Si j'en avais le loisir, je vous demanderais d'où vous tenez vos renseignements, vous qui ne sortez jamais de chez vous, mais le temps m'est compté.

— Hé ! On a ses informateurs, mon garçon. Il est des assemblées nocturnes, au faubourg Saint-Antoine, où se peuvent rencontrer mes coreligionaires. Mais va, va, puisque tu es tant pressé. Ton élixir est encore tiède, tiens. *La Jouvence magique de Lagriffon.* Je parie qu'il se trouverait une foule de simplettes pour se l'arracher. Et enveloppe tes fioles dans ces mouchoirs, bien serrées au fond de tes poches, celui de la lune à part. Si d'habitude je refrène tes impatiences, je t'exhorte aujourd'hui à en découdre sans tarder. Fussé-je plus alerte, je t'accompagnerais dans ces dangers, tant je hais la superstition et les superstitieux. *Superstitio ! Superstitio !*

— Oui, oui, je sais, Ian.

Si une raison unique avait dû suffire à justifier les efforts de Florent Bonnevy, elle se serait nommée Ian Magnus. Entre tous le plus excellent des hommes, le plus prompt à s'enflammer contre la lèpre qui rongeait tous les étages de la société, tout autant que Guillaume Homberg sinon davantage, c'était le vieux Hollandais qui, par sa droiture, sa rigueur, avait montré à Florent sa ligne de conduite, et lui avait enseigné à ne jamais y déroger, pour éviter le pire des malheurs, le mépris de soi-même.

Quelque peu ragaillardi, et quoique la pensée de passer la journée avec Astromaris, René, ou quel que soit son véritable nom, ne l'enchantât guère, il marcha d'un pas décidé, et même en sifflotant, jusqu'à la taverne des Halles, comme midi sonnait au clocher de Saint-Eustache.

Il y fut accueilli avec un déluge d'effusions auquel il ne se serait pas attendu, par un René à la figure meurtrie, badigeonnée de teinture d'iode, ce qui l'enlaidissait encore, à faire fuir les petits enfants. Florent songea que peut-être cette face repoussante avait déterminé la carrière du mage. Pouvait-on blâmer celui qui en était affligé de se travestir, de se déguiser, d'effacer son visage sous une cagoule? Voilà donc que cette compassion sans fondement le reprenait, une maladie chronique, assurément, qui le forçait à trouver des explications, sinon des excuses, aux agissements les plus répréhensibles. Tordant sa bouche tuméfiée en un sourire affreux, René lui ouvrit les bras :

— Enfin, te voilà, Médard! J'ai eu peur un moment que tu n'aies changé d'avis. Rien qu'à penser te revoir ce matin, vois comme je me porte bien! Nous sommes toujours à la vie, à la mort, n'est-ce pas?

— Autant qu'hier, bien sûr.

— Tu me rassures! J'ai bien cru que cette bagarre t'aurait refroidi. Je ne t'en voudrais pas, tu sais. Nous autres ne pouvons pas toujours faire les délicats pour jouer de nos musettes, cela ne va pas comme à Grenoble! Mais nous n'allons pas passer la journée là-dessus, pas vrai? J'ai laissé Rosine, ou Bélizé, c'est du pareil au même, chez nous. Elle a ses affaires et prétend n'avoir pas le ventre à la danse. Femelle nature, qui empêche de gagner son pain! Enfin ce ne sera pas plus mal, nous avons à causer entre hommes. Figure-toi qu'il m'est venu, cette nuit, n'ayant pas fermé l'œil à cause de ma bosse, une idée brillante où tu aurais ta part. Tu partageras bien un bouilli avec moi? Je te l'offre, c'est de bon cœur!

— Avec plaisir. J'en ai l'eau à la bouche. Mais ton idée si merveilleuse, quelle est-elle ? Je brûle de la connaître.
— Mangeons. Je te la dirai après.

15

Lagrivy, Bonnefon et leur contraire

— Florent ? Que viens-tu donc faire ici à cette heure ? Ne devais-tu pas passer tout le jour avec ton bonhomme ?
— C'est justement ce que je fais, Justine. Il est là, de l'autre côté de la rue, qui m'attend, m'épie peut-être. J'espère ardemment qu'il ne t'a pas entendue ! Parle moins fort, et appelle-moi M. Lagriffon, je te prie.
— Quoi ?
— Ne me laisse pas entrer tout de suite. Feins de discuter un peu, nous ne sommes pas censés nous connaître. Pour toi, je suis Médard Lagriffon, apothicaire de Grenoble, venu visiter ton époux, Florent Bonnevy.
— Ça, par exemple, serais-tu devenu fou ?
— Pas le moins du monde, et parle moins fort, je te le répète. Là, je crois que tu peux décemment me faire entrer. A force de questions, tu finirais par vraiment me laisser sécher sur le pied devant ma porte.
Et Florent Bonnevy, ou plutôt Médard Lagriffon, entra dans le vestibule, le sien s'il était Bonnevy, dont il connaissait la moindre irrégularité dans les cabochons du dallage, dont la console et son plateau d'argent jonché des requêtes de ses patients ne lui

étaient que trop familiers, une pièce où il n'avait jamais posé le pied s'il était Lagriffon.

Pour une fois, Justine était dans son bon droit en exigeant des éclaircissements. Aussi l'entraîna-t-il au salon, pour les lui donner, passant toutefois par son cabinet où chercher un peu de soude, l'infect bouilli qu'il venait d'avaler lui restant sur l'estomac, à croire que ses effets dépassaient ceux promis par le philtre à coliques.

— Me diras-tu, à la fin, ce que signifie cette mascarade ?

— C'est très simple, ma chérie, je suis là sans y être. Mon sacripant, je te l'ai dit, croit que je suis ce Lagriffon, apothicaire de Grenoble, fin connaisseur en élixirs et plantes. Cela lui a soufflé l'idée assez ingénieuse, je dois l'admettre, de m'envoyer, enfin, d'envoyer ce Lagriffon, en visite chez un certain médecin de Paris qu'on m'aurait recommandé, afin que moi, Lagriffon, je lui propose mes remèdes à expérimenter gratis sur ses malades. Tu te souviens de Rognard, l'apothicaire des Tuileries qui ne cessait de nous importuner, me vantant ses extraordinaires médications ? Eh bien, j'en suis un autre. Mon bougre d'industrieux a même eu l'audace de me munir d'un mot d'introduction écrit de sa main et signé du sieur Campardon, prétendu correspondant de l'Académie de médecine à Grenoble, pas moins, illisible, cela va de soi.

— Je n'y comprends rien, mon ami. Le soleil t'aurait-il tapé sur le crâne ?

— Attends un peu. Le plus tapé est à venir. Ce médecin de Paris chez qui je suis présentement, ou plutôt chez qui Lagriffon est, n'est autre que moi, ou Bonnevy, si tu préfères, dont mon bonhomme a par malheur appris le nom de la gardienne d'à côté, une chiche-face à qui une livre aura fait ouvrir son clapet.

Rappelle-toi qu'il croit toujours que la Passevent est dans ces murs. C'est, le plus simplement du monde, pour m'en assurer, et lui faire un rapport de ces lieux, qu'il m'a envoyé ici. Moi chez moi. As-tu compris, maintenant ?

— Mais elle n'y est pas, ta Passevent, puisqu'elle est à Saint-Cyr, tu le sais bien !

— Moi, je le sais, mais ni mon bandit ni Lagriffon ne le savent. Pauvre Lagriffon qui doit, à l'instant où je te parle, s'escrimer à franchir le barrage des gens de service, se gagner par sa mine innocente les faveurs de la maîtresse de maison — pas commode, paraît-il —, et, le plus malaisé de tout, entrer dans les bonnes grâces de ce médecin — moi, Justine, je sais, ne prends pas cet air ahuri —, en lui vantant les vertus de ses remèdes. Cela accompli, Lagriffon — moi aussi, Justine, as-tu enfin saisi ? — devra simuler un malaise, demander à aller à la garde-robe de toute urgence. Ainsi, au mépris de tout danger, ce malheureux apothicaire se débrouillera pour visiter les chambres. Je t'assure qu'emporté par son plan, c'est tout juste si mon devin ne m'a pas demandé de conclure en emportant moi-même la Passevent, qu'il présente comme sa sœur martyrisée par toi, quitte à assommer tout le monde que je trouverais sur mon chemin. Voilà pourquoi je suis ici, chez moi, et pourquoi tu ne me connais pas. Alors, madame l'épouse du médecin, si vous me rencontriez pour la première fois, vous convaincrais-je de me laisser fureter dans vos chambres, dites ? Me donneriez-vous l'espoir de forcer votre vertu, de faire votre mari cocu ?

— Tout cela est insensé.

— Et encore, tu n'as pas entendu le plus extravagant, qui vient de moi, je le confesse. Toujours avec cette mine innocente qui m'est si naturelle, j'ai proposé à mon homme de m'accompagner, l'introduisant comme mon commis. Tu aurais vu son nez immense s'allonger encore! Il lui a bien fallu m'avouer qu'il n'était pas en odeur de sainteté chez toi, étant déjà venu te menacer. Je buvais du petit-lait, tu peux me croire! De la sorte, il ne peut mettre ma bonne foi en doute, et sera obligé de me croire sur parole, n'ayant à s'en prendre qu'à lui pour avoir décliné mon invitation. Ce qu'il a fait, heureusement! J'eusse été dans mes petits souliers, pénétrant en parfait inconnu chez moi, avec mon coquet sur les talons, pendant que la maisonnée m'aurait accueilli à bras ouverts! Mon ange, n'est-ce pas plaisant? N'était Mlle de Louvières, dont je n'ai rien appris, je pêcherais de quoi m'amuser, de temps à autre, dans ce flot d'immondices.

— Certes, mais tu reconnais n'avoir pas avancé, pour cette Louvières. N'est-ce pas étrange, de se préoccuper tellement d'une personne dont nous ne savons rien, pas même quel est son visage?

— Elle, une autre, qu'importe à quoi elle ressemble? C'est la justice qui est en cause.

— Ah! Cela faisait beau temps! Par la faute de ta justice, j'ai jugé plus sage d'envoyer ce matin notre poupon chez ma mère, avec la nourrice. Tu connais ma mère, elle en aura fait des gorges chaudes, et doit en ce moment même essayer d'extorquer à la pauvre Gautière des méchancetés sur ton compte. A l'en croire, tu me maintiendrais dans une telle misère que je serais incapable de prendre soin de ma propre fille!

— Justine, je sais tout cela mieux que toi. Mais ce n'est pas le tout. Montre-moi tes chambres à l'étage, afin que je les examine, pour voir si la malheureuse sœurette de mon René n'est pas attachée sous un lit.

— Quoi?

— Je plaisante! Mais n'ai-je plus le droit de monter embrasser ma femme, si elle consent à me donner un petit baiser, avant de me renvoyer à mes tristes affaires ?

Ils le firent, Bonnevy entièrement dans le cœur de Bonnevy, le nez dans la gorge de Justine.

— Fais donc voir à un apothicaire comme sont tièdes les lèvres des femmes de Paris !

Il revêtit la peau de Lagriffon sur le pas de sa porte, où il salua fort respectueusement, son chapeau balayant la poussière, celle qu'il venait d'enlacer. René battait le pavé de l'autre côté de la rue, sous les yeux indifférents d'un groupe de soubrettes.

— Alors, l'ami ? Tu l'as vue ? Filons vite d'ici, retournons aux Halles, et dis-moi tout en route.

— Tout doux, René. Ne me demanderas-tu pas, d'abord, comment je m'y suis pris ?

— Si fait, si fait, mais dis-moi surtout où elle est, cette enfant !

— Je ne peux te le dire, car je ne l'ai point trouvée dans cette maison, que j'ai pourtant explorée de fond en comble, jusque sous les lits. J'ai eu si peur, le faisant, que ma colique feinte est devenue réelle, je te l'assure.

— Comment cela se peut-il ? En es-tu bien sûr ?

— Comme je te vois, et comme je n'ai pas vu de fille, mis à part deux souillons. Veux-tu que je te les décrive, afin que tu sois certain qu'aucune ne ressemble à ta malheureuse sœur ?

— Oui, pardi ! Ce maudit médecin l'aura peut-être fait trimer, toute demoiselle qu'elle est !

— Demoiselle ?

— Façon de parler. Je me comprends. Allons, décris-les-moi, et raconte-moi tout ce que tu auras vu chez ces gens.

Ayant détaillé les figures de Toinette et de Margot, au grand dépit de René qui n'y reconnut pas la frêle petite Passevent, Lagriffon s'ébaudit ensuite, en bon provincial, sur l'abondance du mobilier, la richesse des étoffes, la qualité des instruments médicinaux luisants dans le cabinet, la librairie garnie de livres à profusion...

— Oui, oui, tout cela est bien beau ! Mais le médecin, l'as-tu rencontré ? Et les chambres, m'en diras-tu davantage, à la fin ?

— Je l'ai manqué de peu, ce Bonnevy, hélas ! A croire qu'il n'était pas chez lui juste comme j'y allais. Mais sa femme m'a reçu fort civilement. Contrairement à ce que tu m'as dit, elle n'a point l'air d'une fâcheuse. Cela ne m'a pas été trop malaisé de visiter sa maison, il m'a suffi pour la convaincre de m'y conduire de lui en faire compliment. C'est une coquette, qui s'enorgueillit de ses fanfreluches et nouveautés, et se rengorge quand on les admire. Elle m'a même fait essayer l'échelle qui mène au grenier, qu'on descend à soi en tirant sur une poignée. Le système est fort ingénieux.

— Assez de ces détails qui ne m'intéressent pas ! Y as-tu au moins regardé, dans ce grenier ?

— Me prendrais-tu pour un étourdi ? Bien sûr ! Il y avait quatre lits vides pour les domestiques, du linge à sécher, trois panières d'osier, et voilà tout. C'est à l'étage des chambres que j'ai feint ma colique, afin que la dame me laisse seul. J'ai pu alors regarder partout, dans celle du mari, celle de la femme, celle d'un enfant qui était vide aussi, et finalement dans la chambre d'amis, jusque sous les lits, te dis-je, et dans les armoires. Je te jure n'y avoir pas trouvé trace de ta sœur, ni dans la cuisine, où une matrone sablait des cuivres. Non, mon ami, il faut te faire une raison : cette infortunée enfant n'est plus chez ces gens. Et si tu ne me crois pas, il faudra bien que tu y ailles voir de tes yeux.

— Je te crois, je te crois. Combien tout cela est contrariant ! Ils l'auront reconduite au couvent, auprès de cette satanée comtesse, plus maligne qu'elle n'en a l'air ! Me voilà dans de beaux draps !

— Dans un couvent, chez une comtesse ? Diable ! Avec de si belles protections, ta sœur serait-elle, de la main gauche, de haute naissance ?

— Ne fais pas attention, je réfléchissais à haute voix, c'est tout. Mes affaires de famille sont joliment embrouillées.

— C'est ce que je constate. Il en va de même chez nous, à Grenoble, où les époux ne reconnaissent plus leurs enfants de leurs bâtards. Cela me navre de te voir tant chagriné, moi qui pensais te réjouir en t'apportant mon élixir, et mon philtre ! Ne tient-elle plus, notre association ?

— Mais si, elle tient. Fais-moi donc voir cela, là, dans l'arrière-salle de notre cabaret, où nous serons tranquilles.

Florent sortit de sa poche la bouteille de jeunesse éternelle, et prit bien soin d'en tirer seulement la fiole d'opium égyptien, marquée d'une étoile, pendant que dormaient dans leur lange celle à la lune, et la troisième au soleil, au flanc gauche de son habit.

— Vois-tu comme il est pur et transparent, mon élixir ? Notes-tu son appétissante couleur rose ? J'ai eu l'idée d'y ajouter une distillation de groseilles, pour lui donner bon goût. Quant à ce philtre, il te persuadera de ses bienfaits quand tu en auras tâté. Ce sera ma meilleure réclame. Mais en user ici serait pure folie. Toi qui es de la ville, n'aurais-tu un endroit sûr où nous conduire ?

— Je ne m'en sens guère de l'essayer sur-le-champ, avec ma tête meurtrie, et le nouveau souci qui m'accable. Nous ne sommes pas si pressés, l'ami. Confie-moi donc ta fiole, et inscris-m'en la formule.

— Donnant-donnant, René. Quand tu en auras goûté, et en seras content, alors je te révélerai sa composition.

— Le marché est juste. C'est que tu n'es pas si bête, toi, pour un Grenoblois !

— En serais-tu surpris ? J'ai, pour l'élixir, pensé à l'appeler *Jouvence de Lagriffon*. Cela sent son apothicaire, et le rend sérieux, qu'en dis-tu ?

— *Jouvence d'Astromaris* serait cent fois préférable. Les gens achètent de la magie, Médard, de la féerie ! Foin de ton sérieux ! Penses-tu vraiment que j'y croie, moi, à ta jeunesse éternelle ? Cela ne m'empêchera pas de la promettre et de la vendre !

— Mais pourtant, il fait son effet, je te le garantis !

— Tant mieux, mais je m'en moque. Tout est dans l'annonce, Médard, c'est la première chose dont tu dois te persuader, en bon associé.

— Ah ! Que j'admire l'audace de tes visées ! Pour tout cela, je te laisserai seul décider. Je suis mauvais juge en ces affaires, et d'ailleurs, il va me falloir retourner à Grenoble tantôt.

— Retourner à Grenoble, si vite, quand nous venons de nous rencontrer ? Et pour quoi y faire ?

— C'est, hélas, dans quelques jours, le premier anniversaire de la mort de ma fiancée aimée. J'y vais engager des pleureuses, faire dire des messes à sa mémoire, et poser son buste martelé dans le porphyre sur l'autel d'une chapelle bâtie exprès.

— Diable ! Cela doit te coûter chaud ! C'est pour cela que tu veux repartir ? Crois-tu vraiment que ces simagrées apaiseront ton chagrin ? Allons, mon frère, j'ai bien meilleur à t'offrir, bien meilleur, oh oui, une célébration qui pourra faire revenir ta promise, devant tes yeux, en chair et en os, telle que tu m'y vois, et non dans le marbre froid.

— Comment serait-ce Dieu possible ? Il m'arrive,

dans mes rêves, de la voir apparaître, je voudrais alors la happer, mais elle se dérobe à moi, et je me réveille en pleurant. Ces visions sont délicieuses, et je les honnis tout ensemble, car à chaque fois ma douleur s'en trouve attisée.

— Je ne te parle pas de visions, Médard. Cela, chacun en est capable. Je te parle d'une revenante ici-bas, telle qu'elle était dans la gloire de sa beauté. Il y faut beaucoup de temps, de la croyance, des incantations à son âme vénérée. Il y faut aussi une initiation, naturellement. C'est de cela que je me porte garant. Mais j'ai déjà bien trop parlé. Ces mystères ne doivent être dévoilés, et je ne m'en serais jamais ouvert à toi, fût-ce en restant sur leurs bords, si je n'avais été entraîné par la confiance que je te porte. Allons, oublie ce que je t'ai étourdiment révélé, et va donc à Grenoble faire dire tes messes, et souffrir tes vaines rêveries !

— Ah ! Tu en as trop dit pour te taire, René ! La confiance dont tu m'honores, je te la rends mille fois. Déjà, chez la duchesse de Retz, je fus fortement ému par tes talents de divination. Ce que tu pressentis était si fort, si remuant, si bouleversant, que je me disais en mon for intérieur qu'un tel homme devait posséder des pouvoirs extraordinaires. Pourquoi crois-tu donc que moi, si méfiant d'habitude, je me sois lié si vite d'amitié avec toi ? C'est parce que j'ai deviné en toi quelque chose... quelque chose de magique, voilà.

— Vrai ?

— Aussi vrai que je m'appelle Lagriffon.

— Connais-tu les religions de l'Orient, Médard ? As-tu, d'aventure, trouvé dans tes livres l'histoire merveilleuse d'Isis, celle d'Osiris, et encore celles du dieu scorpion, du grand serpent, tous deux venus d'Égypte ?

— Non. Je ne sais rien de ces dieux-là.

Alors, Astromaris entama son couplet du grand prêtre. Calambistris et *tutti quanti*. Promenades au rivage des morts, incursion dans les astres et les temps anciens, voyages dans l'au-delà, retrouvailles, etcétéri, etcétéra.

— Ton aimée, à l'heure qu'il est, attend sans doute que tu viennes la visiter dans les planètes où elle vole à sa guise, et gémit de ton retard. Le vent apporte parfois les tristes gémissements de nos défunts, ne l'as-tu jamais remarqué ?

— Tu veux dire que ce que je prends pour grincements de portes et de volets ne serait autre que les plaintes de ma bien-aimée ?

— Tout juste, Médard.

— Ça alors, et moi qui n'y prêtais pas l'oreille, la mécontentant de ne pas lui répondre ! Mais comment, toi-même, as-tu été initié à ces mystères ?

— J'ai été élu, pardi ! Cela s'est passé fort simplement. De nuit en nuit, et chaque nuit davantage, les morts en grand nombre sont venus me parler, puis m'ont conduit par la main dans les cieux, auprès de ces divinités. Elles m'ont alors donné pour mission de choisir à mon tour, parmi les âmes en peine, les seuls hommes dignes de célébrer leur culte. Ils se comptent sur les doigts des deux mains, à peine. Au début, je n'y croyais pas moi-même. Mais ces dieux de la Perse, des Indes, de la Chine et de l'Égypte sont impitoyables. Une pluie de malheurs s'est abattue sur moi et les miens, quelque chose comme les plaies de l'Égypte, justement. Non seulement j'y ai cru, mais je leur obéis maintenant sans réserve, comme mes disciples doivent m'obéir, s'ils ne veulent pas irriter nos dieux.

— Voilà qui est bien fâcheux !

— Mais non, car on les calme par des offrandes que je leur transmets lors de mes voyages. Ils en sont très friands, et hâtent les séjours astraux des fidèles qui savent les combler. Crois-tu qu'on accède à eux, et par eux à ses chers disparus, sans quelque sacrifice?

— Non, certes. Et cela ne me gêne pas. Je t'ai dit me contenter de peu et n'avoir rien mangé de mon héritage. Crois-tu, René, crois-tu que tu me ferais tenter l'aventure?

— Appelle-moi Astromaris, quand nous parlons de ces choses. Tenter l'aventure? Tu veux dire, essayer seulement? Cela se peut, mais le don est alors plus élevé, et c'est bien naturel. Les divinités anciennes n'aiment guère que l'on vienne les visiter comme une galerie de tableaux, et qu'on s'en retourne. N'as-tu pas compris qu'elles sont fort irritables, et pointilleuses sur le respect qui leur est dû?

— Soit, soit. Je ne veux pas les fâcher avant que de les avoir vues! Le don, je le ferai, pourvu que tu m'autorises à participer au culte qui serait, si je t'entends bien, une sorte de messe?

— Une messe à l'envers, leur rayonnement tout intérieur ne se ressentant que dans l'obscurité.

— Et qu'y fait-on, dans le noir, où on ne voit goutte?

— Ça, mon ami, il est trop tôt pour te l'apprendre. Secret d'initié. Sache seulement que ton philtre, s'il s'avère puissant, y tiendra sa place.

— Et cela, tes dieux ne me le tiendraient-ils pas pour preuve de ma bonne volonté? Oh! René, Astromaris, pardon, il n'y a rien au monde que je souhaite davantage que de revoir ma bien-aimée, ne serait-ce qu'un instant, pour lui déclarer mes feux. Pour cela, dis aux divinités que je suis prêt à donner ma fortune. Dis-leur, je t'en supplie! Recommande-moi auprès d'elles, je t'en conjure!

— Tout doux, Médard. Pour le moment, un petit

empêchement me prive d'un souterrain où célébrer le culte. L'endroit où nous étions accoutumés n'est pas sûr, on pourrait nous y guetter. Il faut que j'en cherche un nouveau, et l'entreprise est dangereuse, tu l'auras aisément compris. En outre, et cela me contrarie fort, le souci de ma sœur, cette pauvre enfant dont tu m'as appris qu'elle n'était plus chez ces gens, me force moi aussi à quitter Paris, pour une bonne dizaine de jours, le temps d'aller et de venir. Affaire de famille à régler en province, à laquelle je ne puis me soustraire plus longtemps. J'emmènerai l'aînée avec moi. T'ai-je dit que Bélizé est mon assistante dans ce culte, grande prêtresse elle aussi ? Elle a, dans ses coffres, un pendentif d'émeraudes que lui ont remis ses nobles ancêtres, lors d'un de nos voyages à travers le temps, qui nous a menés dans l'antique Constantinople. Eh oui, mon ami, d'où penses-tu qu'elle sait la danse du ventre ? Quoique née dans ce pays, c'est une authentique Circassienne !

— Je m'en doutais. Mais ton départ m'anéantit. Comment, après m'avoir redonné l'espoir, tu me laisserais choir ? De plus, tu me dis que tu n'as plus de lieu où célébrer ton culte ! Et si je t'en trouvais un, moi, pendant ton absence ?

— M'en trouver un ? Veux-tu donc nous faire tous arrêter ? Ne mesures-tu pas les risques de nos célébrations ? Qu'un suppôt de la religion en soit informé, et ce serait la Bastille, à tout le moins !

— Mais pourquoi ? S'y passe-t-il donc des choses si terribles ? N'a-t-on pas le droit de prier qui on veut ?

— Chut ! Mystères non révélés. Va-t'en plutôt à Grenoble, pleurer ta promise dans la religion du Christ.

— Certes non ! Je m'y refuse ! Astromaris, je veux devenir ton disciple le plus fidèle. Si je retrouvais ta sœur disparue, pendant ton absence, serait-ce un gage suffisant de mon dévouement ? Me laisserais-tu alors, sans défiance, te procurer un lieu où célébrer ce culte auquel j'aspire, dont je suis si impatient ?

— Oui, sans doute, cela ne me coûte pas, car je ne vois pas comment toi, apothicaire de Grenoble, tu retrouverais cette demoiselle.

— Mais justement ! C'est parce que je suis apothicaire, et de Grenoble, que je saurai gagner la confiance de ce médecin. Oh ! Sois sans crainte, j'avancerai sur des œufs, sans te nommer. Je m'enquerrai seulement, en questions subtiles, de la jeune fille. A essayer, je ne risque rien d'autre qu'un échec.

— Soit, soit. Je crois que mes révélations te portent à rêver déjà plus que de raison. Ah ! Si seulement je n'étais pas obligé de partir, j'arrangerais tout cela moi-même ! Me voilà réduit à m'en remettre à un provincial, qui s'imagine que ces affaires se traitent d'une chiquenaude ! Allons, topons là. Si ton philtre fait son effet, si tu retrouves ma sœur par miracle, alors j'agréerai ton lieu de culte. Avec des si... Autrement, tu patienteras jusqu'à ce que je te rappelle. J'en suis aussi marri que toi, mais il faut savoir mesurer la gravité des circonstances. Et je dois partir, tu entends, je le dois !

— Je m'y résigne donc. Mais comment te retrouverai-je ? Je ne sais pas même où tu loges. Me feras-tu prévenir à ma pension, *Aux Enfants du Bon Dieu* ?

— Il ne manquerait plus que cela ! Non, tu n'auras qu'à venir ici, chaque jour à partir du dixième d'aujourd'hui. Je t'y laisserai un billet, quand je serai de retour à Paris, et tu me narreras le succès de tes chimères. J'ai soif, et la tête me lance. Je vais nous commander un autre carafon d'eau-de-vie.

Astromaris, d'humeur bourrue, boitilla vers le cabaretier, avec qui il parlementa un moment.

Florent, resté seul, se sentait abattu par le découragement et l'amertume. Quoi ? Une joute oratoire aussi épuisante n'aurait donc abouti qu'à faire fuir le bonhomme, si près du but, quand le médecin se voyait déjà encagoulé dans une cave ? A n'en pas douter, l'absence de la Passevent l'avait mis en alerte. Il avait sûrement formé le plan de changer la cachette de Mlle de Louvières, de la séquestrer maintenant plus loin, au fond d'une province, en compagnie de sa commère Bélizé, la sœur aux émeraudes de Constantinople serrées dans leur galetas de l'impasse ! Et dire qu'il s'était contenu toutes ces heures, feignant de croire en bon nigaud à des billevesées de ce tonneau ! Les suivre ? Chevaucher derrière eux des jours durant, au risque de se faire deviner, sur quelque chemin de campagne enfariné de poussière, au risque de les voir tuer leur prisonnière, si elle n'était déjà morte ? Un coup d'épée dans l'eau, dangereux, impossible enfin, d'autant que rien ne prouvait que René partait dans ce dessein. Mieux valait, et de loin, s'en tenir à ces propositions, lui produire la Passevent, lui faire boire le philtre à la lune, lui arracher enfin le lieu où était détenue Mlle de Louvières. Et pour cela, il faudrait trouver un lieu de culte plausible, où donner enfin le dernier acte de la pièce, et son dénouement. Mon Dieu ! Et s'il était trop tard ? Si Bénédicte de Louvières était déjà morte depuis longtemps ? Mais non. L'homme était trop cupide, avaricieux, âpre, pour ne point espérer tirer de l'argent de sa disparue, et pour cela, il fallait qu'elle restât vivante.

Attendre, encore attendre, et pour combien de jours ?

Tandis que Florent se tourmentait, René avait commandé au cabaretier de dire à sa mère, la Clairon, qu'il lui faudrait tenir prête sa pensionnaire, la nipper en paysanne, pour partir à l'aube du lendemain. Il n'y avait plus à tergiverser : on se débarrasserait de celle-là en la livrant aux Bennezard du Perche, en place de leur Donatienne noyée. Ainsi, si jamais la Malan ou la Passevent parlaient, n'y aurait-il plus de trace de son forfait. Du moins Nulleterre aurait-il tiré son argent de la première disparue, une somme insuffisante pour acquérir la maison qu'il voyait en songes, mais qu'y pouvait-il, si tout se liguait contre lui pour lui mener la vie si rude ?

Accablé de fatigue, lui aussi, il revint s'attabler auprès de Lagriffon, qu'il n'était même pas content d'avoir ferré si vite. Trop pressé, celui-là. Encore un capricieux, qui voulait voir ses souhaits réalisés tout de suite. A quoi bon une dupe à plumer, vrai, si on n'en avait pas le loisir ? Tout de même, de ce paon-là aussi il saurait bien tirer un morceau de fortune.

Alors, lui exhibant le triste sourire de ses sinistres traits, Astromaris (ou René) trinqua à la santé de Médard (ou Florent), à la sienne aussi, et enfin à la réussite de leurs entreprises, chacun spéculant qu'il aurait bien besoin d'un peu de chance. Ainsi, ils se quittèrent, unis par une même espérance, bien que leurs desseins fussent aussi contraires que le Levant l'était du Couchant, et le blanc du noir.

16

Une grande cave chez une dame

Seul le Seigneur miséricordieux, ou, qui sait, l'apitoiement des divinités orientales, aurait pu empêcher Astromaris d'arracher Bénédicte de Louvières aux soins de la Clairon.

« Sauve ton peuple, ô Dieu ! Bénis ton héritage, daigne le protéger, aime en lui ton ouvrage ! » Mère Angèle avait beau prier à matines, prime, tierce, vêpres, complies, Dieu n'avait pas répondu à ses appels. Il n'avait pas davantage prévenu Florent Bonnevy de ce qui se tramait, laissant ce mécréant patauger dans les affres de son impiété. Quant à Isis, à Osiris, au serpent et au scorpion, ils avaient trop de cruauté pour intervenir. Bien au contraire, ces dieux barbares semblèrent avantager leur grand prêtre. Le cousin Bennezard ayant prêté son carrosse pour le voyage — une voiture bien suspendue aux flancs ornés d'écussons —, le frère et la sœur Nulleterre se transportèrent en gens du monde à Montrouge, en lisière de la friche où s'écroulait la cabane de la Clairon.

Bélizé, qui commençait à trouver que ce manège l'entraînait où elle n'avait nulle envie de se rendre — ni dans le Perche, ni en prison —, avait décrété qu'elle ne sortirait pas du carrosse, refusant de gâter ses mules de soie brodée aux alentours de cette masure. Elle s'y résolut pourtant, René lui ayant commandé d'éloigner la marmaille, les trois garçons et les jumelles, dont les cœurs sensibles devaient être préservés de tout tracas. Quand il se fut assuré que sa gentille famille, repliée dans l'enclos à chèvres de la Clairon, s'absorbait au jeu de colin-maillard, quand il se fut attendri sur les rires de Paulin le contrefait, de Lucie la fluxionnaire, Astromaris se déchaîna. Aveuglé par sa volonté forcenée de se renter enfin sur cette chair tendre à la peau veloutée, il enleva brutalement la pensionnaire qui renâclait, ruait, hurlait entre ses serres. Ce fut un arrachement partagé, la Clairon pleurant cette fillette dont la délicatesse des cheveux et du linge, les grâces et les comportements avaient fait approcher à la matrone des raffinements qui n'étaient pas de sa misère. Cette affection avait éclos dans le cœur desséché de la vieille lorsqu'elle avait, pour la première fois de sa vie, reçu un baiser sur sa joue ridée, pour avoir posé devant la petite un méchant brouet, dans une grossière écuelle de grès. La Clairon aussi supplia, sanglota, se pendit au jupon de toile, mais rien n'y fit, rien ne toucha l'âme insensible du bourreau : il jeta la séquestrée dans la voiture, cul par-dessus tête, lui lia les poignets à une barre de la capote, par une corde serrée. Puis, tandis que Bélizé s'installait sur une banquette, il épancha son humanité sur les têtes pouilleuses des siens, leur promettant d'avoir bientôt leur maison en pierre, avec une grande cheminée pour l'hiver et un jardin pour l'été, jonché de roses odorantes. Enfin, il lança les chevaux en soulevant la poussière, sans un regard vers la Clairon qui se tordait les mains sur le sentier. On irait à bride abattue vers Authon, le village du Perche où les Bennezard attendaient la renaissance de leur fille noyée, père et mère assis dans la tourelle de leur manoir, s'usant les yeux à contempler les troupeaux de bovins, les pâtures jaunies par le soleil, et, au-delà de la pièce d'eau fatale dont on laissait désormais rouiller l'inutile machinerie, la route où nul ne s'annonçait.

Nulleterre avait calculé largement la durée de son absence, comptant, entre les deux jours pour aller, les deux autres pour revenir, la petite semaine nécessaire à convaincre ces parents meurtris que la fille livrée était bien la leur, revenue d'entre les morts, aussi peu semblable fût-elle, par l'apparence et le caractère, à leur Donatienne perdue. Plus ancrée la persuasion, plus coûteuse la demoiselle, hé !

Florent avait repris ses tournées aux malades. Malgré la canicule chaque jour plus étouffante, la pluie qui ne venait pas, le ciel lourd, il arpentait les rues de la ville, avec sa sacoche et son inspiratoire, qui permettait aux gens incommodés de respirer plus librement. La chaleur avait fait fuir grands et bourgeois dans leurs campagnes, ne laissant à Paris que les plus démunis, comme d'habitude. Indifférent aux rigueurs de l'été, le Régent continuait d'y travailler — et de s'y débaucher —, enfermé au Palais-Royal, dans ses ailes publiques ou ses appartements très privés. Ceux-là étaient si bien gardés des importuns qu'on avait su qu'une nuit, alors qu'il était pris d'un malaise de boisson, la fille avait qui il couchait s'étant affolée, l'huissier avait refusé de faire chercher de l'aide, sans démordre des ordres intimés.

Philippe d'Orléans avait narré l'incident en souriant à Bonnevy, satisfait d'être aussi bien obéi. Cela se passait pendant qu'ils faisaient de la chimie, devisant comme à l'accoutumée de tout et rien, principalement de rien, le duc ayant fait la sourde oreille aux allusions de son médecin à la question du retour des huguenots. Plus exactement, il avait agité les doigts, marmonnant que cette broutille-là passait loin derrière la dette de l'État, et derrière les complexités de la politique des nations, du jeu des traités à signer, des délicates alliances à nouer, dans ce ménagement de la chèvre et du chou auquel il excellait. Beaucoup estimaient qu'il s'y complaisait même, reproche que Bonnevy réfutait, traduisant ce trait par une volonté de préserver la paix en ne fâchant personne.

Ce soir-là, peut-être parce que ce *mezzo termine* s'appliquait à lui, peut-être parce que son impatience lui aiguisait les nerfs, Florent y avait décelé, plus que de la tiédeur, une répulsion à s'engager. Aussi avait-il avancé à pas très mesurés, avant d'entretenir Philippe d'Orléans de l'ennuyeuse promesse faite étourdiment à la prieure des ursulines. Il avait vanté la vertu des nonnes, l'atmosphère d'extraordinaire piété qui baignait le couvent, le désir immense de la communauté de dire sa fidélité à son protecteur, tricotant de la louange sans progresser d'un pouce, le Régent faisant mine de ne rien entendre.

Enfin, sortant de sa distraction, le duc s'était écrié :

— Me prenez-vous donc pour un vieillard oublieux ? Il n'y a pas quinze jours, vous étiez offusqué des licences qui s'y commettaient, et vous voici à présent confit en admiration ? A ce propos, vous ne m'avez rien dit de Mme de Malan, comme je vous en priais. Avez-vous arrangé son différend avec vos ursulines ? Vaut-elle encore la peine qu'on la regarde, cette ancienne beauté ? Allons, vous perdez votre temps à jouer au renard avec moi. J'exige des explications, avant que de vous écouter me demander une faveur, car je sais bien que vous allez y arriver, n'est-ce pas ? Cela sans qu'il soit dit que je songe un instant à vous l'accorder.

Alors, ne trouvant plus d'échappatoire, il fallut bien que Bonnevy en vînt à la vraie raison de sa requête.

— Connaissant la grande sollicitude que Son

Altesse Royale a toujours manifestée envers les gardiennes de la religion, j'ai laissé entendre à la mère supérieure que vous vous rendriez en son couvent, afin de lui montrer votre intérêt pour ses œuvres d'éducation. Il se trouve par ailleurs, et très fâcheusement, que cette excellente mère a nourri contre moi quelques préventions mal inspirées. Aussi ne vous cacherai-je pas plus longtemps que votre visite vaudrait garantie pour moi.

— Ah, nous y voilà ! Quelques préventions ? Et de quelle sorte ? Il faut qu'elles soient bien sérieuses, pour que vous osiez me déranger, mon brave.

Derechef le chimiste, piètre menteur, résolut de dévoiler la vérité sur l'enlèvement. Faisant cela, il savait qu'il marchait dans un champ miné, tant le Régent raffolait de la divination, des prédictions, pourvu qu'elles lui fussent favorables. Le duc n'aurait pas admis que l'on désirât confondre des gens de cette sorte, sans qu'on lui eût exposé l'étendue de leurs méfaits. C'est pourquoi, espérant que Son Altesse serait aussi muette sur cette affaire qu'elle l'était sur celles du gouvernement, Bonnevy lui en résuma-t-il les tenants et les aboutissants, de quelle vilenie on l'avait cru coupable, comment il s'y prendrait pour confondre le mage, comment enfin il s'aiderait, durant la messe noire, de son philtre pour le faire avouer. Il omit seulement, dans son récit, le mauvais rôle tenu par Mme de Malan. Tout en parlant à mots très prudents, enjolivant ici, retirant là, il naviga au gré des ombres passant sur le visage du Régent, selon qu'il semblait lassé ou remué, sachant que, pour obtenir gain de cause, il lui fallait piquer son goût pour le divertissement.

— Je me dois de prévenir Son Altesse que, si elle consent à visiter ces ursulines, elle n'y trouvera pas Mme de Malan, exilée ailleurs pour sa sécurité, car je crains que ce mage, connu d'elle, ne veuille aussi l'enlever.

— Connu d'elle? Si je vous entends bien, votre escamoteur de jeunes filles — qui lui jetterait la pierre, si elles sont faites à ravir? — officiait dans le couvent sous le couvert de la Malan. Cela ne m'étonne pas de son tempérament. Parmi d'autres plaisirs, nous avions en commun, jadis, celui des séances de lecture dans les cartes. L'avoir exilée ailleurs, cependant, sans m'en avertir? Votre impudence pourrait bien, un jour, vous coûter cher. A me traire ainsi ma patience, elle sera bientôt tarie.

— Que Son Altesse Royale me pardonne, mais cette dame se trouve, à cette heure, sous la protection même de celle qui l'avait bannie de la Cour.

— Chez Mme de Maintenon? A Saint-Cyr? Comment diable avez-vous réussi ce tour de force auquel je ne peux croire?

— Elle y est... incognito, à cause de ce danger qui la menace.

— Oui, oui, oui. Encore une de vos ruses, monsieur le vertueux, le donneur de leçons! Pour un peu je vous prêterais à l'abbé Dubois, qui saurait utiliser vos tours de diplomate. Mme de Malan se trouve donc chez Mme de Maintenon, qui lui accorde son soutien, trompée sur son identité? En matière politique, cela pourrait vous mener aux galères! Ou au gouvernement. Heureusement pour vous que tout cela m'amuse, ce que vous présumiez sans doute avant d'oser me le décrire. Savez-vous pourquoi je vous aime bien, Bonnevy? Dites, le savez-vous?

— Son Altesse Royale me fait trop d'honneur.

— Encore une réponse de diplomate. Je vous aime bien et me montre indulgent, trop, sans doute, parce que vous me comprenez mieux que tout le monde, et même que Madame, ma chère mère. Ceux qui m'entourent me regardent sans se défaire de leurs idées sur celui qu'ils voudraient que je sois. Vous seul me prenez tel que je suis. Allons! J'irai chez vos ursulines, à l'impromptu, quand j'en aurai le loisir. En échange, car il faut toujours un échange, en ces matières de faveurs, j'irai aussi à votre messe noire, incognito, naturellement, comme se déplace notre Malan, ce contre quoi vous ne trouvez rien à redire.

— Vous, Votre Altesse? Mais ce n'est pas le lieu pour...

— Je ferai comme j'ai dit.

— C'est que, justement, le lieu me fait encore défaut. Il me faut le dénicher dans les jours à venir.

— Dénichez, dénichez! J'entends, une fois emplie ma part du service, que vous emplirez la vôtre.

— Certainement, Votre Altesse, certainement.

— Un dernier mot, Bonnevy. Ce philtre, pourquoi ne l'avons-nous pas fabriqué en notre laboratoire? Croyez-vous donc que je me contente de vos médiocres distillations? J'entends ne pas être pris pour un novice, et que vous me ferez tâter bientôt de vos alchimies.

— Ces alchimies, qui n'en sont pas, me viennent de M. Magnus, qui seul en connaît les compositions.

— Eh bien, faites-le venir, ce vieux huguenot. Inutile de protester, nous savons qu'il se rend à de certaines réunions secrètes, où s'assemblent ces prétendus réformés. Oserez-vous nier que vos questions sur le retour des huguenots étaient destinées à son usage? Je m'étonne que, dans votre outrecuidance, vous ne me demandiez pas aussi d'aller visiter les gens de cette religion. Il devra pourtant vous suffire que je me rende chez vos ursulines, et à votre messe noire. Dieu d'un côté, le Diable de l'autre : autant les ménager tous deux, car je ne sais qui je rencontrerai dans l'au-delà. Je vous trouve bien avisé d'agir de même, mon brave : sous vos airs de moraliste, je ne saurais jurer où vous penchez. Allez trouver votre cave, et je serai des vôtres. Sinon, je vous le répète, je pourrais bien m'agacer de vos continuelles sollicitations.

Muni à la fois de cette assurance et de cette inquiétude, Bonnevy avait passé les jours suivants à tourner cette difficulté dans son esprit. Où chercher une cave sûre, avant même de la trouver ? C'était, à vrai dire, le dernier obstacle à lever avant le retour d'Astromaris, feindre d'avoir rattrapé Mlle Passevent n'ayant — et pour cause — rien de malaisé.

Plus les jours passaient, et plus l'inaction l'enfiévrait. Le médecin n'avait pu se retenir d'aller à la taverne des Halles, chaque matin et chaque soir, dès le lendemain du départ d'Astromaris et Bélizé, ensemble désireux et anxieux d'y trouver un billet lui fixant rendez-vous. Il allait aussi visiter ses fondations, hôpital, orphelinat, asile des filles perdues en passe de s'achever, parcourus de menuisiers, maçons, peintres déjà. Ces maisons n'attendraient bientôt plus qu'une congrégation pour les diriger. Si Bonnevy était tant pressé d'arrêter le malfaiteur, c'était aussi, et peut-être principalement, pour dissiper ce souci, avec l'arrière-pensée qu'une fois le couvent innocenté, la prieure des ursulines ne pourrait lui refuser sa tutelle.

Dès le lendemain de son arrangement avec René, pour tromper une attente qui lui pesait, Florent était retourné dans l'impasse de la rue Neuve-Saint-Denis, se faisant passer pour un ami de Bélizé.

— Bélizé, vous savez bien, la jeune femme aux cheveux noirs, si accorte, qui fait profession de danser. Vous l'aurez certainement vue sortir de chez elle habillée en Turque, avec son frère.

Partout, on le regardait en demi-dément, jusqu'à ce qu'une fillette malingre le tire par la basque de son habit, comme il sortait découragé d'une tantième échoppe. Assise à même la terre, elle était occupée à jouer aux osselets, sans autre vêtement qu'une courte camisole.

— Monsieur! Il ne faut dire à personne que Mlle Rosine s'appelle Bélizé. C'est un secret.

— La connais-tu donc?

— Oui-da. Je viens parfois chez elle, où elle me coiffe et me donne du ruban.

— Pourras-tu me montrer où est ce chez elle, contre une chose qui te ferait plaisir?

— Aurais-je un sou, pour un sirop d'orgeat, si je vous y mène?

— Tu en auras dix, car tu m'as l'air d'une bonne petite fille.

— Alors, venez, monsieur.

C'est ainsi qu'il pénétra dans le logis de René et Rosine après, certes, un fort coup d'épaule dans la porte close. C'était un taudis sans mystère, où il n'y avait rien à trouver que l'indigence et la médiocrité. Peu de mobilier, et vétuste. Guère d'ustensiles pour la cuisine, réduite à un brasero encoigné dans l'une des deux chambres. Partout, un désordre extraordinaire de turqueries, d'affiquets orientaux, de pauvres déguisements de forains. Et, hélas, nulle trace de Mlle de Louvières.

Édifié, voire ébranlé par l'existence dérisoire que supposait un tel logis, Florent, trop irrité de son attente, se retint pourtant d'éprouver ne fût-ce qu'un peu de sa compassion universelle. Que faisait René, décidément, de l'argent si âprement gagné? « Ces gens n'ont que ce qu'ils méritent, se dit-il, et leur logement ressemble à leur cœur repoussant. »

Irrité, il l'était chaque jour davantage. Sans doute la canicule y avait-elle sa part, et aussi les plaintes de Justine, son insistance à l'emmener avec elle, leur poupon et un fourgon de malles, dans la maison que possédait sa mère à Sèvres.

— Crois-tu donc que je puis me permettre de quitter la ville ? Pars donc, toi, avec notre Camille, et sans tarder. Je suis pour une fois de l'avis de ta mère : cela vous vaudra mieux que de suffoquer aux Tuileries.

— Partir ? Te laisser seul ? Jamais ! Tu serais trop content, n'est-ce pas ? Ne serait-ce pas l'occasion de céder à je ne sais quelle désœuvrée, affamée de voluptés ?

— Justine, tes soupçons m'excèdent. On croirait que tu prends plaisir à me harceler sur des constructions chimériques.

— Je ne suis pas aussi naïve que tu me souhaites. Tes comtesses, marquises, duchesses, Malan, Retz ou Diablesse, la ville en regorge, qui te font chercher pour je ne sais quelles langueurs ! Tiens, je parie que même la prieure frétille à ta vue, puisque tu l'auras mise dans ta poche, comme les autres !

Justine ne se trompait pas entièrement, ni sur les dames, ni sur les langueurs. Ces saynètes d'une jalousie qui prêchait le faux pour apprendre le vrai étaient coutumières. Mais celle-ci, qui mettait au jour l'autorité naturelle que le médecin exerçait sur les femmes, renouvela le genre, en esquissant la solution que Florent cherchait en vain. N'était-ce pas là, dans la dérobade de cette idée, que couvait la cause principale de son irritation, croissante à mesure que les jours passaient ?

— Merci, mon sucre, tu m'as soufflé une brillante résolution. Grâce à toi, je crois bien savoir où trouver la cave nécessaire à la célébration du culte, et, je l'espère, à sa fin dernière.

— Quelle histoire vas-tu encore inventer, pour me berner ?

— Plus tard, je te la raconterai plus tard, lorsque de spéculation elle sera devenue réalité. Tu sais bien que je finis par tout t'avouer, ma charmante persécutrice !

C'est ainsi que, le cinquième jour, il se rendit chez Mme de Tencin, la préférée de ses dames conquises, la seule dont les langueurs l'attendrissent. Celle-ci, au contraire de ses semblables, oisifs itinérants parcourant leurs terres, installés aux eaux, reculait autant qu'il était supportable le moment de quitter Paris. Claudine Alexandrine savait que cette parenthèse saisonnière, ce plaisant repos des gens du monde lui signifierait son exil. Une fois enterrée à la campagne, loin des fêtes, bals et intrigues, écartée des jeux d'enfer, des joutes d'esprit, des bouts-rimés, elle n'aurait plus qu'à s'y morfondre en pénitence, dissimulant sa faute jusqu'à son terme, des mois plus tard, ce ventre qui allait s'arrondissant, malgré le corset qui le bridait.

A cette heure d'après-dîner dévolue à la sieste, Claudine Alexandrine, l'humeur morose et le teint chagrin, se désolait justement de cet avenir si assommant, quand Florent se fit annoncer.

— Mon bon ami! Quel contentement de vous voir! Il n'y a plus que vous en ville, dirait-on. Personne ne me rend plus visite, comme si mon état était contagieux! A moins que mon enlaidissement ne détourne mes amis de moi.

— Moi, je ne vous néglige pas, seriez-vous affreuse, ce que vous savez n'être pas.

— Tiens? Me feriez-vous un compliment, monsieur mon médecin? Être grosse m'est pénible, et la chaleur n'arrange rien, qui me confine dans l'ombre des tentures tirées. Mais ce n'est pas tant cet enfant qui me pèse, que l'obligation de me mettre en réserve de tous les amusements. Deux heures viennent seulement de sonner, et je ne sais quoi faire du reste de la journée.

— Si vous me faites la grâce de m'écouter, vous pourriez bien tromper votre ennui, tout en favorisant mes desseins.

— Oh! Ne venez-vous me visiter que pour me demander assistance? Il faut donc que je sois bien défigurée, comme je le pense.

— Seul un aveugle vous croirait.

— Laissons là les flatteries, il fait trop chaud pour s'en émouvoir, et dites-moi quel est votre amusement.

— Grâce à vous, j'ai mis la main sur mon vaurien, sous ce nom de Lagriffon que vous me fîtes hériter de votre métayer. Vous vous rappelez peut-être que j'entendais le démasquer pour avoir mené certaines de mes connaissances à la ruine.

— Je me rappelle aussi que je n'ai pas jugé cela aussi indigne que vous le dites.

— Sans doute, mais cet homme et sa sœur — je l'ai découvert depuis en entendant leurs confidences — se livrent à de plus graves pratiques, célébrant des messes noires dans des sous-sols obscurs, faisant boire à leurs disciples des philtres très dangereux. Non contents d'abuser la crédulité du monde — dont j'aime à croire que vous n'êtes pas —, ils en sont venus à enlever une jeune fille. Cela dit sous le sceau du secret, madame : il vous faut comprendre que toute indiscrétion détruirait mon plan. Je m'en ouvre à vous, sachant que ces mots ne franchiront pas cette porte.

— Pour en être si certain, vous ne me trouvez donc pas que des défauts?

— Seul un aveugle doublé d'un sourd ne sentirait la bonté de votre cœur, madame.

— Vous en faites beaucoup, Bonnevy, je vois bien que vous n'êtes pas à votre aise en courtisan, mais c'est égal, cela m'est bien agréable, dans la solitude où je suis. Allons, revenez à votre jeune fille enlevée, cela devient très excitant.

— Ce sera selon le point de vue. Je doute qu'elle soit dans de telles dispositions. Toujours est-il que, pour dénoncer ce crime, je me vois contraint d'entrer dans ce culte diabolique.

— Eh bien ? Dois-je deviner en quoi je vous serais utile, ou vous déciderez-vous à me l'expliquer ?

— La cave où mon gredin officiait jusqu'alors lui est désormais fermée. Aussi suis-je forcé, pour hâter la célébration, de lui en fournir une nouvelle.

— Continuez.

— J'ai donc pensé que la vôtre, madame, pourrait se prêter à la supercherie, l'arrière de votre maison donnant sur la ruelle où personne ne vient.

— La mienne ?

— Votre cave, oui, le temps d'une nuit. Naturellement, vous n'y seriez pas. Il faudrait aussi vous éloigner de chez vous, car pour rien au monde je ne vous mêlerais à cette scélératesse ou ne vous mettrais en présence de ces horribles gens.

— Comment cela, ne pas m'y mêler ? Croyez-vous donc que je mettrais ma cave à votre disposition, sans figurer dans la comédie ? Vous voulez rire, je pense ! Il n'y a dans votre entreprise que la messe noire d'amusant, et vous entendriez m'en priver ?

— Madame, j'ai peur que vous ne mesuriez pas l'extrême péril de cette tromperie, qui peut en un instant se retourner contre moi. Il ne s'agit aucunement d'un jeu.

— C'est pourtant ainsi que je le prends. Si vous voulez ma cave, vous l'aurez avec moi. Entre nous, ce ne sera pas ma première messe noire, et je saurai y figurer comme il sied à ces choses, respectueuse du rite et de son célébrant. Décidément, cela n'est pas de votre monde, pour que vous en fassiez une telle complication ! On se déguise, on en appelle à Satan, Belzébuth, Lilith, et, si ces créatures démoniaques ne se manifestent pas, du moins s'y divertit-on énormément. C'est le seul danger qu'on y court, Bonnevy, je vous l'assure.

— Quand bien même je vous croirais, je vous objecterais que ce faux prêtre se défierait beaucoup d'une présence imposée par surprise, et que rien ne pourrait se faire.

— Rêvez-vous donc? Je les connais, ces gens! Il suffit de les payer pour être introduit dans leurs confréries. Ils n'épaississent le mystère que pour alourdir la somme qu'on leur remet en contrepartie. Empochée une bourse pleine de louis frappés en bon or, leurs scrupules s'évanouissent par enchantement. En or, oui, car ils raisonnent en hommes de finance, et se méfient des monnaies d'argent dont la valeur change du matin au midi. Certes, je suis friande de magie, de divination et de ces sortes de cérémonies, mais je les considère seulement comme des distractions, plus poivrées que les ordinaires. Ce serait offenser le Seigneur que de leur accorder rien qu'un peu de foi sincère, ainsi que beaucoup, hélas, y sont entraînés. Je connais des libertins qui, par bravade, se vantent de défier les commandements de la religion, et se trouvent précipités dans les flammes de l'enfer avant que d'être morts. Ces blasphémateurs ne sont point de mon école. Allons, Bonnevy, laissez-vous attendrir : je serai aussi contente que vous de voir ces malhonnêtes empêchés de nuire. N'est-il pas légitime que la propriétaire de la cave veuille sacrifier au culte qu'on vient y célébrer? Je vous jure qu'ils prendront mon or sans protester, comme on fait au théâtre. N'est-ce pas là que nous serons, en quelque manière? Ne croyant, ni vous ni moi, à ces manœuvres, nous en donnerons la représentation en bons acteurs. C'est là mon accommodement. Pour consentir à notre connivence, j'entends bien y être entièrement.

— Vous me prenez de court et abusez du désarroi où vous me voyez, cela n'est pas bien. Votre condition me consterne, qui vous fait courir le risque d'un vif émoi très funeste à votre état.

— Laissez-moi tranquille, avec mon état, qui me fait manquer cruellement d'émoi, justement. Si je vous ai fâché, cherchez une autre cave. Il ne doit pas manquer de propriétaires plus complaisantes.

— A qui d'autre que vous pourrais-je m'ouvrir de mes desseins en toute confiance ?

— Dans ce cas, il ne vous reste plus qu'à peser le pour et le contre. Revenez me faire part de votre décision. Au moins vous verrai-je une deuxième fois, vous qui n'êtes venu que par nécessité ! Ah, monsieur, je vois bien que votre amitié n'est qu'illusion !

— Si cela était, madame, croyez-vous que je serais si en colère ? Je le suis doublement, contre vous, et contre moi qui ai brisé inconsidérément le serment de me taire, fait devant Dieu. Je m'en vois bien puni !

— Allons, trêve de disputes ! Ne venez-vous pas de m'affirmer que les émotions nuisent à l'enfant que je porte ? Pour ce qui est de votre serment, soyez sans crainte, j'intercéderai pour vous auprès de Notre-Seigneur. Partez donc ruminer vos rancœurs, et revenez quand vous serez calmé.

Ainsi fit Florent, qui se retira l'esprit échauffé par ce caprice de dame du monde. Mme de Tencin était mal inspirée, se dit-il, de faire appel à leur prétendue amitié, quand ses exigences étaient celles d'une maîtresse envers un valet ! Comment avait-il pu croire, un seul instant, qu'ils parleraient d'égal à égale, sans qu'elle en vienne à imposer ses ordres ?

Toute déception mise à part, sa cave restait une cave. Bonnevy avait bien, un moment, songé aux immenses souterrains de ses maisons de charité. Mais le chantier, ouvert à tous vents, aurait offert à Astromaris trop d'occasions de fuir, par trop d'issues. Pourquoi fallait-il que ses prétendus protecteurs, sous prétexte de lui venir en aide, lui compliquassent à plaisir une tâche déjà si ardue ? D'abord le Régent, qui imposait sa présence en échange de sa visite aux ursulines, maintenant Mme de Tencin! Étaient-ils donc tous deux pareils aux frivoles du monde, si éloignés des tracas du commun des mortels qu'ils y voyaient seulement une occasion de se divertir? Assurément, Philippe d'Orléans, arrivé au faîte du pouvoir par hasard, guidé par le cortège des catafalques des prétendants au trône, et Claudine Alexandrine, arrivée à Paris par les chemins tortueux de l'intrigue, étaient formés de la même farine, représentants accomplis de ces parvenus, trop imbus de leur élévation pour ne pas oublier ceux qui s'agitaient au-dessous de leur échelle. Faits pour s'entendre à merveille. Pour s'entendre? Comme pliées à un ordre logique connu d'elles seules, pour la seconde fois de la journée, ses pensées tourbillonnantes se rangèrent sagement d'elles-mêmes. Florent n'avait plus qu'à saisir la clé qu'elles lui tendaient: celle qui ouvrirait la porte de la cave.

En toute hâte, il courut au Palais-Royal. Informé de la sommation de Mme de Tencin, le Régent ne laisserait pas son ancienne maîtresse en un tel péril. Sans nul doute, il ne prétendrait pas davantage la dissuader de se commettre à une messe noire où il serait aussi, trop content d'y retrouver une dame de sa connaissance, avec laquelle il avait naguère tant partagé. Pour résoudre son dilemme, Bonnevy n'aurait plus qu'à lui proposer de truffer la maison d'agents, grimés en valets, laquais, portiers, des hommes de main entraînés à accourir à la première alerte.

Ayant longtemps fait antichambre sur une banquette, nourrissant son estomac d'espoir, à défaut d'autre aliment, Bonnevy écourta les politesses, pour entrer dans le vif de son sujet.

— Je n'en ai que pour un instant, celui qu'il faut pour apprendre à Son Altesse que le rite auquel elle veut se joindre s'accomplira dans la cave de Mme de Tencin.

— Mme de Tencin ? C'est vrai, Fargis vous l'a fait connaître pour soulager ses embarras. Exquise amie, trop curieuse hélas, dont j'ai dû me défaire à cause de cela. A regret, je dois dire.

— C'est cette curiosité, sans doute, qui la pousse à vouloir — comme Son Altesse — assister à cette messe.

— Tant mieux ! Cela conforte notre intention.

— Certes. Mais je ne vous ai point caché les dangers qu'il y aurait si notre ruse était découverte. Et si la nature a doté les hommes de leur courage viril, c'est assurément pour les affronter avec équanimité. Je n'en dirais pas autant des personnes du sexe, que leurs faiblesses privent de défenses. Je me résigne à cette messe dans le seul dessein de démasquer un criminel, et mesure le risque que j'y prends, mais j'ai grand scrupule à y associer Mme de Tencin.

— Des dangers, vraiment ? Je ne me rappelle pas vous les avoir entendu évoquer. Diable ! Cela change tout. Je ne veux en faire courir aucun à cette excellente amie. Bonnevy, vous feriez mieux de renoncer.

Renoncer ? Ce n'était point du tout la réponse attendue, après tant d'efforts !

— Que Son Altesse se rassure ! Il m'est venu une idée dont la mise en œuvre garantirait la protection de Mme de Tencin. Et la vôtre, bien que je sache que vous n'en auriez nul besoin. Qui ignore vos prouesses au combat ?

— Bien entendu, seule la sauvegarde de Mme de Tencin nous importe. Dites-nous donc le fond de votre pensée, dont je pressens qu'elle va encore se tourner en sollicitation.

— Il suffirait de fournir à cette dame des agents discrets, en nombre suffisant, qui lui tiendraient lieu de domestiques durant la nuit, retirés du haut en bas de la maison, en ne se faisant voir de personne. Je serais muni d'un sifflet, grâce auquel ces agents seront prévenus à la première alarme.

— Un sifflet? Cela serait-il entendu?

— Ceux de la chasse sont faits de plusieurs tuyaux, et arrachent les oreilles.

— Admettons. Mais aux gens de ma garde, il ne faut pas songer, car nous voulons conserver un strict incognito.

— Son Altesse n'entretient-elle pas nombre d'hommes aguerris à ne rien entendre ni voir? Ne sont-ils pas entraînés à ces sortes de stratégies, où rien ne doit transpirer au-dehors?

— Vous faites sans doute allusion aux agents secrets que la rumeur me prête, aux espions qui me feraient, à l'en croire, leurs rapports sur tout ce qui se passe en ville. Soit, j'en ai quelques-uns, qui me sont utiles : est-ce répréhensible?

— Certes non. J'ajouterai que Mme de Tencin sera très sensible aux soins que vous prendrez d'elle. Cette dame sera entièrement gagnée à votre cause, et parlera en bien de vous, partout où elle ira. Il n'est pas mauvais d'avoir pour alliée une femme d'esprit. Il arrive que certaines personnes éconduites conçoivent quelque amertume de leur chute, une rancœur qui tient à la nature féminine, et médisent de celui qu'elles aimaient, dans le dessein de faire rire de lui avant d'entendre rire d'elles. En protégeant Mme de Tencin jusque dans sa maison, Son Altesse lui prouverait la constance de son amitié, et s'éviterait le retour de méchants bruits, bien que je la croie incapable de ces petitesses.

— Pour faire rire? Elle est capable de tout, et c'est ce qui la rend aimable. Allons, vous les aurez, vos agents. Vous n'aurez qu'à me faire savoir par Fargis le jour et l'heure où ils devront être mis à disposition. Et dites aussi à Mme de Tencin qui viendra sous le domino et le masque. Pour elle, et elle seulement, je consens à rompre le secret. Allez, maintenant, laissez-moi travailler.

— Que Son Altesse me pardonne de l'avoir dérangée.

— Vous ne savez faire que cela ! Dehors, avant que je ne me ravise !

Somme toute, les menées du médecin ne prenaient pas mauvaise tournure.

Mme de Tencin, avertie de ces dernières dispositions, battit des mains à la pensée de recevoir le Régent dans sa cave. De toute évidence, ni elle ni lui n'étaient hostiles à raviver le souvenir de leurs privautés. Grand bien leur fasse, et tant pis pour la duchesse d'Orléans, pour Mme de Parabère la première maîtresse, tant pis pour le chevalier Destouches, tant pis pour les liaisons de passage : en ces alcôves libertines, le sourire faisait loi, opposé aux infidélités.

Le sixième jour, Florent accoucha une fille de quinze ans, réduisit deux fractures, ferma les yeux d'un mort, soigna la jaunisse d'un garçonnet, l'emphysème d'un drapier, l'esquinancie d'un marinier de Rouen, les ulcères d'une porteuse d'eau, et rentra bredouille du cabaret des Halles. Il lui fallut aussi subir les bouderies de Justine, à qui il n'avait pas avoué le tiers du quart de ses projets, craignant justement qu'elle aussi ne tempête pour être de cette fête qui n'en serait pas une.

Le septième jour se passa de même, ou à peu près, du moins jusqu'au crépuscule. Car ce soir-là, enfin, le cabaretier lui remit un billet : René lui fixait rendez-vous pour l'après-midi du lendemain, en ce même lieu.

17

Où Lagriffon dévoile ses atouts

Rien n'était de taille à entamer la jubilation de René, pas même la porte défoncée du galetas. Rosine-Bélizé, après avoir vérifié que rien ne manquait de ses verroteries, pendants d'oreilles, sequins et autres résilles d'archal, avait décrété qu'elle ne souffrirait pas une heure de plus cette existence misérable, maintenant qu'ils avaient gagné de quoi l'établir selon ses mérites. Quoique surpris que les tondeurs fussent repartis les mains vides — fallait-il être bête ! —, Astromaris avait calmé sa sœur d'un soufflet, un seulement, en signe d'aimable disposition. Ne voyait-elle pas que leur bonne étoile les protégeait ? Était-elle donc si effrénée, qu'elle voulût aller coucher à l'auberge ? Les Nulleterre n'endureraient plus longtemps l'impudence et la crasse de leur voisinage, bientôt éclipsées par les gazouillis, les pelouses, les parterres de lis d'un logis décent et respectable enfin. Rosine ne pouvait-elle, pour une fois au moins, regarder plus loin que le jour présent ?

René peignait ainsi leurs lendemains en rose, depuis que le carrosse s'était arrêté devant le manoir d'Authon-du-Perche, où la livraison de la Louvières s'était encore mieux déroulée qu'il n'eût osé le présumer. Les Bennezard, éperdus de douleur, l'avaient pris pour l'ange Gabriel, chargé par le Tout-Puissant de réitérer une manière d'annonciation. Sans broncher, ne demandant qu'à gober les boniments du messager des astres, ils avaient accueilli la pensionnaire comme leur fille authentique, sans se préoccuper des circonstances de ce miracle. Sans doute le Seigneur, ému par la piété de leurs supplications, avait-Il avancé la résurrection de leur pauvre petite noyée, jugeant qu'une telle dévotion méritait qu'Il devançât le Jugement et la fît surgir des cieux. Deux ans plus tôt, non loin d'Authon, une convulsionnaire avait déjà prédit force prodiges, apparitions de la Vierge, vaches produisant du vin en place de lait, récoltes de blé en hiver : quand Dieu voyait et pouvait tout, pourquoi n'aurait-Il pas ranimé le fruit de leur chair ? Comment Il s'y était pris, les Bennezard ne voulaient surtout pas en être instruits.

La morveuse, que le voyage avait réduite à l'état animal, était pourtant arrivée sale à faire peur, crottée, compissée, les cheveux en broussaille, le visage griffé de partout, le poignet entaillé par sa corde, marchandise si abîmée que René s'était cru obligé de parer au désastre : on ne traversait pas les étoiles, les nuées, les vents impunément, sans se cogner aux planètes. De transformation en métamorphose, le corps ne pouvait réapparaître intact, et cette renaissance était assez extraordinaire pour qu'on ne cherchât pas la petite bête. Leur Donatienne était changée, certes, mais elle était vivante : n'était-ce pas le principal ? Les Bennezard, dans la confusion des retrouvailles, n'avaient pas ouï un traître mot de ses discours. Il fallait admettre que la bête y avait mis du sien. Autant elle s'était rebiffée en carrosse, autant elle s'était calmée une fois ses liens défaits. Douce, gentille, arrangeante, elle s'était aussitôt lovée dans le giron déjà moins endeuillé de la mère. Une folle, cette petite, qui avait confondu la Clairon et la Bennezard, sans regarder à qui la mouillait de baisers, pourvu qu'on l'embrassât.

Considérant la situation, elle formait une belle paire avec cette mère toute neuve, qui l'avait tout autant confondue avec sa Donatienne. L'échange s'était mené rondement, l'enfant renouvelée troquée contre la somme énorme que René avait avancée. Il s'apprêtait à d'interminables marchandages, mais le père s'était empressé de la produire en lingots, trop soulagé du bonheur de sa femme pour songer à discuter le montant du pactole. Inimaginable, vraiment! Ç'avait été un voyage parfait, au-delà de toutes les extravagances divinatoires, qui lui avait prouvé combien génial était son commerce, et inépuisable la crédulité des malheureux. Ces parents auraient tout donné pour que nul ne s'avisât de réfuter ce qu'ils tenaient tant à croire. Ils avaient payé avec une promptitude merveilleuse — là était le vrai miracle! — sans accorder le moindre crédit aux contes que René s'escrimait à consolider, animés d'un tel désir d'aveuglement qu'il avait fini par se demander s'il n'aurait pu en tirer davantage.

De son côté, Bélizé s'était comportée en excellente sœur, dès qu'elle eut vu miroiter les pavés d'or devant elle. Elle avait cessé de rechigner, de se plaindre, et avait même couvert son aîné de compliments tout le temps qu'ils avaient pris pour revenir, traînant et musardant en route, s'arrêtant à Lucé pour se nourrir des mets les plus choisis, s'abreuver des vins de Champagne les plus fins, couchant deux nuitées à l'auberge, épuisés de leurs bombances.

Pourquoi se presser, maintenant qu'ils étaient délivrés, avec la pensionnaire, de la hantise d'être découverts? Tout comme la Louvières s'était changée en Bennezard, Rosine et René Nulleterre se transformaient à vue d'œil en rentiers. Encore, de la vallée de plaisirs où ils s'ébattraient, cela n'était-il que l'orée. Devant eux s'ouvrait désormais une propriété immense sans ronces ni orties, semée de pétales à profusion, embaumant les parfums les plus rares : à supposer que la Malan ou même la Passevent ouvrissent leur bec, qui les croirait, maintenant que le corps du délit était enfoui à Authon, escamoté sous la fille adoptive adorée de ses nouveaux parents ? Et puis, dans quelques jours à peine, les Nulleterre et leur fratrie se seraient évanouis dans la nature, pour camper du côté de Pontoise, mettre en chantier leurs espérances. C'était là en effet que René guignait un lopin, ayant séduit de ses divinations la sœur d'un marguillier de l'église Saint-Maclou. Qui alors aurait la fantaisie d'associer cette honorable famille aux accusations de deux pécores ?

Exultant pour toutes ces bonnes raisons, le huitième jour après qu'il était parti, René s'était installé tout joyeux au cabaret des Halles, dessinant sur un méchant papier la maison qu'il allait faire bâtir pour les siens, ajoutant ici un balcon, là une haie de troènes. Il avait un peu hésité avant de convoquer ce Lagriffon, dont il n'avait plus la nécessité. Mais sa cupidité l'avait ramené à la raison : le brave apothicaire ne demandant qu'à se laisser dépouiller, qui renoncerait à s'emparer des filons d'une mine à ciel ouvert ? Calculant ce qu'il allait lui soutirer, il agrandit le terrain de Pontoise, mit davantage de tourelles, un pigeonnier, la volière que désirait Bélizé, une grotte artificielle, gardant en réserve les ornements qu'il choisirait, une fois accoutumé aux usages de la fortune. Cela serait le superflu, l'inutile, toutes ces choses dont raffolaient les riches, auxquelles pourvoirait l'exploitation de Lagriffon.

Justement, l'apothicaire s'avançait, dans son austère habit de coton verdâtre, modeste, réservé : la dupe dans toute sa grisaille.

— Alors, compère, content de revoir son vieil ami René ?

— Content, c'est peu dire ! J'étais impatient à mourir de t'annoncer mes bonnes nouvelles.

— De bonnes nouvelles ? Décidément, elles me tombent de tous côtés ! Tel que tu me vois, je suis amplement satisfait des résultats de mon voyage.

— N'es-tu donc plus en peine d'avoir perdu ta pauvre sœurotte, cette enfant maltraitée dont je me suis efforcé de retrouver la trace ?

— Ah, cette sœur-là ? Je m'étais alarmé trop tôt, tout bien pesé. Je crois qu'il faut la laisser où elle se trouve, dans ce couvent ou n'importe où.

— Dans ce couvent, tu avais deviné juste. Ça alors, c'est tapé !

— Mais comment diable l'as-tu appris ?

— J'ai consacré le plus clair de mon temps à me lier avec le médecin, ce Bonnevy dont tu disais pis que pendre. Il m'a, à moi, fait l'effet d'un très honnête homme, avec qui je me suis entendu le mieux du monde. Certes, il m'a fallu pour cela lui offrir, *gratis pro Deo,* nombre d'onguents et de sirops de ma composition. Mais cela en a valu la peine, car il a répondu de confiance à mes interrogations.

— Lagriffon ! Tu en auras trop fait, sans doute, et ce médecin, bien plus manigancer que tu ne le penses, t'aura tendu un piège. Peste ! Par quelle lubie ne pas t'en être tenu à ce que tu sais ? Fabrique ton élixir, et remets-t'en à moi pour le reste ! Que lui as-tu demandé ? Lui as-tu parlé de moi ?

— Je m'y suis pris très finement au contraire, évoquant à chaque détour de phrase une mienne nièce de Grenoble que je voulais mettre chez les religieuses à Paris. J'ai fait l'ennuyé, qui ne connaît rien à ces congrégations, et voilà comme, sans y voir le mal, ce Bonnevy m'a chanté les avantages d'un certain couvent où, écoute-moi bien, il dit avoir placé une protégée.

— Cela, je m'en doutais, et ne m'avance guère. Mais peu m'importe, je te dis. Cette petite sœur est à sa place là où elle est.

— Attends le meilleur! Sortant de chez ce médecin, j'ignorais tant le nom de la protégée que celui du couvent, et cela me tracassait. Ne m'étais-je pas engagé à te la retrouver, cette sœur? J'ai alors pensé à ma marraine, très introduite dans les choses de la religion, et liée d'amitié avec beaucoup de dames qui y font retraite. Tu t'es moqué de moi, à cause que je suis toujours attaché à cette tutelle, mais elle aura bien servi nos desseins, comme tu vas le voir. Je n'ai eu qu'à lui rapporter ce que ton Bonnevy m'avait décrit de la communauté, pour qu'elle me nomme les ursulines du faubourg Saint-Jacques. Vois comme le sort est de notre côté: elle y a sa meilleure amie, une comtesse de Malan, qu'elle est sur-le-champ allée visiter. Ainsi a-t-elle appris qu'une jeune fille venait d'y entrer, amenée par ce Bonnevy. Mais tu ne me félicites pas? Qu'as-tu donc? Tu es tout pâle!

En effet, René virait du gris au blanc, épouvanté de son infortune. Fallait-il être malchanceux, pour tomber sur un niais pareil, qui avait remué ciel et terre pour retrouver celles dont il ne voulait précisément plus jamais entendre parler! A quelques jours près, voilà que ces gêneuses lui retombaient dessus!

— Tout pâle? Ce sera la chaleur. Cette comtesse a-t-elle appris autre chose à ta marraine?

— Je crois bien! Elle lui a révélé en grande confidence que cette Passevent souffrait d'une maladie de nerfs, et délirait du matin au soir. Elle s'appelle bien Passevent, ta sœur, ou demi-sœur, n'est-ce pas, René? Est-ce ton nom aussi?

Florent Bonnevy, de son côté, s'amusait beaucoup

de l'effet produit par ses révélations, ou plutôt celles de Médard Lagriffon, le benêt de Grenoble. Eût-il pu deviner que Bénédicte de Louvières était loin de Paris, qu'il eût joué la partie autrement, et caché l'appât que René pouvait croquer. Mais il ignorait que la pièce maîtresse ne figurait plus sur l'échiquier, ce damier invisible où le bien le disputait au mal. Aussi avait-il résolu d'avancer ses pions à découvert, pour affaiblir le mage de ces menaçantes fréquentations. Citant Mme de Malan et la Passevent, qui avaient sur le cœur tant de choses à dire, le médecin ne doutait pas que René filerait doux devant lui. Ce dernier s'absorbait dans la contemplation de sa chopine, tous les sens en alarme, réfléchissant de son côté au moyen de gagner cette même partie.

— Eh bien, René, serais-tu devenu muet?

— Non, non. C'est la surprise seulement. Cette Passevent — ma sœur —, t'a-t-on aussi appris quels étaient ses délires?

— Non, hélas! Mais j'ai obtenu de ma marraine, qui peut tout en ces maisons, de demander aux ursulines l'autorisation de la faire promener, avec Mme de Malan pour chaperon. Ainsi ta sœur te sera-t-elle amenée dans un parc, où tu pourras enfin lui témoigner ton affection fraternelle.

— Quand, dis? Quand cela? Aujourd'hui? Et cette marraine, dont tu fais tant de mystère, pourras-tu aussi obtenir d'elle de me laisser seul avec la dame et la demoiselle? Un court instant seulement, cela me suffira.

— Holà! Tu poses tant de questions ensemble que je n'y comprends rien! Aujourd'hui, certes non. Ta sœur, que je m'amuse de t'entendre appeler demoiselle, te sera produite après notre messe noire.

— Après? Mais pourquoi après seulement?

— Parce que ma marraine, qui tient à garder son

233

incognito, exige d'en être d'abord. C'est dans sa cave que sera célébré notre culte. Ne te rappelles-tu donc pas que je devais me charger de fournir le souterrain ? Eh bien, cela aussi je l'ai réussi. Tu sais combien je tiens à retrouver ma pauvre fiancée, à lui parler au moins dans l'au-delà, comme tu me l'as promis. Je n'ai déjà que trop attendu, aussi avons-nous fixé la messe à demain soir.

— Demain ? Avec une inconnue que tu introduirais dans la cérémonie ? Il n'en est pas question, Lagriffon. Ces choses-là ne doivent être vues que des élus.

— Ma marraine m'a chargé de te faire savoir qu'elle paierait le prix de son initiation. Ainsi que l'un de ses amis, qui sera avec elle.

— Comment ? Tu as donc prévenu la cour et la ville ? Je te le répète, Lagriffon, cette publicité peut nous nuire. Les dieux de l'Orient sont très irrités, sache-le, à cause que j'ai dévoilé leurs pouvoirs à un Grenoblois. Ils m'ont averti de leurs préventions contre les gens de Grenoble spécialement, aussi n'y aura-t-il pas de messe.

— Alors, il n'y aura pas de sœur non plus. Ma marraine est ferme sur ce point, et je reconnais, René, qu'en dépit de l'amitié que je ressens pour toi, je partage son exigence : tu ne peux me promettre des merveilles, faire miroiter un espoir immense devant mes yeux, et m'en refermer la porte, tout Grenoblois que je suis. Ce sera donnant-donnant. Pas de messe, pas de Passevent, René. Cette pauvre petite sœur, si malade, serait pourtant si contente d'embrasser son grand frère !

Comme Florent le supposait, Nulleterre ressentait trop d'angoisse pour refuser. La Passevent et la Malan étaient comme deux épines plantées dans son pied, maintenant que le danger de leur confession, qu'il avait éludé dans sa joie, lui était remis sous le nez. On leur ferait donc leur messe noire, à Lagriffon et compagnie, accommodée à la sauce Astromaris. On leur servirait le culte ordinaire, prières bénignes, invocations divines, appels à l'esprit de la fiancée défunte, rien que de l'anodin, sans conséquence, pas de quoi fouetter un chat, juste de quoi se meubler dignement. Après quoi, dès le lendemain, on s'emparerait de la Malan et de la Passevent. Puisque les affaires reprenaient par force, malgré soi, on brocanterait la deuxième pensionnaire au vieillard veuf, comme on en avait conçu le projet. Ensuite, on ferait taire la vieille proprement, en l'étouffant d'un oreiller. Après tout, occire Sénéchal n'avait pas été si terrible. Un jour de plus à faire le grand prêtre ne le serait pas davantage, une dernière obligation de débiter son paquet d'âneries, avant de se ranger à jamais. Tourelles, volière, grotte en rocaille, un labyrinthe, peut-être, et des statues de plâtre au détour des allées, et des béquilles pour Paulin, et même, oui, un voyage par mer qui guérirait la consomption de Lucie. Allons ! Que pouvait-on craindre de trois sots, qui suppliaient d'être plumés ?

— Soit. Pour toi, Lagriffon, je ferai une exception, et dirai la messe demain, bravant la colère des dieux, chez cette marraine et son ami. En voilà bien des cachotteries ! Ne pourrais-tu me dire qui elle est ? Je n'aime pas me découvrir devant la première venue, sans la moindre garantie.

— Cette dame n'est pas n'importe qui, René, mais une personne du monde, ce qui te suffira à comprendre ma discrétion. Pour ce qui est des garanties, je réponds d'elle et de sa loyauté, dont la sortie de ta sœur Passevent sera le gage. Et puis, à t'entendre, on croirait que nous allons commettre quelque crime ! Je suis prêt à me soumettre à la justice des hommes, ne voyant pas de mal à m'en remettre à des dieux étrangers pour retrouver ma chère fiancée, mais je ne saurais défier la justice divine, ni encourir la damnation éternelle. Si cela était, je refuserais de me prêter à ton rituel, tenant à la pureté de ma conscience, et ne voulant avouer à mon confesseur un péché si grand qu'il me refuserait son absolution.

— Que vient faire ton confesseur là-dedans, où il n'est rien que de très bon et honnête? C'est au grand prêtre des dieux de l'Orient — à moi, autrement dit — que tu confesseras tes plus chers désirs, les secrets de ton âme, ceux que tu n'auras jamais avoués, et qui t'ouvriront la voûte des astres, où ta promise pleure ton absence. Pour cela, il t'aura fallu boire le philtre, ainsi que le devront ta marraine et son compère. Avertis-les bien que rien ne sera possible sans cela, pour qu'ils ne viennent pas m'en reprocher les effets, s'ils sont de ces gens que ces voyages effraient. N'oublie pas, cher Médard, que j'userai du philtre de ton invention, et que c'est à toi que tes amis s'en prendraient, s'ils en éprouvaient quelque désagrément. Quoique, pour l'avoir essayé hier au soir, je l'aie trouvé tout semblable à celui dont il m'est arrivé d'user. Je n'ai point ressenti la puissance extraordinaire dont tu m'avais assuré, seulement une langueur extrême, fort douce, je le reconnais. De toute façon, il faudra nous en contenter. Pourvu que la cave de cette dame réponde mieux à nos attentes, que vos offrandes soient assez généreuses pour satisfaire Osiris, Isis, le serpent et le scorpion, les formes du rite seront respectées.

Depuis des années, Astromaris était accoutumé à mêler alcool et substances narcotiques en guise de remède nervin, afin de mieux rêvasser à ces chimères qui lui rendaient l'existence supportable. Ainsi, la veille au soir, avait-il absorbé le philtre donné par

Lagriffon. Ses nerfs relâchés, son corps abandonné à une lénifiante torpeur, il avait certes vagabondé au pays des illusions, mais sans en ressentir davantage d'enchantement que d'ordinaire. Que le contenu de la fiole n'eût rien de remarquable n'importait guère, et même, lui semblait préférable. Tout bien pesé, il n'avait à extorquer que de l'or, de l'or et encore de l'or, pas d'orgie, de fille à violer, ni à enlever, au cours d'une petite séance de rien du tout. Contre leur fortune, il donnerait à ces dindons une parodie de messe noire, une chaste bagatelle, juste de quoi les faire un peu frissonner.

— Ah, René, si tu savais comme il me tarde d'y être ! Je suis sûr que mes tracas se déferont par magie.

— Nous verrons cela, Médard. Rappelle-toi que les disparus sont des créatures fantasques, qui agissent seulement selon le bon plaisir des astres. Pour retrouver ta promise, il te faudra accorder une confiance sincère à mes commandements. A ce propos, dis-moi son nom, pour que je prépare les invocations spécifiques.

— Veux-tu son petit nom, ou celui du baptême ? Car vois-tu, je l'appelais Minette, et c'est sans doute par cette invite qu'elle me reconnaîtra.

— Va pour Minette, cela m'est égal.

— Puisque nous voici d'accord sur tout, convenons de nous retrouver ici, demain, à dix heures sonnantes.

— Ici ? Es-tu donc fou ? J'aurai, dans une grosse malle, les accessoires de la messe et, avec moi, un disciple dont tu ne dois pas voir la figure.

— Ah ! Voilà qui est bien ennuyeux, car ma marraine tient à ce que le lieu de sa maison demeure secret. Comme toi, elle craint d'être reconnue, à croire que vous êtes faits pour vous entendre.

— A la bonne heure ! Je m'en fiche bien, de

l'endroit où nous allons, du moment que la maîtresse de maison m'obéit. Tu n'auras qu'à m'envoyer un carrosse, dont le cocher seul saura où nous mener. Nous en sortirons recouverts de nos capes de cérémonie et coiffés de nos cagoules. J'en apporterai d'autres, que tu remettras à tes amis avant qu'ils ne descendent à leur cave. Tu t'habilleras de même, et nous conduiras dans le souterrain, où nous demeurerons seuls, le temps de l'arranger pour la célébration. Nul ne doit nous voir avant que nous soyons prêts, tu y feras attention. Lorsque vous entendrez psalmodier « Minette, Minette ! », alors seulement vous nous rejoindrez, les traits cachés sous les cagoules. Ainsi, personne n'aura vu personne, et tout le monde sera content. La messe débute par les offrandes : pas moins de cinq cents livres chacun, et en or, naturellement. Selon que ces dons auront plu aux divinités, elle continuera, ou s'interrompra. N'aie crainte, je suis bon juge en ces matières.

— Oh ! Je n'en doute pas un instant ! Déjà je sens que les dieux de l'Orient parlent par ta bouche, tant tu te montres expert à les vénérer !

— Crois-tu qu'on devienne grand prêtre sans en posséder le don ? Allons, mon bon Médard, je m'en vais méditer, m'imprégner de l'esprit de Minette, en transmettre les ondes dans les astres. Cela ne s'accomplit pas à la légère.

— Pour sûr, il te faudra bien jusqu'à demain soir. Ah, René ! Je tremble de bonheur, à l'idée de la merveilleuse surprise qui se prépare !

— Tremble tant que tu veux, pourvu que tu penses à apporter tes cinq cents livres en or.

Sur cette fine plaisanterie, ils se séparèrent, chacun s'apprêtant à régler les derniers détails de sa supercherie.

Pour Bonnevy, cela se résumait à faire prévenir le

Régent et Mme de Tencin, à se munir du sifflet de chasse que sa belle-mère lui avait offert pour la Noël bien qu'elle sût qu'il haïssait la gratuité de ces tueries, à sortir de son coffre les fioles à la lune et au soleil, le philtre à faire parler les morts et celui qui donnait les coliques. Il lui restait aussi à essuyer les questions incessantes de Justine en gardant le silence, ce qui serait sans nul doute le plus ardu de ses préparatifs. Parce qu'il aimait sa femme infiniment, il lui avait juré, au soir de leur mariage, de ne jamais lui mentir. Et parce qu'il l'aimait sans limite, il allait se parjurer, sachant trop bien qu'elle eût, elle aussi, exigé d'être de la messe.

Quant à René, artiste dans son genre, il mit son point d'honneur à machiner une célébration complète, avec autel sur tréteaux, nappe de velours noir brodée d'étoiles, statuettes des divinités, et poudre aux yeux. Il savait d'expérience que plus le décor impressionnait, plus le client crachait au bassinet. Les cinq cents livres par personne n'étaient qu'une amorce, la première mise au jeu. Dès la curiosité du monde piquée, Astromaris se faisait fort de monter les enchères : bijoux, vaisselle, boîtes en vermeil, tout ce qui pouvait se transporter dans la maison y passait. Pour ces ânes-là, qui se figuraient qu'ils bravaient lois et interdictions, le plaisir n'avait pas de prix. Or, ils étaient trois, ce qui assurait au bas mot quinze cents livres de boni au grand prêtre, le salaire annuel d'un artisan, sans compter ce que mettrait au pot le jeune Bennezard, ce pour quoi il le convoquait. Celui-là était si stupide, si entiché des balivernes orientales, si prompt à se plier aux ordres de son maître, que René avait fini par le considérer comme un valet de peine, inoffensif en tout point, une quantité négligeable, sinon qu'il mendiait la permission de se ruiner.

Pendant qu'il rangeait, pliait, assemblait ses ustensiles dans le panier d'osier, Bélizé le regardait faire, boudeuse à son habitude.

— Qu'avais-tu besoin de lui faire sa messe, à ton apothicaire ? N'avais-tu pas assez de la fortune des Bennezard ? Je ne l'aime pas, cet homme. Sous ses mines de provincial, je parierais qu'il n'est pas franc du collier. As-tu seulement un papier, qui te donne la propriété de son élixir ? Non, bien sûr. Je ne serais pas étonnée qu'il te traîne en justice, t'accusant de le lui avoir pris !

— Ma chère, je me passe fort bien de tes remarques. Tu ne l'aimes pas, à cause qu'il n'a pas succombé à tes charmes, voilà pourquoi. Je te connais, ma petite. Mademoiselle le prend de haut, avec ses grands airs ! Je te rappelle que si tu peux jouer à la dame, c'est bien grâce à mon industrie. Si tu craches sur deux mille livres, grand bien te fasse, je les garderai pour mon usage. Crois-tu donc que tes volières, tes grottes pendent aux arbres ?

— En tous les cas, je n'irai pas, moi. Tu m'avais promis que nous en avions fini de ces singeries. Non, je ne ferai plus la prêtresse, cela m'assomme. Ah ! Que ne suis-je partie en Perse, avec Méhémet, comme il m'en implorait ! Je serais une vraie princesse, installée dans son palais, avec de vraies pierreries, si tu ne m'en avais empêchée !

Et Rosine éclata en sanglots, au souvenir de son expédition manquée, dont René n'avait jamais pu démêler si c'était du lard ou du cochon. Ce qui était vrai, c'était qu'un an plus tôt Méhémet Réza Beg, ambassadeur de Perse, avait séjourné des mois durant rue de Tournon, à l'hôtel des ambassadeurs extraordinaires. Il était vrai aussi qu'il y avait pris pour maîtresse une fausse marquise dite d'Épinay, qui s'était parfois louée avec Rosine à des débauchés. Mais si ses six esclaves turcs, les joyaux et diamants dont il était constellé avaient fait jaser toute la ville, la même Rosine n'avait jamais vu la couleur d'un cadeau. Aussi René l'avait-il toujours soupçonnée de se vanter d'une intrigue inventée, avec un extravagant dont les exploits pouvaient se lire dans *Le Mercure galant.*

— Et qu'y ferais-tu, en Perse, sans ton frérot pour veiller sur tes intérêts, pauvre folle !

— Rien d'autre que de me laisser choyer comme je le mérite ! Ce n'est certes pas toi qui t'en soucies !

— Tu le vois, ce fouet ? Continue, et il te zébrera le dos. Tu feras comme je te dis, et je te dis que tu viendras. Allons, Bélizé, songe à Paulin, à Lucie ! Serais-tu si ingrate, que tu profiterais de mes bienfaits sans mettre la main à la pâte ?

Entre tant d'arguments judicieux, le fouet porta le plus. Résignée, renfrognée, Bélizé — qui ne souhaitait rien tant que de rester Rosine jusqu'à la fin de ses jours — laissa son frère à ses calculs financiers. La dernière fois ? Plaise à Dieu que ce fût vrai ! Car telle était l'avidité de Nulleterre que, même bourgeoisement établi à Pontoise, il ne saurait résister à l'odeur de l'argent, escroc dans l'âme reniflant le bien à soutirer à des lieues à la ronde, incapable de s'en retenir. De cela aussi, Rosine aurait mis sa main au feu, comme elle aurait donné sa tête à couper que l'apothicaire était trop poli pour être honnête.

Mais quand on avait un fouet à clous de cuivre pour interlocuteur, il aurait fallu être démente pour se risquer à exprimer son sentiment. Laissant couler ses larmes, elle songea qu'elle était bien malheureuse, née pour subir le joug du rustre qu'elle avait pour frère, elle, si délicate !

Seules les divinités orientales auraient pu consoler leur prêtresse, lui faisant valoir qu'elle se serait jetée dans un bien plus grand malheur en suivant Méhémet

Réza Beg. Celui-ci, à la mort du Roi-Soleil, avait remonté la Seine en péniche, avant de s'embarquer au Havre pour Moscou, avec sa marquise d'Épinay. Tombé malade, il était descendu de bateau à Copenhague. De là, sans ressources, il avait erré des mois durant en Prusse, vendant un à un les présents que Louis XIV destinait à son souverain. A l'heure qu'il était, il se trouvait peut-être à Hambourg, ou Berlin, ou Dantzig, tandis qu'on l'attendait à Ispahan. Les divinités orientales, sans doute, savaient qu'il n'était guère pressé d'y arriver, si certain de l'accueil qui lui serait réservé qu'il préférerait s'empoisonner. Mais, à cause de leur cruauté légendaire, loin de rasséréner leur prêtresse Bélizé, ces dieux se gaussaient sans doute de ses illusions perdues, qui la chagrinaient tant.

18

La débâcle des astrolâtres

— Que manigancent-ils, dans ma cave ? N'ai-je pas le droit de le savoir ? Êtes-vous sûr au moins qu'ils ne se doutent de rien ?
— Quand cela serait, ma chère, soyez tranquille, mes agents sont sur le qui-vive. Et puis, Bonnevy nous a dit qu'ils n'étaient que trois, sous leur costume rituel. J'en viendrais à bout aisément, s'il fallait vous défendre.
— Sans doute, Votre Altesse, mais tout cela me fait éprouver tant d'émoi que mes jambes ne me portent plus.
— Appuyez-vous contre mon épaule, et appelez-moi donc Philippe, comme il n'y a pas si longtemps !
— Puis-je, très respectueusement, vous demander de parler moins haut ? Pour le coup, ces confidences pourraient alerter nos prêtres.
— Cessez donc de faire le rabat-joie, Bonnevy. Nous parlerons comme il nous plaira. Tout de même, Madame a raison : jusqu'à quand allons-nous croupir en ce lieu ?
— Je n'en sais pas plus que vous.
— C'est ce que je vois. Cette mascarade ne vaut pas les cinq cents livres que vous prétendez nous forcer d'y mettre !

— Je vous supplie pourtant de les fournir, comme d'obéir à ce prêtre, quelque somme qu'il vous commande d'y ajouter, ce qui ne saurait manquer. Ces débours, aussi mal fondés qu'ils vous sembleront, vous seront restitués à l'instant même où notre escroc sera confondu.

— J'espère pour vous que cela se réalisera, et que vous ne chantez pas avant la fête.

« Et moi donc ! » se dit Florent, qui eût volontiers envoyé ses compagnons au diable, tant ils s'ingéniaient à lui tirer les basques.

Les trois aspirants astrolâtres, le Régent, Mme de Tencin et Florent Bonnevy, penchés à s'en rompre le cou sur la rampe de l'escalier, offraient un spectacle assez comique malgré la situation, avec leurs cagoules pointues, en velours noir percé de trous pour les yeux et la bouche, terminées en collerettes sur le torse, recouvrant les capes, en velours noir aussi, où ils s'empêtraient jusqu'aux pieds. Aspirants astrolâtres ? Plût au Ciel qu'ils ne fussent pas plutôt aspirés dans ce gouffre de malignité !

Il était à peine minuit. Florent s'était laissé ronger par les mauvais pressentiments tout le jour durant, une inquiétude attisée par le silence qu'il avait opposé à Justine, prétextant qu'il irait faire de la chimie au Palais-Royal. Ce mensonge lui avait crevé le cœur, sa femme le connaissant mieux que lui-même, et n'ayant cessé de le questionner, courroucée de cette mise à l'écart, à la façon de vieux époux lassés l'un de l'autre. Avant de partir, il l'avait seulement embrassée plus longuement qu'à l'ordinaire, ce qui avait fait dire à Justine :

— Ne croirait-on pas que tu t'en vas pour ne plus revenir ?

Il avait alors, une dernière fois, réprimé ses confidences, ne voulant lui avouer ses appréhensions. Comment être certain de la tournure des événements, contre un bonhomme qui avait déjà prouvé sa méchanceté, en tentant d'assassiner le vieux Sénéchal ? Comment assurer sa propre sécurité, quand il lui faudrait d'abord garantir celle de ses associés ? Qu'il arrivât un accident au Régent, et le pays serait plongé dans le chaos. A mesure que le temps passait, cette responsabilité se faisait plus écrasante sur les épaules de Bonnevy, d'autant que le duc d'Orléans semblait vouloir n'en faire qu'à sa guise. Ces craintes fondées s'ajoutant à la tension du moment, le médecin aurait tout donné au monde pour que cette messe fût finie, en bien ou en mal, mais finie.

La soirée, pourtant, avait parfaitement débuté. Le grand prêtre, la prêtresse et l'officiant étaient arrivés sans anicroche. Déjà revêtus de leur sinistre déguisement, ils s'étaient engouffrés par la porte de derrière où Florent les attendait. Astromaris, reconnaissable à la broche dorée en forme de serpent qu'il portait sur le front — et davantage encore à l'excroissance que formait son long nez sur l'étoffe de la cagoule —, lui avait remis les tenues destinées aux participants, renouvelant sa consigne d'une voix étouffée :

— Attendez le signal, puis descendez avec les premières offrandes.

Pendant que le Régent et Claudine Alexandrine batifolaient en comparant leurs nippes, Bonnevy, à pas feutrés, avait vérifié que les faux domestiques, disséminés de l'office à l'étage, tenaient leurs pistolets prêts sous leurs livrées. Il avait aussi, pour la millième fois, tâté dans sa poche, sous la cape, le sifflet de chasse et les fioles aux philtres, priant — à sa façon profane — pour que Ian Magnus ne se soit pas trompé dans ses mélanges.

Et maintenant qu'ils étaient fin prêts, que la messe allait bientôt se dire, il leur semblait insupportable que le temps leur durât autant, à croire que le grand prêtre possédait le don d'arrêter les horloges.

— Eh bien, quoi, à la fin ! Se moque-t-on de nous ?
— Chut ! Écoutez, je crois qu'on vient !
— Je n'entends rien ! Mon Dieu, soutenez-moi !
— Fiez-vous à moi, chère amie ! Vous n'aurez rien à redouter.
— Chut, vous dis-je !
— A qui croyez-vous parler, Bonnevy, pour me donner des ordres ?
— A un disciple, venu incognito, ainsi que Madame. Acceptez, de grâce, que nous soyons sur le même pied dans cette aventure !
— Peut-être, mais si vos gredins tardent plus avant, vous verrez bientôt de quel bois je me chauffe ! Sur le même pied, ça par exemple !
— Plus un mot. On vient.

En effet, d'en bas montèrent des « Minette, Minette ! » assourdis, incantatoires et désaccordés, le jeune Bennezard n'ayant pas bien compris ce qu'il fallait psalmodier, et Bélizé faisant mine d'appeler son chat, pour manifester son ennui d'être là.

Alors, les trois cagoules des novices rejoignirent celles des initiés, dans la cave méconnaissable. Partout pendaient des tentures noires, pareilles à celle qui recouvrait la table de la célébration, toutes brodées d'astres à profusion, en fil jetant des éclats cuivrés. Astromaris avait poussé le scrupule jusqu'à rassembler contre un mur les bonbonnes de vin, le mobilier désuet et les vieilleries de Mme de Tencin, les cachant sous des châles et étoffes à franges. Sur le mur d'en face tendu d'un tapis d'Orient qui masquait le soupirail, posées en rang sur l'autel, se dressaient quatre statuettes en plâtre peint de veinures marbrées, chacune de dimension fort modeste, représentant Isis, Osiris, le serpent et le scorpion. Du moins Bonnevy le supposa-t-il, les deux dernières seulement présentant leur forme animale. Il ne put se retenir de pousser un soupir de soulagement, car du décor émanait une impression de pacotille, de représentation enfantine, à laquelle contribuaient largement les « Minette, Minette » braillés par les trois Orientaux. Il fallait vraiment que le désarroi vous eût rendu aveugle, pour se laisser émouvoir par ce fatras !

Son ombre allongée par la lueur de trois flambeaux serpentins, à six branches tentaculaires, Astromaris leva les bras pour imposer silence. D'une voix enrouée de sépulcre, il demanda d'emblée aux nouveaux venus s'ils avaient apporté les dons.

— Vous, créatures admises par mon indulgence à prier nos dieux, posez sur cet autel vos offrandes, et craignez leur colère, si elles ne sont pas dignes d'être reçues en sacrifice !

« Isis, Osiris, ô grand scorpion, ô grand serpent ! » chantaient Bélizé et l'officiant, sur un nouveau moulinet des bras.

Chacun sortit sa bourse et la déposa sur la table, au pied des statues, comme Astromaris le leur indiquait d'un geste majestueux. Minutieusement, le grand prêtre se mit à compter les pièces, encouragé par les « Isis, Osiris, ô grand scorpion, ô grand serpent ! » de ses acolytes.

— Quatre cent quatre-vingt-dix, cinq cents... Ô dieux vénérés, ces offrandes vous contentent-elles ?

On attendit un peu la réponse, qui ne vint pas, ce qui n'empêcha nullement Astromaris d'ajouter :

— Osiris veut des bijoux, Isis désire des joyaux. Obéissez-leur, car ils sont irrités de votre avarice !

Il lui fallait maintenant clamer ses exigences, noyées sous les psalmodies des astrolâtres.

— Allons, Lagriffon ! Dis à ton amie d'apporter ses bijoux, sans quoi tu ne pourras parler à ta Minette. Qu'elle descende aussi un verre du cristal le plus pur et de l'eau-de-vie, nécessaires au rite du philtre. Il faut donc tout vous dire ?

Bonnevy ne se gênant pas pour enfoncer son coude au flanc de Mme de Tencin, celle-ci s'exécuta, remontant chercher sa cassette. A vrai dire, le coffret avait été délesté de ses trésors, sur les conseils de Bonnevy, mais Claudine Alexandrine n'en traîna pas moins les pieds.

Durant son absence, tandis qu'on poussait les « Minette » d'usage, Astromaris chuchota à l'oreille de l'invité cagoulé :

— Si Monsieur veut le culte complet, en pénétrant l'âme de la prêtresse Bélizé par le truchement de son corps, cela lui fera cent livres de plus, payables d'avance et au comptant.

Le Régent, en homme d'économie, n'avait pas cru bon d'emporter plus de pièces que le montant prescrit. C'est ainsi que Bonnevy put le voir marchander le prix de Bélizé, augmentant une montre à chaîne en or de deux boîtes à pilules et du rubis qui tenait sa cravate.

— Ça marche, l'ami, les dieux sont satisfaits. Vous aurez la prêtresse une fois que nous aurons bu les philtres, qui décuplent les sensations. Tu les as, tes philtres, Lagriffon? Le temps est venu de les consacrer, puisque voici Madame. Faites voir. Est-ce tout? Quatre chaînes, trois bagues, deux bracelets, six pendants d'oreilles? Je doute que cela suffise à faire apparaître ta Minette, l'apothicaire. Tant pis pour toi. Vraiment, vous ne pouvez pas faire mieux? Allons, les dieux me font savoir qu'ils s'impatientent. Buvons les scorpionnes et serpentes oboles, car Osiris n'a pas que cela à faire, il est attendu par d'autres fidèles dans un sanctuaire de l'Égypte.

Chacun retint son souffle. Mme de Tencin parce qu'elle avait peur d'assister à la transmutation de son bien, le Régent par impatience de tâtonner sous la cape de la prêtresse, et même Bonnevy, à son corps défendant, à cause de l'effet inconnu de ses philtres.

Il montra à Astromaris la fiole à la lune, celle qui devait réveiller les morts, profitant de ce que le grand prêtre avait les yeux attirés par les bijoux pour garder au creux de la main celle des coliques, au soleil.

— Je crois, ô grand prêtre, que je ferais mieux de distribuer moi-même le philtre dans ce verre de pur cristal, où s'y mêlera l'eau-de-vie, ainsi que tu l'as ordonné. Moi seul connais le secret de son mélange.

— En voilà bien une affaire ! Tu as payé pour voir, Lagriffon, à toi l'honneur d'entamer le rituel.

A demi tourné vers l'autel, Bonnevy versa une bonne rasade du philtre lunaire dans le verre, qu'il tendit au prêtre, après l'avoir élevé en hommage aux statuettes, comme Astromaris l'y invitait. « La peste soit de ses simagrées, songea-t-il. Voilà qu'il nous fait lanterner encore ! »

Loin de boire, le grand prêtre s'était agenouillé devant les divinités et enfermait sa mixture dans un petit coffret de cuivre.

— Nous, les Culeteurs astrolâtriques, vous présentons cette eau elartsul, l'enfermons dans l'elcanrebat, où s'accomplira la triple métamorphose : noitisopmokèd, noitkidénéb, noitkérusèr !

— Que veulent dire ces mots ? Est-ce de l'égyptien ? chuchota le Régent à l'oreille de Mme de Tencin.

— Mais non ! Ne vous rappelez-vous pas la messe où nous étions ensemble ? Ce sont les termes religieux renversés, eau lustrale, tabernacle, décomposition, bénédiction, résurrection.

Florent Bonnevy retenait son souffle : allait-il falloir encore souffrir longtemps cette mascarade ? Astromaris allait-il se décider à boire ?

Mais non. L'émissaire de l'Orient s'était relevé, pour avancer à pas infiniment lents vers Mme de Tencin, qu'il saisit aux épaules.

— Voyez votre nouvelle adoratrice, ô divinités ! Elle portera désormais le nom d'Astarté, ainsi qu'il sied aux disciples novices. Approchez, Astarté ! Allons, ne restez pas piquée comme une bûche ! Approchez, les dieux vous l'ordonnent. Le rituel exige que vous vous abandonniez aux volontés du grand prêtre. Moi, Astromaris, je m'apprête à laver votre âme, à vous préparer à recevoir la noitakifirup divine, en vous pénétrant de mes pouvoirs.

— Qu'est-ce à dire, Astromaris ? Je ne ressens nul besoin de votre purification, protesta Mme de Tencin, très mal à son aise.

— Comment ? Vous discutez les ordres des dieux ? Faites ce que vous commande le grand prêtre, allongez-vous sur l'autel, et accueillez, à travers sa puissance surnaturelle, les pouvoirs infinis des astres.

— Certes non, monsieur ! Je vois bien où vous voulez en venir ! Il me semble avoir déposé les offrandes en quantité convenable, et n'y ajouterai pas le don de mon corps, grand prêtre ou non ! Votre messe se continuera bien sans cela !

— La peste soit des caprices de cette dame, Lagriffon ! Je t'avertis, les dieux sont mécontents. Il est d'usage que la culeteuse débutante se voue aux astres par mon entremise. Tâche de l'en persuader, puisque tu l'as amenée, sans quoi ta Minette refusera de se manifester.

— J'en accepte l'augure, Astromaris, notre disciple étant très impressionnée. Comme tu me l'as dit, c'est moi qui ai payé pour voir. Bois donc ce philtre, en t'abstenant du sacrifice. Cela ne gâchera pas l'essence de la messe, je pense.

— Moi, ce que j'en disais ! Dommage ! Il déplaît aux dieux que le culte soit célébré à moitié.

Résigné à ne pas ajouter à ses bénéfices les voluptés qu'il pensait tirer gratis de cette personne, enfin

Astromaris but le philtre sans sourciller, pendant que Mme de Tencin se réfugiait derrière le Régent. Puis, s'étant grossièrement essuyé la bouche à sa cape, le mage désigna Bélizé d'un doigt sacerdotal. Le médecin répéta sa manœuvre, soulagé de voir la prêtresse avaler d'un trait le breuvage. Alors seulement, il échangea les fioles, comptant dix gouttes du philtre au soleil pour l'officiant, deux pour le Régent, Mme de Tencin, et lui-même enfin. Sans doute s'en tireraient-ils sans autre dommage qu'un léger relâchement de ventre. Plus léger qu'une brise d'été, il fallait l'espérer, sans quoi le Régent et son amie, qui ignoraient la composition du fluide et en attendaient monts et merveilles, seraient extrêmement fâchés. On avait vu des protections tomber pour bien moins que cela, mais la circonstance n'était pas à ces prudences.

Durant tout le temps qu'ils prirent pour boire, initiés et novices scandèrent en chœur : « Minette, Minette. » Lorsque chacun eut pris son content de philtre magique, ou prétendu tel, Astromaris donna le signal des incantations spécifiques, invoquant l'esprit et le corps de Minette, cette fiancée de Grenoble qui n'avait jamais existé, et que les dieux eussent été très embarrassés de produire. Florent, au comble de l'agitation, n'écoutait rien de ces galimatias, trop occupé à épier le visage de la prêtraille.

René, aussi plié à ses sornettes qu'un curé au rite divin, enlevait maintenant la cape de la prêtresse, qu'on découvrit presque nue dessous. En habituée, Bélizé grimpa sur la table, enleva sa camisole, et s'allongea pour le client qui se payerait sur son corps, dont une peinture cuivrée, finie en langue de vipère dardée, encerclait le mont de Vénus.

— Ô vous, vénérables Osiris, Isis, serpent et scorpion d'or, que l'âme et les chairs intactes de Minette la fiancée de Médard cessent d'errer dans les astres !

Qu'elles se relèvent du tombeau et pénètrent l'enveloppe de votre prêtresse, comme ce nouveau disciple va la pénétrer ! Qu'elles la métamorphosent, en forçant l'entrée de son corps comme il va la forcer ! Que s'accomplisse la seconde génération de Minette, par la liqueur de sa semence, que nous allons offrir en sacrifice à Isis, à Osiris, au grand serpent, au scorpion d'or !

Et, se tournant vers le Régent :

— A toi, novice, l'honneur d'entrer en relation avec nos dieux, et de nous montrer ta vigueur, puisque Astarté s'y refuse. Vrai, Astarté, n'as-tu pas changé d'avis ?

— Je suis dans les mêmes dispositions, grand prêtre.

— Dans ce cas, à toi la première salve.

Le Régent, de fait, ne semblait plus si désireux d'en goûter, piqué au bord de l'autel du sacrifice, sans esquisser le moindre mouvement.

— Eh bien, qu'attends-tu ? Faut-il... te le dire... à deux... fois... ?

Astromaris, tout amolli, se laissa choir sur le sol de terre battue, appuyé contre le tréteau de sa table, saisi d'un mauvais ricanement. Enfin, enfin, l'instant dont Florent commençait à redouter qu'il n'arrivât jamais était bel et bien advenu : le philtre produisait son effet insidieux. Les philtres, plutôt. Car, tandis que Bélizé, oublieuse de son immobilité de prêtresse, avançait à croupetons sur sa nappe de velours, l'officiant se mettait à pousser des cris bien différents de ses incantations.

— Aïe, aïe, Osiris et Isis me punissent, je me meurs, piaillait-il d'une voix de fausset.

De l'autre côté de l'autel, le duc d'Orléans lui-même s'était adossé au mur, la main pressée sur les lèvres, à travers la fente de sa cagoule.

— Ah çà mais, que se passe-t-il, je me sens une faiblesse très étrange, grommela le Régent, que Bonnevy repoussait vers l'escalier, avec Mme de Tencin.

— Ne bougez plus, ne dites rien. C'est maintenant que tout se joue, répondit le médecin, sans plus écouter les protestations de son protecteur, qui gémissait qu'on ne le prendrait pas à deux fois dans une telle mésaventure.

Déjà, Bonnevy s'était assis près d'Astromaris, qui menaçait de s'écrouler sur lui, dodelinant comme dans un rêve.

— Allons, grand prêtre, j'en veux pour ma dépense. Dis-moi où trouver ma Minette, ou n'importe quelle autre fille en ta possession. J'ai payé déjà, et je paierai au triple si tu m'avoues ce que tu en as fait.

Mais il était coriace, l'Astromaris, cantonné à ses ricanements, les yeux pourtant écarquillés à lui sortir de la tête.

— Ta Minette? Des fois que je l'aurais, je l'aurais vendue! C'est que ça vaut une fortune, ces connins-là! Ou je l'aurais mise en cage à Pontoise, ton petit oiseau. Tu la vois, la volière? Viens, viens admirer mes pigeons. Petits, petits, petits! Voilà du grain!

— A Pontoise? Est-elle en cage à Pontoise, la fille, dis? Vas-tu parler, à la fin, c'est exaspérant!

Bélizé, maintenant, musait de-ci, de-là, en charmante promeneuse, souriante, aimable, arborant la tenue d'Ève sans la moindre timidité. L'officiant, ne se mêlant plus de messe ni d'incantations, s'égosillait de plus belle :

— Mais que vous ai-je fait, ô dieux? J'ai si mal au ventre que je n'y puis plus tenir. Quelle douleur affreuse! En quoi vous ai-je offensés? Est-ce la faute de ma cousine? Mes parents Bennezard ont-ils démérité de vous?

253

En moins de temps qu'il n'en fallait pour le contempler, le désordre devint général. Bélizé s'appliquait à becqueter, chatouiller, caresser tour à tour Mme de Tencin et le Régent, interloqués tous deux, et ensemble remués d'un malaise qui leur tourmentait l'intérieur, incapables d'accueillir ces caresses comme ils l'eussent fait en d'autres occasions. Le jeune homme avait ôté sa cagoule pour pleurer plus à son aise, exhibant un visage aux joues pleines où se peignait l'effroi. Astromaris, égaré dans d'étranges contrées, s'étranglait d'émotion à évoquer sa volière, ses jardins, ses frères et sœurs.

Quelque peu dépassé par le résultat de ses œuvres, Bonnevy résolut de se tourner vers le disciple en larmes, pour en tirer ce qu'il était possible.

— Qu'avez-vous donc, mon cher ? Vous me semblez bien affligé !

— Ce sont ces coliques, que m'ont données les dieux en colère ! Mon Dieu, pardonnez-moi ! Qu'on fasse venir ma mère, que je l'embrasse une dernière fois !

— Avez-vous donc quelque chose à vous faire pardonner ? Fiez-vous à moi, qui ai aussi l'oreille des divinités. J'intercéderai auprès d'elles, pour que cessent vos coliques, je vous en fais le serment. Ne parliez-vous pas d'une cousine, qui serait cause de vos tourments ? Si vous me faites confiance, votre mère sera là tantôt.

— Certes, monsieur, tout vient sûrement de la faute de cette cousine ! Je savais bien qu'une noyée ne pouvait renaître comme avant, malgré les assurances d'Astromaris !

Et, trop heureux de soulager sa conscience, croyant par là soulager son ventre, le jeune Bennezard déroula le ruban de sa confession, entre hoquets et reniflements. C'était aussi simple que cela : la petite Louvières était à Authon-du-Perche, en remplacement de Donatienne de Bennezard, achetée pour effacer son écrasement dans la machinerie d'une pièce d'eau.

Laissant le Régent et Claudine Alexandrine se dégager, tant bien que mal, des étreintes de plus en plus scandaleuses de Bélizé, Bonnevy retourna auprès d'Astromaris, pour vérifier les dires du jeune Bennezard.

— Foin de ta volière, mon coquin. Ne lui préfères-tu pas le château des Bennezard, là-bas dans le Perche, où tu as conduit ta prisonnière ?

— Qu'est-ce que tu viens m'agacer avec cette péronnelle ? Elle m'en a fait, de l'embarras, et l'autre aussi, tiens ! C'est par les femmes que viennent les ennuis, tu peux me croire ! Oublie-les donc, toi aussi, et viens avec moi à Pontoise. Je t'aime bien, toi, tu es un vrai ami ! Entre hommes, on n'en entendra plus parler, de ce sexe de malheur !

— J'ai bien peur que tu ne te réjouisses un peu tôt, René, Astromaris, ou... quel est ton vrai nom, à propos ? Ces choses-là se disent aux amis !

— Nulleterre, René Nulleterre. Et aussi Pastrois, Monvert, Gilou, Gaspard, chez les argousins. Maintenant, c'est Nulleterre et rien d'autre. Un nom honorable, tu peux demander à... à personne. Les Nulleterre, c'est quékchose, à Pontoise ! Tiens, ils ont une grotte et des statues, à preuve que je ne mens pas. C'est les Grandeterre, qu'il faut dire, car elle roule carrosse, cette gentille famille-là. Même que je ne veux plus que mes sœurs se vendent, à preuve, à preuve.

Alors, sans hâte, Florent Bonnevy souffla dans son sifflet de chasse, donnant ainsi raison à sa belle-mère de le lui avoir offert, en sonnant l'hallali de ce misérable gibier.

Sur-le-champ surgit une dizaine de gaillards en

livrées de laquais, armés de pistolets bourrés de poudre jusqu'à la gueule. Ils s'apprêtaient à s'emparer de tout le monde, quand Florent leur désigna René Nulleterre, affalé sans résistance sur le sol, et Bélizé, lovée nue contre le Régent, se prodiguant à elle-même les plaisirs qu'il lui refusait.

— Holà, messieurs, pas d'excès de zèle ! Il n'y en a que pour ces deux-là. Sur l'homme Nulleterre, vous trouverez des fiches de police aux noms de Pastrois, Monvert, Gilou, Gaspard, pour le moins. Couvrez cette fille de sa cape, avant de les jeter ensemble dans votre fourgon. N'y mettez pas de ménagement, cela les fera se réveiller ! Ensuite, qu'ils soient enfermés dans des cachots séparés, avec seulement du pain sec et de l'eau. Ne les frappez pas, cependant : je les veux intacts à leur procès, afin qu'on ne puisse pas dire que la justice traite les criminels aussi vilainement qu'ils agissent. S'ils portaient des traces de coups, vous auriez à en répondre devant le Régent !

Les agents de cette police secrète, accoutumés à d'autres méthodes, et à obéir aussi, grimacèrent un peu avant d'emporter leur chargement par les aisselles et les chevilles. Qui donc était ce fou, qui leur donnait des ordres au nom du Régent, et interdisait les coups ? Leur chef se ravisa toutefois, à mi-chemin de l'escalier :

— Vraiment, sera-ce tout ? Ne faut-il pas arrêter aussi le reste de ce beau monde ?

— Surtout pas, malheureux ! Vous auriez une belle surprise !

Le jeune Bennezard, qui n'avait en somme péché que par son extrême sottise, était tombé par terre, muet de stupeur, indifférent à l'odeur pestilentielle qui l'entourait. Tant sous l'effet des coliques que de la peur, il s'était lâché dans son pantalon, et se sentait mieux maintenant, tout en continuant d'appeler sa mère.

Florent prit grand soin de ramasser sur l'autel les collines de pièces écroulées, les bracelets, bagues, chaînes et pendants d'oreilles. Puis, se bouchant le nez, il s'approcha du jeune homme qu'il considérait avec pitié, aussi victime que coupable :

— Votre honte, monsieur, sera votre seule punition. Vous êtes un fieffé imbécile, et cela vous sauve des fureurs de la loi. Rentrez chez vous dans l'état où vous êtes, et n'en sortez plus. Où demeurez-vous ?

— Au Marais, en l'hôtel de M. de Surmelin.

— Le procureur de la chambre criminelle ?

— Lui-même. Il est de ma famille.

— Je vois que je fais bien de vous épargner, ne doutant pas qu'il vous aurait promptement retiré de ce scandale. Allons, monsieur, relevez-vous, reprenez ce qu'il vous reste de dignité, et allez attendre les agents qui viendront vous demander en cet hôtel, à qui vous indiquerez la route la plus courte pour se rendre chez vos parents du Perche. Ceux-là peut-être ne seront pas inquiétés, s'ils rendent celle qu'ils croient leur fille, une malheureuse enfant enlevée par votre prêtre. Sans doute devront-ils faire leur deuil de la fortune qu'ils auront payée pour l'avoir, tout comme vous ferez le vôtre des sommes que vous aura prises votre maître. Il m'étonnerait fort qu'on les retrouve, et ce sera bien fait pour vous. Sortez de ma vue, monsieur, et laissez-moi vous dire, tant que je le puis, le mépris que je vous porte.

Sans demander son reste, ramassant sa cagoule, tenant sa cape souillée à deux mains, le jeune Bennezard disparut en reniflant.

Maintenant que l'affaire s'était dénouée, une immense lassitude s'empara de Florent, comme à chaque fois qu'il découvrait sous ses pieds les abîmes que perçaient le mal et plus encore ses médiocrités. Partout où était un démon étaient aussi pour s'y soumettre la bêtise, la crédulité, la superstition, la cupidité, et plus que tout cette morale dévoyée le décourageait.

Restait encore, pourtant, à affronter les contrariétés du Régent et de Mme de Tencin, qui étaient remontés à l'étage à la suite des agents.

Il les trouva dans un petit salon, débarrassés de leurs déguisements, allongés chacun sur un canapé, chacun un linge mouillé sur le front. Ce fut à peine s'ils daignèrent remarquer les biens restitués qu'il déposait sur un guéridon.

— Ah, Bonnevy ! Vous osez encore vous montrer devant nous ! Cette messe noire était... était... ridicule, m'entendez-vous, ridicule ! Et s'il est bien une chose qui me soit insupportable, c'est d'être tourné en ridicule ! Je ne le souffre pas de mes pairs, et moins encore de vous !

— Son Altesse dit vrai, mon brave. Vous nous avez entraînés dans une cérémonie éprouvante, déplaisante, odieuse, même ! Quand je pense que cet horrible personnage entendait me violer !

— Et vos philtres, qui, en fait de visions, nous ont donné mal au cœur ! Vous êtes un bien mauvais médecin, mon pauvre Bonnevy, ou un menteur, qui nous avez abusés !

Alors, toute la colère sourdement amassée depuis des jours, Florent Bonnevy la laissa exploser.

— Vous autres grands entendez que vos caprices soient obéis à la lettre, et venez ensuite m'en faire reproche ! L'existence vous est décidément bien facile, pour en exiger sans cesse de la distraction ! Je ne vous ai jamais promis de plaisirs, bien au contraire, je vous ai mis en garde contre les désagréments de cette entreprise, dont vous n'avez rien voulu entendre. Vous étiez présents contre mon gré, en m'embarrassant, loin de me servir. Aussi n'attendez pas que je vous présente mes excuses, car ce serait à vous de m'en faire.

— Par Dieu, Bonnevy ! Savez-vous qui je suis ? Perdez-vous la tête ?

— Je sais fort bien à qui je m'adresse, à deux protecteurs qui me font payer trop cher leurs faveurs. Et je veux bien coucher à la Bastille, plutôt que de m'abaisser à demander votre pardon.

— A la Bastille, voyez-vous cela. Notre médecin, ma chère amie, est friand de grands mots, outre qu'il a la tête dure. Le voici monté sur ses grands chevaux. Regardez comme il se fâche, quand il s'estime grondé à tort ! Allons, chimiste, je vous autorise à rentrer chez vous, pour vous éviter de prononcer des paroles que nous regretterions tous, et qui m'obligeraient à vous y mettre, à la Bastille. Nous sommes épuisés par ces rebondissements. Demain il fera clair. Laissez-moi avec la pauvre Mme de Tencin, que je la console comme il faut de vos rebuffades. Un homme de votre condition ne sait rien de la délicatesse, il n'y va pas de votre faute. Pour votre punition, je me contenterai de me délier de ma promesse. Je n'irai pas chez vos ursulines, cela m'ennuie. Vous conviendrez ne pas m'en avoir donné pour mon désir, aussi serez-vous privé du vôtre. Allez, maintenant, cessez de nous importuner !

Il était plus de trois heures du matin. Florent rentra chez lui à pied, traversant les rues désertes, au mépris des ténèbres profondes qui l'enveloppaient, les lanternes étant mouchées à cette heure. A la faveur de la nuit, la canicule était un peu tombée, et il goûta avec délices la fraîcheur de l'air, comme une récompense tombée du ciel.

Les ursulines, le Régent et ses représailles, les promesses reniées, les escroqueries du lamentable René, les danses du ventre de Bélizé, l'infinie niaiserie des disciples, tout cela s'éloignait, reculait derrière son ombre, au fur et à mesure qu'il s'approchait de l'église Saint-Roch, enchâssée dans les bâtisses de son quartier, proche de la rue de La Sourdière, de l'écrin de sa maison, où étaient sertis les joyaux de sa bibliothèque, de son cabinet de travail. Il en allait toujours de même lorsque s'achevaient les missions que lui imposait sa soif de justice, les tâches éreintantes qu'il accomplissait si souvent contre son gré. Alors, il n'aspirait plus qu'à retrouver les malheurs familiers de ses patients, à exercer de nouveau la médecine pour laquelle il était fait, à troquer les gangrènes de l'âme contre celles des plaies, autrement moins repoussantes.

Comme il faisait quand il rentrait de ses visites à l'aube, il se glissa dans le vestibule, se coucha sur l'étroit divan de son cabinet, au rez-de-chaussée, parmi les bocaux où baignaient les monstres, ses chères cires anatomiques, ses viscères et ses plantes médicinales en pot. Enfin, il se retrouvait chez lui, dans son univers singulier, où même les inévitables questions que lui poserait Justine ne lui paraissaient plus redoutables. Avant de fermer les yeux, il respira avec bonheur l'odeur des remèdes, des livres, des tisanes, de l'encre, effluves où se mêlaient la maladie, l'étude, la guérison, tous mystères qu'il entendait résoudre en médecin. Alors, rompu de fatigue, il s'endormit paisiblement, enveloppé par cette chaude haleine, comme si le genre humain tout entier palpitait autour de lui.

19

En attendant que Dieu nous juge...

La plupart des élèves du faubourg Saint-Jacques s'étaient dispersées dans leurs familles dès le début de juillet, désertant dortoirs, couloirs, parloirs. Les dames pensionnaires profitaient du relâchement estival pour répondre aux invitations reçues au cours de l'année, courir les châteaux, prendre les eaux, se frotter aux plaisirs du monde. De sorte que dans les cours et jardins, sous la fraîcheur des galeries couvertes, le couvent engourdi semblait céder à une longue sieste, un sommeil jalousement gardé par de rares converses, quelques jardiniers arrosant avec indolence les massifs aux feuilles jaunies. C'était à croire qu'un voile d'oubli, plus épais que celui des ursulines, avait recouvert la lésion dont le couvent avait souffert. Il suffirait de quelques semaines encore, de l'essoufflement d'une saison, pour que la cicatrice n'y paraisse plus.

Moins d'un mois après qu'on avait retrouvé Bénédicte de Louvières, Florent se trouvait dans les appartements de mère Angèle, la supérieure assise à visage découvert sur un canapé tendu de soie cramoisie, le médecin lui faisant face dans un fauteuil offert aux ursulines par l'ébéniste Thomas Hache, « établi à Grenoble, comme Lagriffon l'apothicaire, celui que vous appelez votre double, et moi votre ange gardien », avait précisé mère Angèle, très enjouée depuis que la maison dont elle avait la charge avait recouvré la paix. Grâce à cette famille d'artisans, dont le sens commercial était si habile qu'elle meublait gracieusement des instituts choisis, espérant par là se faire connaître des grands, la pièce venait d'être arrangée avec un goût exquis, que seuls un sombre crucifix et un prie-Dieu distinguaient d'un salon de la ville. Mère Angèle, comme débondée par l'épilogue de l'affaire Louvières, ne tarissait pas d'explications sur les travaux qu'elle allait commander, pour la plus grande gloire de sa réputation, et de Dieu, naturellement. La religieuse, naguère si sourcilleuse, semblait s'acharner à perdre le souvenir des récents événements, pour n'en conserver que l'issue victorieuse, en preuve que Dieu ne laissait pas ses servantes en perdition.

— Il est bon que nos élèves s'éveillent aux sciences. Nous allons agrandir la bibliothèque. J'y ferai menuiser de longues tables, où consulter commodément les ouvrages de mathématiques et de physique dont je veux la garnir. Il faut bien s'ouvrir un peu au monde, que voulez-vous !

Ses engouements bâtisseurs dataient du jour où, accompagnée de Justine, elle s'était rendue en grand train chez Mme de Maintenon. La marquise étant la courtoisie même, elle avait souligné les immenses mérites de mère Angèle, sa vertu et son abnégation connues de tous. Buvant le miel de ces compliments, la supérieure en fut saisie d'une frénésie mondaine, qui lui faisait multiplier les réceptions, au mépris des grillages qui lui causaient pourtant tant de scrupule avant la fin de ses alarmes.

— Cher monsieur Bonnevy, je sais que c'est à vous que je dois ma visite à Saint-Cyr, et je vous en remercierai sans cesse. J'y ai pu voir, là-bas, des innovations si réjouissantes ! Puissé-je seulement en introduire le dixième chez nous !

— C'est l'empressement de ma femme qu'il faut en remercier, ma mère. Je crois qu'elle serait restée fâchée des années durant, si elle n'avait pu annoncer elle-même à Mme de Maintenon le soulagement de nos soucis, et lui témoigner en personne notre reconnaissance du soin qu'elle avait pris de vos pensionnaires.

— Je la crois volontiers d'un caractère décidé, notre Justine, n'est-ce pas ?

— C'est peu dire, ma mère.

En effet, dès le lendemain de la messe, lorsque Florent avait narré ses aventures à Justine, celle-ci avait trépigné, tempêté, boudé, comme il s'y était préparé.

— Comment ? Monsieur mène ses intrigues sans m'en informer ? Pis, il me ment, il dissimule, à présent ! Voilà donc ce qu'est devenu notre mariage, du dédain, de l'absence, de l'indifférence au lieu de la confiance que nous nous étions promise ! Ah ! Ma mère m'avait bien prévenue contre vos belles paroles ! S'il en est ainsi, sachez que je préfère aller chez elle, à Sèvres, où au moins je ne verrai plus vos traits dont la dégoûtante fourberie saute aux yeux ! Notre pauvre Camille ne pourra y savoir que son père, au lieu de faire de la chimie, se commet dans des messes noires ignobles !

— Camille n'a pas trois mois ! Ne peux-tu la laisser en dehors de tout cela ?

— Oh, monsieur, elle en sait davantage qu'elle ne peut en dire, cette malheureuse ! Seigneur, que va devenir notre ménage ? Allez-vous continuer à me mentir, à me bafouer, à me chasser de votre vie ? Je vois bien où vous voulez me réduire, à broder dans mon boudoir, affligée de la tristesse des épouses négligées. C'est bon. C'est à quoi je vais m'employer, en commençant dès maintenant.

— Maintenant ? Continue donc à alimenter le feu de ta colère, tant qu'il te restera du bois. Cela te sied mieux que de broder. Pour ma part, je vais aller chercher Mlle Passevent et Mme de Malan à Saint-Cyr. Elles n'ont plus rien à craindre de nos gredins, et peuvent retourner en paix au faubourg Saint-Jacques. Notre tante Adélaïde, après tant de tumulte, fera bien de retrouver la quiétude de Niort, et je pense que Mme de Maintenon ne sera pas fâchée d'être allégée de ces obligations.

— Vous ? Vous, Florent Bonnevy ? Vous allez les chercher, quand c'est à moi que doit revenir le mérite de les y avoir fait recevoir et protéger ? Ce serait trop fort ! S'il vous importe que j'envisage de vous pardonner un jour vos manigances, il faudra me laisser les ramener à votre place. C'est assez de me contraindre à me morfondre dans cette maison, par cette chaleur !

— Eh bien, vas-y donc, à Saint-Cyr, mon ange. Il suffit de le demander. Cela sans que je songe à t'y contraindre, ma Titinette, pas plus que tu n'as été forcée de dépérir en ville, sinon par ta jalousie. Tu y conduiras aussi la prieure des ursulines, à qui j'ai promis qu'elle pourrait examiner de ses yeux la décence de ce refuge, contre lequel elle nourrissait naguère les plus vives préventions. A moins que cela ne froisse ta modestie, naturellement. Je sais bien que tu n'as d'autre dessein que de délivrer nos dames de leurs angoisses, et non pas de tirer vanité d'avoir présenté la mère supérieure à cette marquise, ni d'avoir été reçue par une femme puissante.

— Et quand cela serait, en quoi serait-ce mal ? Mes amies, ma mère, n'ont-elles pas le droit d'être informées de mes sorties dans le monde, pour une fois que je ne serais pas retirée loin de toute distraction, aussi engourdie que vos monstres d'anatomie ?

— Tu as raison, mon sucre. Serait-ce là tout le mal que tu ferais, nul ne saurait t'en tenir rigueur, et ton époux moins que quiconque. T'ai-je dit, Justine, que je bois à tes lèvres comme à une source d'eau limpide, et que sans cette régénération, je ne pourrais supporter ce que je vois ailleurs, qui m'aurait cent fois contaminé ?

— Ta, ta ! Enfin, pour te rendre service, je veux bien emmener avec moi ta mère supérieure, espérant que tu sauras désormais m'en tenir compte, en me traitant comme je l'entends. Coutard m'a présenté, l'autre jour, une ravissante parure en diamants, très simple. Ne crois-tu pas qu'elle conviendra à merveille pour ces sortes d'audience ? Que la marquise ne puisse pas dire, tout de même, que la femme d'un honorable médecin va toute nue !

— Épargne-moi tes arguties : ta dot t'appartient. Tu sais que tu peux la dilapider à ta guise.

La visite à Saint-Cyr avait donc eu lieu, en grande pompe, au surlendemain de l'arrestation des astrolâtres. Depuis, Florent en avait subi chaque jour le récit détaillé, qu'il vînt de Justine ou de mère Angèle, toutes deux éblouies par l'hospitalité que Mme de Maintenon leur avait réservée. Cent fois déjà, il avait écouté comme la marquise donnait en personne la leçon à ses filles, en leur dictant des maximes de son cru qu'elles recopiaient sur des cahiers : « Ne murmurez jamais contre les riches ; Dieu a voulu qu'ils le fussent, comme il a voulu que vous fussiez pauvres. » Ou bien : « Il y a de bons riches et de très méchants pauvres. » Les élèves et leur maîtresse avaient aussi discuté gravement pour savoir s'il fallait ou non saluer les domestiques. Tous ces préceptes radotés avec extase par Justine ou mère Angèle faisaient dresser les cheveux sur la tête de Florent, mais il se retenait de bondir, ne voulant entamer des escarmouches qu'il savait vaines, sa femme comme l'ursuline vouant une admiration sans bornes à la sagesse de la marquise, persuadées comme elle de la justesse de l'ordre immuable des états.

Elles louangeaient aussi en toute occasion son immense bonté, Mme de Maintenon ayant accepté, dans un flot de larmes partagé, de garder à Saint-Cyr Mme de Malan, celle-là même qu'elle avait jadis chassée de la Cour, après que Sophie lui avait avoué qui elle était réellement, bouleversée au sortir d'un office dont l'orchestre et les chœurs avaient remué sa piété.

— Peux-tu imaginer pardon plus magnanime? demandait Justine, qui se complaisait dans les souliers de Mme de Maintenon, comme une fillette emprunte les habits trop grands de sa mère.

— Sans doute cette comtesse étouffait-elle sous l'habit de nonne, trop sévère pour sa petite vertu.

Quant à mère Angèle, elle ne se rassasiait pas de rappeler que la marquise, qu'elle avait pourtant noircie des pires intentions, avait aussi, dans son indulgence extraordinaire, proposé de prendre chez elle Mlle Passevent, qui s'y plaisait beaucoup.

— Cette sainte femme a gagné son paradis sur terre, en consentant à mettre Marguerite Passevent parmi ses filles, bien qu'elle n'ait pas de noblesse. La petite s'y est fait des amies aux mœurs irréprochables. Croyez-moi, tout est digne d'éloge dans cette institution, peut-être aussi parce qu'une ursuline y est la maîtresse des écoles.

— Certes, ma mère. Je ne vous contredirai pas sur ces points. Et puis, en vous déchargeant de Mme de Malan et de Mlle Passevent, Mme de Maintenon ôte aussi du couvent toutes traces des tourments qui vous agitaient.

— C'est Dieu qui en a décidé ainsi, monsieur Bonnevy. Mme de Maintenon n'est que l'instrument de Sa volonté. Je n'ai jamais douté qu'Il entendrait nos prières, sachant que Ses servantes n'avaient aucune part dans ces abjections sacrilèges.

— C'est bien en ce sens que je l'entendais. Tout de même, vous ne pouvez nier que ces départs vous apaisent, presque autant que celui de Mlle de Louvières, qui ne pourra rien révéler d'effrayant à ses compagnes. Je sais que vous avez fait grande diligence pour prévenir ses tuteurs que vous jugiez préférable de la renvoyer à Niort avec Mme Paroton. Mais, pardonnez-moi de revenir sur ma demande, ma mère : leur avez-vous dûment signalé que sa fragilité de nerfs ne serait guérie que par l'affection des siens ? Leur avez-vous recommandé de la garder chez eux, à la campagne, où le bon air et un régime tempéré rétabliront l'équilibre de ses humeurs ? Qu'elle soit éduquée à Niort ne sera pas seulement un bien pour votre couvent et vos ursulines, mais il y va de sa santé, et c'est d'abord en médecin que je vous parle. Cette jeune personne, enlevée, violée, aura besoin de temps pour s'y reconstruire une âme innocente.

— Me croiriez-vous oublieuse, ou indifférente aux malheurs de cette pauvre petite ? Non seulement je prie instamment ses tuteurs de la reprendre, mais j'insiste sur le mal que lui causerait une vie en communauté pour laquelle elle n'est pas faite. En chaque troupeau, il est une brebis égarée, dont le meilleur berger ne peut redresser les penchants. Je leur écris, en outre, qu'Adélaïde Paroton a été chargée par moi de vérifier qu'elle sera bien traitée, et soignée, à Niort. Votre tante est une excellente personne, qui se réjouit du devoir dont Dieu la tiendra redevable.

— Je crois, au fond, que Mme Paroton regrettera son aventure. Elle a, auprès de sa vieille amie qu'elle appelle encore d'Aubigné, retrouvé les élans de la jeunesse. A aucun moment elle ne s'est plainte des ennuis que lui a causés cette affaire Louvières, y trouvant plutôt matière à ranimer ses passions.

— A la grâce de Dieu, monsieur Bonnevy, tout est bien qui finit bien. Il y a cependant une chose, qui me chagrine un peu. Êtes-vous absolument certain que Son Altesse Royale ne nous visitera pas ?

— Cela lui sera impossible dans les semaines à venir, tant les devoirs de l'État l'accablent. Vous n'ignorez pas qu'il s'y consacre à chaque instant avec un soin infini.

— Cela ne m'étonne point, bien que certains prétendent qu'il s'adonne à ses loisirs avec une égale application. C'est pourquoi, sans doute, il n'aura pas un moment de reste pour les ursulines. Vous m'en voyez navrée, non pour moi, qui ne suis guère férue du grand monde, mais pour mes filles, qui déjà brodaient un devant d'autel, pour sa chapelle. Enfin ! Qui sommes-nous, pour prétendre peser sur la volonté des puissants ?

— Je ne désespère pas, pourtant, de vous l'amener à l'improviste. Quoique, ma mère, cela dit avec mon respect, vous n'avez plus besoin de son témoignage pour admettre que je suis bien Bonnevy, médecin, et non je ne sais quel ennemi du gouvernement, comme vous en nourrissiez le soupçon.

— J'ai d'autant moins besoin de Son Altesse que M. Sénéchal a repris toute sa connaissance. C'est un vieillard que Dieu a doté d'une constitution extraordinaire, pour le remercier des bienfaits qu'il nous prodigue. Vous ai-je dit, monsieur, qu'à l'instant où il a ouvert les yeux, sa blessure encore béante au crâne, il a décrit très fidèlement celui qui l'avait assassiné ?

— Oui, ma mère, vous me l'avez dit maintes fois, négligeant qu'allant très souvent visiter M. Sénéchal, je suis à même d'apprécier les progrès de sa guérison. Nous disputons ensemble de médecine et de science, et je profite grandement de son expérience. Du moins, en conclusion de ces désordres, me serai-je fait un nouvel ami, à l'esprit plus vif que le mien. Sans hésiter, malgré ses fatigues et ses douleurs chroniques, il a applaudi à ma proposition de l'attacher à mes fondations. Nous ne serons pas trop de deux médecins pour les administrer, et nos vues sont sur ces chapitres très semblables.

— Voilà que vous y revenez, à vos fondations ! Ne vous ai-je pas promis de choisir trois de mes meilleures ursulines, pour diriger votre hôpital, votre orphelinat, et cette maison d'éducation des filles perdues, à laquelle vous tenez tant ? N'ai-je pas juré devant Dieu que mes ursulines patronneraient vos institutions ?

— Comment l'oublierais-je, ma mère ? Mais nous n'avons point encore établi les règles qui y seront scrupuleusement observées pour leur conduite. Si nous en avons longuement parlé, et si vous vous êtes rendue à mes arguments en faveur de la tendresse et de l'indulgence qu'il faudra dispenser à mes pensionnaires, cela n'a pas encore été rédigé sur le papier.

— Eh bien, qu'attendez-vous ? Nombre de vos volontés me paraissent étranges, je ne vous l'ai pas caché. Mais j'ai dit que je m'y soumettrai, et je ferai ce que j'ai dit. Tout de même, Bonnevy, ne pourrions-nous transiger sur les châtiments corporels ? Voyez-vous une meilleure pénitence ?

— La compassion, ma mère. La compassion et l'exemple enseigné par la douceur. Ce seront les pierres sur lesquelles doivent reposer mes fondations. Je préfère y renoncer, plutôt que de les savoir pareilles aux asiles, aux prisons qui rendent leurs pensionnaires mauvais, s'ils ne l'étaient.

— Encore votre discours enflammé! Je pourrais le réciter par cœur, monsieur Bonnevy, depuis le temps que vous me l'infligez. Et la prière, qu'en faites-vous? L'avez-vous omise à dessein?

— La prière aussi, cela allait sans dire.

— J'aime mieux cela. Allons, faites votre règlement, que je le contresigne, et n'en parlons plus. Dieu m'est témoin que je ferai comme vous voulez, puisque c'est pour le bien et le rachat de ces âmes errantes.

— Ah, ma mère! Vous faites de moi le plus comblé des hommes!

— Eh bien, cette horrible affaire n'aura donc fait que des heureux. Mme de Malan, la petite Passevent, son amie Louvières, Mme Paroton ont retrouvé le cours paisible de leur vie, mon couvent est rétabli dans sa réputation, M. Sénéchal est guéri, que demanderions-nous de plus au Seigneur? Allons, monsieur Bonnevy, c'est l'heure des vêpres. Vraiment, êtes-vous sûr que Son Altesse le Régent ne viendra pas tantôt? Tant pis. Allez, allez vite dans le monde, et revenez me raconter ce qu'il s'y passe.

Comme il traversait la cour, Florent Bonnevy entendit, de la chapelle, résonner le chant pur et harmonieux des ursulines: *Et exultavit spiritus meus, in Deo salutari meo...*

Dans cette enceinte à la sérénité recouvrée, si protégée des aléas du monde, à cette heure où le soleil couchant dispensait le rougeoiement de ses rayons, le médecin eût été, pour un peu, disposé à se laisser convaincre des pouvoirs de ces psaumes et oraisons, contre les malheurs qui accablaient les hommes.

Pourtant, si la disparition de Mlle de Louvières s'était conclue du mieux qu'il était possible, il ne pouvait se retenir d'en garder un mauvais goût en bouche.

Dès le lendemain de la messe noire, le Régent, en

signe de réconciliation tacite, avait fait porter à son chimiste une missive qui ne le surprit qu'à demi :

Monsieur Bonnevy, je vous fais cette lettre pour vous ordonner de garder secrète l'affaire dont nous avons eu à connaître tous deux. Les principaux coupables seront jugés pour escroquerie, vol et abus de confiance. Leurs proches complices seront enfermés à l'asile, n'ayant à révéler que des mensonges et des calomnies auxquels nulle personne sensée ne peut croire. Les autres qu'il se pourrait trouver dans leurs entours seront confiés au jugement de Dieu, pour avoir déjà payé leur faute de leur ruine. La présente n'étant pour autre fin, je prie Dieu qu'il vous ait, monsieur Bonnevy, en sa sainte garde, et qu'il vous aide à mâcher des mots que vous ne pensez pas, Philippe d'Orléans.

En somme, le Régent entendait faire preuve de clémence pour étouffer un scandale dont il aurait plus à pâtir qu'à bénéficier. Sans doute voulait-il éviter un procès trop éclatant, dont les révélations auraient peut-être gêné quelques grands de son entourage. Quand on était, comme lui, accusé par la rumeur tenace d'orgies, d'inceste, d'irréligion, de magie noire, de libertinage, on estimait plus prudent de ne point donner de grain à moudre à tous ceux qui lui attribuaient la déchéance de la moralité. Non sans désappointement, Bonnevy avait brûlé la lettre, constatant que son protecteur, aussi libéral qu'il se flattât d'être, se montrait moins prompt à emprisonner les criminels que les opposants à son gouvernement. Il n'y avait pas si longtemps, le duc d'Orléans, fâché tout rouge devant son chimiste, avait froissé un libelle écrit contre lui et sa fille la duchesse de Berry par un certain Voltaire. Ainsi, quand sa mansuétude inclinait à amenuiser les méfaits d'un Nulleterre, sa sévérité se déversait sur un satiriste, qu'il brûlait de faire embastiller !

Ce n'était pas ainsi que Florent Bonnevy concevait la justice, ni par ces sortes de compromis qu'il voulait voir triompher le bien. Et si mère Angèle considérait que tout allait pour le mieux, le médecin était loin d'éprouver une égale satisfaction, l'affaire Louvières, quoique résolue, laissant trop de malheureux dans son sillage, dont sa principale victime n'était pas la moindre.

Bénédicte, qui avait enduré en moins de deux mois davantage de brutalités que quiconque en une vie, enlevée à son dortoir, violentée, séquestrée à Montrouge, vendue dans le Perche enfin, s'était si bien apprivoisée dans sa famille d'adoption que tout son être refusa de la quitter, mis en pièces par ce nouvel arrachement. Ce fut le plus cruel de tous peut-être, un second crime, prescrit par la loi, où elle ressentit la brûlure du mal quand on croyait appliquer un baume sur les blessures de son cœur. Les agents de police venus la chercher à Authon, qui en avaient pourtant vu d'autres, et de plus atroces, jugèrent la séparation si intolérable qu'ils détournèrent leurs regards embués de larmes. Lorsqu'ils s'étaient présentés, à quatre hommes, Mlle de Louvières cueillait du lupin dans le parc, vêtue d'une robe blanche à bouquets roses, suivie d'un grand chien gris qui la faisait rire en la bousculant. Non loin d'elle, Mme Bennezard, assise dans l'herbe sur un ployant, dessinait son portrait au fusain. Rien ne demeurait des tragédies vécues par ces deux femmes, même on avait rétabli la machinerie de la pièce d'eau, tant on avait confiance en l'avenir. A peine eurent-elles aperçu les uniformes que, averties par leur instinct, elles se jetèrent l'une contre l'autre, s'embrassant, s'étreignant, hurlant qu'elles préféraient mourir plutôt que d'être séparées. Bénédicte, prise de convulsions, les yeux révulsés, la peau plus blanche qu'une morte, fut alors détachée de cette mère adorée, et emportée dans la voiture, où elle demeura inerte durant tout le voyage jusqu'à Chartres, effrayant ses gardiens de râles et de frissons d'agonie. Jamais forces de l'ordre n'accomplirent leur mission avec plus de répugnance, racontèrent ces agents à ceux qui devaient les relayer pour conduire l'enfant à Paris. Celle-ci était si fiévreuse qu'on la coucha deux nuits à l'hospice, craignant pour sa vie. Pendant ces deux jours et ces deux nuits-là, Mme Bennezard sombra dans la démence, regardant devant elle sans paraître y voir, muette, immobile, désormais indifférente au monde, ne reconnaissant personne. Ce serait son seul châtiment, comme l'avait voulu le Régent, une damnation abominable dans les ténèbres de la déraison. M. Bennezard, quant à lui, effrayé des conséquences d'un acte qu'il n'avait pourtant commis que par bonté, et de bonne foi, remit tout ce qu'Astromaris n'avait pas pris de ses biens à sa paroisse, dont il allait devenir le bienfaiteur, abîmé en dévotion pour le rachat des siens.

Rosine ayant avoué sans se faire prier tout ce qu'on voulait savoir et davantage, espérant ainsi se sauver, on avait aussi arrêté la Clairon, à Montrouge. La marâtre, grâce à la faiblesse du Régent, ne fut pas mise en prison, mais à l'asile de Charenton, avec les folles et les enragées. Elle s'y laissa conduire sans résister, ne comprenant pas ce qu'elle avait fait de mal en aimant cette petite fille qui l'aimait aussi.

René Nulleterre fut questionné et roué à la Conciergerie, où était son cachot, un puits humide et glacial malgré la saison. Les interrogatoires furent menés secrètement, si bien que rien ne transparut du culte astrolâtrique ni de ses fidèles. L'acte d'accusation porterait principalement sur la tentative d'assassinat perpétrée sur la personne de M. Sénéchal, et sur ses forfaits passés, commis sous ses noms d'emprunt, ce qui suffirait amplement à le condamner à être pendu, ou aux galères à vie. De tous les disciples dont il avait tiré profit, sans lesquels ce culte blasphématoire et hérétique n'eût pas été possible, il ne fut pas fait mention.

Florent, qui avait obtenu la permission de lui rendre visite, fut frappé par son grand courage. René Nulleterre, loin d'en vouloir au faux Lagriffon, lui fit compliment de sa supercherie, en connaisseur. Maintenant que tout était joué, il paraissait accepter son infortune comme un ricochet mal tombé de ses activités.

— Eh, Lagriffon, ou monsieur, je ne sais comme il faut vous appeler, nous autres miséreux payons la rançon d'ambitions trop hautes pour nous. Vous étiez dans mes pattes pour trouver la fille, je l'avais prise pour la vendre, à chacun son emploi, je ne vous le reproche pas. Le côté de la loi est sorti gagnant, pour cette fois. Voyez-vous, mon sort sera ce qu'il doit être, cela n'est plus à moi d'en décider, et ne me fait pas souci. Croyez-moi ou non, ce n'est jamais pour mon compte que j'ai cherché à m'enrichir, mais pour mes frères et sœurs, je le jure devant Dieu. C'est le sort de ceux-là qui me torture, à cause qu'ils n'ont rien fait de mal et sont punis par ma faute. Où sont-ils, monsieur, le savez-vous ?

— Retirés à la Clairon, ils ont été placés à l'hospice, les garçons à Saint-Lazare, les filles à la Charité. Ils sont avec les orphelins, hormis celle qui souffre de consomption, qu'on a mise à l'hôpital. Je sais que vous ne m'aviez pas entièrement menti, en parlant d'une sœur. J'en témoignerai à votre procès, afin qu'il vous soit tenu compte de votre dévouement à cette famille, si aveugle qu'il vous a précipité dans le crime.

— A l'orphelinat, à l'hôpital, et séparés ? Mon Dieu, ayez pitié d'eux, Paulin et ma Lucie n'y survivront pas. Je sais qu'on s'y bat et s'y déchire pour un quignon de pain. Mon Paulin a les membres si faibles, et ma Lucie le corps mangé des fièvres ! Tenez, monsieur, vous qui voulez le bien des gens, même contre leur gré, me jureriez-vous de ne rien dire à quiconque, jamais, jusqu'à votre mort, si je vous révélais où est caché le petit capital que j'ai mis de côté pour les miens ?

— Allons, Nulleterre, ne me demandez pas l'impossible ! Il est le fruit de vos escroqueries, que je serais forcé de restituer à ses propriétaires !

— Ils en ont encore bien assez, ceux-là ! Croyez-vous qu'ils sont moins fortunés, pour les miettes qu'ils m'ont lâchées ? Non, monsieur, je l'ai assez durement filouté, ce bien, pour ne pas le rendre ! Et je l'ai fait seulement pour établir ma famille, vendant à perte les bijoux, faisant fondre la vaisselle, transformant le tout en bon or. Ce n'est pas moi qui me serais laissé séduire par la monnaie de papier, pas si bête ! Allons, monsieur, un peu de charité ! Soit je me tais, et personne ne reverra la couleur de ces économies, dussé-je être encore questionné et roué. Soit vous consentez à m'écouter, m'aidant à en faire profiter mes frères et sœurs.

A vrai dire, Florent n'hésita pas un très long temps entre cette entorse à la loi et ce que lui dictait sa conscience. René Nulleterre avait raison : ses dupes ne seraient pas ruinées par ces pertes sèches, et la pitoyable condition de ses frères et sœurs en serait, peut-être, améliorée.

— Faites vite, Nulleterre. Dites-moi où est votre magot, et ce que vous attendez que j'en fasse.

C'est ainsi que, tel un voleur, l'honnête médecin se retrouva agenouillé dans le galetas de l'impasse Saint-

Denis, descellant les planches de méchant sapin, extirpant de sa cachette un gros sac de toile empli d'or, qu'il emporta comme il était venu, en voleur. Répugnant aux questions de finance, il avait obtenu de Nulleterre de mettre Justine dans la confidence, afin que la somme soit gérée avec sa dot, et rentée sur la tête de chaque enfant, en produit que Lison, Lucie, Paulin, Bastien, Denis toucheraient à partir de leur majorité, si toutefois Paulin et Lucie atteignaient cet âge.

— Mon épouse s'y entend en ces affaires et en a le don. Mais plus que cela, c'est une femme généreuse, qui prendra à cœur le salut de ces orphelins comme celui de ses propres enfants.

— Généreuse ? Quand il y a de l'argent à prendre, je ne connais personne de généreux !

— C'est peut-être ainsi que cela se passe dans votre monde. Il n'en va pas ainsi chez moi. Je réponds de ma femme comme de moi-même, Nulleterre, et cela doit vous suffire. Le marché est à prendre ou à laisser. Vous m'en avez déjà beaucoup demandé, il ne tient qu'à vous de me laisser repartir comme je suis venu.

— Eh ! Puisque vous me tenez, topons là, l'ami, une dernière fois !

Florent avait néanmoins gardé pour lui qu'en associant Justine à son serment, il y voyait aussi une magnifique occasion de racheter les cachotteries dont elle lui tenait toujours un peu grief. Avant de quitter cet homme, qu'il ne reverrait plus qu'au tribunal, Bonnevy, sans qu'on lui demandât rien, lui avait solennellement promis de veiller à ce que les trois frérots et les jumelles ne fussent pas abandonnés aux duretés des asiles. A l'instant même où ses fondations seraient ouvertes, les cinq petits Nulleterre y seraient accueillis parmi les premiers pensionnaires, les trois valides à l'orphelinat, Paulin le contrefait et Lucie la fluxionnaire à l'hôpital.

— Sachez, Nulleterre, que c'est M. Sénéchal qui les soignera, celui-là même que vous avez voulu tuer.

— Mais je n'ai jamais voulu une chose pareille ! Est-ce de ma faute, s'il a glissé par terre tout seul ? Ah, monsieur, quand on est coupable d'une chose, on vous les met toutes sur le dos ! Je sais que Rosine m'a chargé, pour se blanchir. Mais dites-lui bien que je ne lui en tiens pas rigueur, à ma sœurotte, et que j'aurais fait de même, à sa place. C'est qu'on a dû lui faire si peur ! C'est égal, nous avons bien ri, ensemble. Dites-lui aussi que j'aime à m'en souvenir, cela m'aide à subir le cachot.

Rosine, emprisonnée au Petit Châtelet, avait convaincu ses instructeurs, à force de mines et de chatteries, qu'elle avait agi sous la contrainte, en médiocre comparse, et non de son plein gré, en complice. Elle s'était offerte à nombre de ses geôliers, de sorte qu'on se pressait à la porte de sa cellule, à qui lui glisserait, par le guichet, une tranche de rôti, une timbale de vin, des fleurs, même.

Bonnevy lui ayant rapporté les paroles de son frère, elle avait haussé les épaules :

— Voilà qu'il s'attendrit, maintenant qu'il est trop tard ! Il l'a bien cherché, ce qui lui arrive, ça lui pendait au nez, et ce n'est pas faute de l'avoir prévenu. Je lui avais bien dit de se méfier de vos airs de nigaud. Si vous êtes venu pour vous moquer de moi, apprenez que je me moque de vous aussi. Les gens de votre espèce, sages, vertueux, je n'en ai que faire. Ça mange tous les jours à sa faim, et ça en veut aux autres ! Ouste, passez votre chemin, sauf si vous voulez de moi, contre une tabatière et son tabac. Du bon, hein, du hollandais !

Celle-là, incapable d'imaginer une autre existence

que celle qu'elle avait connue, peinait Florent plus que les autres, image pitoyable d'un malheur reçu en naissant. Une fois sortie de prison, dans un an, dix, ou vingt, Rosine recommencerait à se vendre, ne sachant rien faire d'autre pour subsister, ne connaissant que cette sorte de rapports entre les sexes. A elle aussi, il avait proposé d'entrer dans sa maison d'éducation pour les filles perdues, une fois libre. Pour toute réponse, elle lui avait ri au nez, jurant qu'elle préférait encore la prison à une maison de force.

Comment, oui, comment Florent aurait-il partagé l'allégresse oublieuse d'une mère Angèle, quand il avait appris de sa bouche qu'elle avait renvoyé la portière ? Lui reprochant d'avoir été assez sotte pour laisser pénétrer Astromaris et Bélizé au couvent, assez vénale pour prendre les sous des amis de Mme de Malan, elle l'avait chassée sur l'heure, mise à la rue avec son balluchon, certaine d'avoir agi selon la volonté de Dieu.

Pour toutes ces raisons, Florent Bonnevy ne pouvait se résoudre à rejoindre les siens, dans la maison de Sèvres où séjournait Justine depuis le milieu de juillet. Chaque deux jours, aux exhortations à prendre du repos qu'elle lui faisait parvenir, il faisait la même réponse : Comment quitter la ville, quand tant de gens y réclamaient ses services, ses visites, ses soins ? Comment se délasser, sachant qu'il abandonnerait malades et miséreux à leurs souffrances ?

Les billets du médecin se terminaient toujours par la même question : Mlle de Louvières se portait-elle mieux ? Justine et sa tante avaient-elles réussi à lui rendre goût à l'existence ?

En effet, Bénédicte de Louvières était arrivée à Paris dans un état si déplorable que mère Angèle avait fait chercher Bonnevy sur l'instant. Refusant de boire, de manger, de parler, de bouger, la jeune fille était si amaigrie, si blanche, que la supérieure s'en était épouvantée. Il en allait, bien sûr, du repos de la pensionnaire, mais il était aisé de voir que mère Angèle songeait avant tout au renom des ursulines, obsédée par la préservation de leur prestige. Mlle de Louvières semblait vouloir mourir, et, pour peu qu'elle y réussisse, il serait préférable qu'elle rende son dernier souffle hors les murs du faubourg Saint-Jacques, épargnant aux nonnes ce nouveau coup du sort, qu'il faudrait annoncer aux tuteurs. Quelques ménagements qu'on prenne, cela serait une fort mauvaise publicité pour le couvent.

Aussi les Bonnevy avaient-ils reçu la malade chez eux, rue de La Sourdière, avec Adélaïde Paroton, très affligée de regagner son ermitage niortais où elle allait, disait-elle, « mourir d'ennui avant la Noël, maintenant que son cœur s'était réveillé aux émotions d'autrefois ». Pour goûter encore à la ville, la vieille tante avait saisi avec joie le prétexte de veiller sur Bénédicte, s'emparant d'elle avec le dévouement d'une garde-malade, lui donnant la becquée, lui ayant fabriqué un pipeau de paille par où faire passer l'eau de ses lèvres serrées jusqu'à sa gorge, essuyant d'un linge mouillé son front brûlant de fièvre. Peu à peu, Mlle de Louvières était sortie de sa nostalgie mélancolique, de son assoupissement léthargique, à force de patience et d'égards. Son affection hystérique lentement recula, avec la terreur et le chagrin qui jaillissaient encore, la nuit, de ses cauchemars. Lorsque enfin, après quinze jours de torpeur, elle avait demandé un coussin pour s'asseoir, Florent l'avait estimée en état de supporter un transportement. Dans ces sortes de maladie, rien n'était plus bénéfique à la guérison que l'air de la campagne, les amusements sains d'un séjour champêtre. Justine, qui différait de jour en jour son départ pour Sèvres, refusant toujours de laisser son mari en ville sans elle, ne put se soustraire plus longtemps à cette raison médicale. Elle avait donc, la mort dans l'âme, emmené Camille, sa tante, leur protégée et les domestiques chez sa mère, prophétisant qu'elle ne connaîtrait de sa vie une retraite plus fâcheuse, entravée d'un poupon à langer, d'une malade à veiller, de deux conseillères à tolérer. Ah! Le beau lit de roses que ce serait! Pourtant, au bout de quinze autres jours, ses lettres, d'abord boudeuses, avaient pris une tournure plus aimable. Il semblait qu'on riait, chantait, jouait et s'entendait si bien à Sèvres que même Mme de Monthaut avait mis une sourdine aux sempiternelles critiques dont elle couvrait son gendre. Parmi cette assemblée de femmes de tous âges, dont la pouponne enchantait les aînées, dont les plus mûres choyaient les cadettes, et qui toutes, même Camille, se contemplaient dans le miroir que leur tendaient les autres, un homme n'aurait causé que du dérangement. Grand bien lui fasse, à cet hurluberlu, de s'accrocher comme un lierre à ses souffreteux! La fin du mois d'août viendrait bien assez tôt, où Adélaïde Paroton et Bénédicte de Louvières, désormais liées par un attachement indéfectible, prendraient le chemin de Niort.

Ainsi Florent Bonnevy put-il se consacrer à la médecine sans remords, dédié à ses malades le jour comme la nuit, courant de la Cité à Montmartre, de Saint-Martin au Temple, de là à Maubert. On le faisait chercher des vingt quartiers de la ville, des quatorze faubourgs, et même des villages du Roule et de Chaillot, nombre de ses confrères ayant préféré la douceur des prés à l'étouffement des rues. On manquait d'eau, les pompes de la Samaritaine et de Notre-Dame ne puisant que les fonds croupis de la Seine, les puits et fontaines ne livrant qu'un maigre filet boueux, fourni par les aqueducs aux trois quarts asséchés. Jamais les ordures, les excréments, les épluchures, les immondices n'avaient senti plus mauvais, les habitants continuant d'en vider les cuvettes au tout-à-la-rue, malgré le tarissement du ruisseau public chargé de les évacuer, au milieu de la chaussée. Dans chaque cour, la fosse exhalait ses relents putrides. A ces incommodements s'ajoutait la difficulté de trouver où logeaient les patients, les billets qu'on portait au médecin ne donnant souvent d'autre précision à la rue que « près de l'Arbalète », ou « à trois portes en vis-à-vis de l'enseigne du chapelier », ce qui le forçait à marcher en haussant le cou à hauteur des enseignes. Plus souvent qu'à son tour, il tâtonnait dans l'obscurité louche, les habitants n'étant pas tenus, pendant les nuits d'été, d'allumer les bougies des lanternes ni de monter la corde par la poulie, pour les suspendre à leurs façades. Rien de tout cela, ni la chaleur, ni la saleté, ni les épuisantes courses à travers la ville n'était de taille à décourager Florent Bonnevy. Son immense silhouette débraillée, coiffée d'un chapeau de laboureur en paille tressée, flanquée de sa lourde sacoche, de son inspiratoire, sillonnait sans répit le lacis des ruelles. Il faisait parfois si chaud qu'il sortait en chemise à la façon des ouvriers, ôtait ses bas sous un porche. Jambes nues, manches retroussées, il s'engouffrait dans les chambres où gisaient les souffrants, jamais las de les écouter, de les soulager, de soigner leurs douleurs. « Sauve-du-Mal, vous êtes un saint ! » disait-on souvent pour tout paiement à ce drôle de médecin qui exigeait de l'eau bouillie pour se laver les mains, dont les bizarreries passaient derrière la bonté. Alors il répondait : « Pour les saints, voyez à l'église, moi je ne sais pas faire de miracle. »

Recru de fatigue, il allait encore bavarder chez Sénéchal, chez Ian Magnus, trouvant auprès d'eux le réconfort du savoir et de la science. Il allait aussi, pour se divertir, dîner ou souper chez mère Angèle, qui le saoulait de ses projets toujours changeants. Il se rendait enfin au Palais-Royal, où l'impérieux Régent s'était mis en tête de fabriquer avec son chimiste l'onguent magique qui le débarrasserait de ses migraines, qu'il assurait aggravées par la chaleur, et qui l'étaient par son intempérance.

Il y avait encore une autre maison, dans le Marais, où il se fût volontiers senti à son aise. Mais Mme de Tencin lui avait fait porter un billet, l'informant qu'elle se retirait en Bigorre, à Bagnères, pour y prendre les eaux, y jouir de la compagnie du monde et du demi. « Il y aura là, écrivait-elle, assez d'intrigants pour me faire oublier mon état, du moins ne pas s'en offusquer. Même la duchesse de Retz ne me raille plus. » Elle se promènerait au bord de l'Adour, dans les délicieux bosquets de la vallée de Campan, tâcherait de prendre son mal en patience, en nymphe des sources chlorurées.

Vous seul savez que cet enfant, imposé par Dieu contre mes volontés, m'est insupportable. Je vous sais gré de ne m'en avoir pas fait reproche. Mais ce que vos lèvres n'ont pas dit, je le lis dans votre regard posé sur moi. Aussi ne nous reverrons-nous pas de longtemps. Dans quelques mois, lorsqu'il n'y paraîtra plus, peut-être me ferez-vous de nouveau l'amitié de me visiter. Nous bavarderons de mille choses, je vous autoriserai à me gronder à tout propos qu'il vous plaira, sauf à celui de cette naissance, qui me peinerait fort.

Ainsi se terminait cette lettre, sur une note désenchantée, dont l'écho allait résonner dans les pensées de Florent Bonnevy. Sans doute en aurait-il conçu davantage de tristesse encore si Mme de Tencin avait jugé bon de l'informer qu'au milieu de ce mois d'août elle avait perdu l'enfant « insupportable » qu'elle portait, cette fausse couche lui causant d'atroces souffrances et une joie très vive. La nymphe de l'Adour s'était épuisée en chevauchées, promenades sur des sentiers escarpés, aidant si bien la nature que certaines dames, loin de la plaindre, la complimentèrent de « ce qu'il n'y paraissait plus ».

Seules les divinités de l'Orient auraient pu la prévenir contre l'excès de confiance que lui donna sa réussite. Dès le début de l'an 1717, Mme de Tencin fut grosse de nouveau, et de nouveau fâchée de l'être. Bien qu'elle s'appliquât encore à faire tout le contraire de ce qui convenait, s'échauffant le sang de boissons fortes, de viandes abondantes, se couchant à point d'heure, soulevant des meubles, ce second enfant arriva à terme.

Sa mère l'abandonna à sa naissance, le déposant sur les marches de la chapelle de Saint-Jean-le-Rond, près de Notre-Dame. C'était un garçon, qui reçut ainsi le nom de Jean Le Rond. Le commissaire du quartier le confia à la femme d'un pauvre vitrier, qui devint sa nourrice. Au sortir du collège, il revint près d'elle, où il vécut plus de trente années, très simplement, bien que son véritable père, le chevalier Destouches, lui eût fait sans se dévoiler une rente de douze cents livres. Mathématicien de génie, philosophe acquis aux idées des encyclopédistes, Jean Le Rond allait entrer à l'Académie française en 1754, en deviendrait le secrétaire perpétuel, sans jamais se laisser griser par les honneurs, ni se détourner des infortunés, qu'il secourut jusqu'à son dernier jour, malgré ses faibles revenus.

Du jour où Mme de Tencin eut renié le nouveau-né, en mère corrompue qui n'avait même pas l'excuse de la misère, elle vécut comme avant, frivole, spirituelle, intrigante, éprise de littérature au point qu'elle écrirait quelques romans. Deux ans avaient passé depuis que le poupon avait été déposé sur les marches de la chapelle. Un soir que Claudine Alexandrine rencontra Florent Bonnevy chez le Régent, certaine de ses séductions inaltérées, elle lui glissa, en confidence, ce qu'il était advenu du premier enfant, et ce qu'elle avait fait du garçon qui lui était né. Elle en parla comme d'une anodine mésaventure, un désagrément sans conséquence aucune, brisant d'un mot le charme qu'elle exerçait naguère sur son médecin. Ce cœur de pierre fit voler en éclats la vitre derrière laquelle il la contemplait. Il la vit enfin telle qu'elle était, égoïste, insensible à tout ce qui n'était pas son plaisir, entachée de toutes les veuleries du libertinage sans en posséder la hardiesse, et la quitta pour ne plus jamais la revoir, écœuré à jamais par les femmes de son espèce. N'ayant eu de cesse de retrouver la nourrice, il lui proposa de prendre le garçonnet qu'elle avait en charge, pour le placer dans son orphelinat, avec les cinq petits Nulleterre, où il apprendrait l'écriture, la lecture, un peu de sciences mécaniques et un bon métier.

Il eut beau supplier, implorer, la nourrice et le vitrier refusèrent, disant que cet enfant trouvé était le leur, qu'il le resterait, et qu'ils l'élèveraient aussi dignement que les ursulines. C'était un bon petit, très éveillé pour son âge, qui saurait bien prospérer chez eux, où il jouirait de la tendresse dont ses parents l'avaient privé, et des attentions qu'un orphelinat ne saurait lui prodiguer, tout bien disposé envers lui que semblât ce monsieur inconnu.

Bien des années plus tard, Florent Bonnevy se réjouirait de la décision de ces braves gens. Car ni les divinités orientales, ni le Dieu des ursulines, ni la prémonition d'un médecin n'auraient pu assurer à cet orphelin le destin qui fut le sien. Sans doute était-il écrit — mais où, dans quel Grand Livre ? — qu'il fallait le geste dénaturé d'un abandon, l'entêtement d'un modeste vitrier et de sa femme, pour que ce Jean Le Rond soit célèbre en son pays, chez le roi de Prusse, jusque dans la vastitude du monde, de son vivant et pour les siècles des siècles, sous le nom de d'Alembert.

IMPRIMÉ EN FRANCE PAR BRODARD ET TAUPIN
1398W - La Flèche (Sarthe)
N° d'édition : 3023
Dépôt légal : mai 1999
Imprimé en France